농경사회 상상력과
유랑민의 상상력

# 농경사회 상상력과
# 유랑민의 상상력

김윤식 산문평론집

문학동네

● 일러두기

1. 인용문의 표기는 원전의 원칙에 따랐으나, 띄어쓰기는 현행 원칙에 따랐다.
2. 외국어 서적명은 이탤릭체로 표기하였다.
3. 본문에서 사용한 약호는 다음과 같다.
   - 장편소설, 책, 잡지 : 『 』
   - 작품, 평론, 논문 : 「 」
   - 노래, 그림, 영화 제목 : 〈 〉
   - 대화, 인용 : " "
   - 짧은 인용, 강조, 외국어 논문 및 소제목 : ' '

■ 책머리에

## 두 종류의 상상력

　훌륭한 글을 써보겠다는 생각을 품은 적도, 오래 남을 책을 쓰겠다는 욕심을 가진 적도 있었지요. 잘 되지 않더군요. 그때그때 마음속에서 오고 가는 절실한 문제에 제 몸이 달았기 때문이었을까요. 그것을 적어보고자 했고, 그런 심정으로 오늘에 이르고 있습니다. 서글픔도 아니지만 한스러움도 아니었지요. 굳이 말한다면 어쩔 수 없음이라고나 할까. 그런 사람이 한둘 있다고 해서 지구의 궤도에 이상이 생길 턱이 없지 않겠습니까. 슬픔도 기쁨도 아니고, 부끄러움도 자랑도 아닌 곳. 오만함도 편견도 아닌 그런 곳이 이 지구라는 혹성에는 있지 않겠는가. 그런 심정으로 살았고, 살고 있습니다.
　그런 곳이란 이런저런 곡절을 겪어 마침내 이르고 보면 언어라는 이름의 지구만한 크기의 또다른 혹성이었던 것. 세계란 이 언어라는 기묘한 실체로 이루어진 것, 이 사실을 제게 절실하게(확실하게가 아닙니다) 깨우쳐준 두 사람의 작가가 있습니다. 『외딴 방』의 작가와

『서편제』의 작가가 그들. 쇠스랑으로 발등을 찍지 않고도 글을 쓸 수가 있을까. 두 눈을 찔러 장님이 되지 않고도 글을 쓸 수 있을까. 그들이 제게 가르치고자 한 것은 이것이었지요. 앞엣것이 농경사회 상상력이라면 뒤엣것은 유랑민의 상상력인 것. 상상력이란 대체 무엇이겠는가. 죽을 수밖에 없는 운명을 타고난 인간이 할 수 있는 마지막 몸부림 같은 것. 저는 이 몸부림을 사랑했고 지금도 그러합니다.

제게 지면 사용의 관용을 베풀어준 계간 『문학동네』와 제 글을 보아준 분들께 감사합니다.

1999. 1.
김윤식

차례

책머리에—두 종류의 상상력  5

1. 독백과 대화

   토착어・민족어・인공어—준인공어의 범주  11

   군함(軍艦)과 죽음—시집 『님의 침묵』에 부쳐  14

   '조선의 발렌티노' 임화와의 대화—근대문학사를 위한 노교수의 변명  18

   세 가지 표정의 책—임화『문학의 논리』, 루카치『소설의 이론』, 김동리『무녀도』  23

   배꼽 언어와 공적 언어의 양가성—이어령의 경우  26

   자기 이야기를 자기 이야기처럼 쓴 작가—박완서의 경우  29

   예지의 행방—지드의 『지상의 양식』에 부쳐  34

   루카치의 『소설의 이론』  39

   세계란 과연 변혁되어야 할 대상일까—과학 세대의 K군에게  47

2. 상상력의 방향들

   민족어와 인공어—상허의 『문장강화』와 편석촌의 『문장론신강』  59

   월하의 시 「경건한 정열」 읽기  82

   유랑민의 상상력과 정주민의 상상력—「서편제」와 「무녀도」  104

농경사회 상상력과 구로공단 상상력—쇠스랑 체험 세대로서의 신경숙　126
　　'소설 계속 쓰기'의 원풍경—김소진 마지막 소설집에 부쳐　144
　　노벨상의 두 일본문학과 바쇼(芭蕉)—오리엔탈리즘을 둘러싸고　158
　　송충이와 나비의 몸짓—노천명 소묘　180
　　우주의 넋과 마주한 사람의 무지개 두 편—김동리 유작시 30편에 부쳐　198

3. 주변부의 표정 읽기
　　이광수와 더불어 바이칼 호에 가다—이르쿠츠크에서의 『유정』 읽기　221
　　관념과 감각 사이—호치민 시, 「몰개월의 새」, 그리고 위다푸　248
　　고석규와 더불어 범어사에 가다—팔푼이가 본 동백꽃　269
　　노벨 도서관을 찾아서—AKSE·노벨 문학상·입양 고아　289
　　태평양 연안 지역 한국문학 연구 현황—PACKS 제4차 대회 참가기　309

# 1. 독백과 대화

## 토착어 · 민족어 · 인공어
— 준인공어의 범주

작품을 읽다가 뜻을 알기 어려운 낱말이나 표현을 만나면 사전을 찾아본다. 금방 해결된다. 김소월이 '저다병(楮多病)'으로 죽었다(김억, 「요절한 박행시인 김소월에 대한 추억」)는 대목을 접하고 반 년 동안이나 헤맨 바 있었다. 그것이 우리말 '절다' 의 이두식 표현임을 알아차리고 난 뒤엔 고어 사전의 소중함이 뚜렷해지는 것이었다. 중견 작가 Y씨의 어떤 작품 속에 '단도리' 라는 표현이 있었다. 사전엔 없다. 일어 '段取り'(마음의 준비, 방도 등의 뜻)인 까닭이다. 한글 세대인 Y씨가 일어를 잘 알 턱이 없었으리라. 다만 시골 어른들이 무심코 쓰던 것이어서 그렇게 썼지 않았을까. 잘못되지 않도록 '엄하게 단단히 단속하는 일' 을 두고 '잡도리' 라 하는데, 어른들이 이와 '단도리'를 혼동한 것인지도 모를 일. 밑바닥 인생의 삶을 다룬 『어둠의 자식들』(황석영)을 읽다가 그 속에 일어 찌꺼기가 생생히 살아 있음에 놀란 바 있었다. 고어 사전 옆에 제법 큰 일어 사전을 놓아두는 것은 이

런 사정에서 말미암았다. 어찌 이뿐이랴. 철학 사전, 사상사 사전, 심지어 에스페란토 사전까지 책상 머리에 즐비해 있지 않겠는가.

이들 사전과 마주하고 있노라면 기묘한 환상에 빠지곤 한다. 저렇게 뚱뚱한 사전(『우리말 큰사전』, 삼성출판사 판, 31만 어휘 수록) 속의 낱말들이란 대체 어떻게 해서 이루어진 것일까. 저 속엔 이른바 토착어(토박이말)가 얼마쯤이나 될까. 이렇게 묻다가 금방 입을 다문다. 용례 사전도 한 권 못 가진 이 나라 말 사전에서 토착어 비율 따지기가 과연 무엇이겠는가.

이러한 환각에서 깨어나게 하는 목소리도 어디선가 들려온다. 민족어란 개념에 기대보면 좀더 생산적이지 않겠는가라는 목소리가 그것. 그렇다면 민족어란 또 무엇이겠는가. 무엇보다 그것은 '근대'와 분리시킬 수 없다. '민족'이란 근대의 산물인 까닭에 민족어도 근대를 전제하지 않고는 성립되지 않는다. 그렇다면 근대란 또 무엇인가. 일목요연한 해답이 주어진다. 정치적으로는 국민국가(nation-state), 사회경제적으로는 자본제 생산양식(mode of capital production)을 지향하는 것이 아니었던가. 국민국가의 창출에 있어 기본항이 민족어였음은 너무도 당연한 사실이 아닐 수 없다. 이른바 국민국가란 일종의 '상상의 공동체'인 까닭이다. 지방, 계층, 습속 등의 차이를 없애고, 단일한 공동체를 창출키 위해서는, 단일한 언어 사용이 필수항이었다. 국가권력이 표준어를 제정하고 이를 강요한 사실이 그와 같은 사실을 증거하고도 남는다. 이 표준어 보급을 위해 동원된 수단이 이른바 인쇄물(출판)의 보급이었고, 그 중심부에 놓인 것이 이른바 문학이었다. 빈약한 대로 육당의 신문관과 춘원의 소설이 그런 사례이다.

그렇다면 표준어란 또 무엇인가. 토착어를 학살하고 서울 중산층 언어에다 근대사회가 낳은 새로운 문명어(순수 인공어)를 종합한 것이 아니었던가. 그렇기에 민족어란 넓은 뜻에서 일종의 인공어가 아니었겠는가. 적어도 근대를 표상하는 문명어에 완전히 노출된 형국이 아니었던가. 이쪽에서 볼 때 문명어란 갈데없는 인공어가 아닐 수 없다. 한글이 기능어, 조직어, 분석어, 구성어, 사색어가 될 수 있는가를 시험중이라고 「종생기」의 작가 이상이 선언한 바 있었거니와, 이런 문맥에서 보면 「기상도」(편석촌)도 「날개」(이상)도 비록 한글로 씌어졌으나 어떤 의미에선 인공어로 쓴 것이라 할 수 있다.

민족어란 무엇이겠는가. 근대 국민국가의 산물이라는 시선에서 바라보면 그 자체가 순화된 일종의 인공어라 할 것이다. 그런 속성을 지닌 민족어가 이번엔 문명어라는 순종 인공어의 도전 앞에 놓인 형국이 아닐 것인가. 민족어가 한편으로는 토착어와, 다른 한편으로는 순종 인공어와 변증법 속에 놓여 있다는 것은 이런 문맥에서이다. 문학도 이 속에서 벗어나지 않는다. 순화되긴 했으나 민족어 자체가 일종의 인공어이기에 그것은 토착어의 도전 속에 놓이지 않을 수 없다. 동시에 문명어(순수 인공어)의 도전 앞에 전면적으로 노출되어 있기에 민족어와 문명어는 변증법적 관계 속에 놓여 있다고 할 것이다. 민족어가 준인공어(準人工語)라 함은 이런 문맥에서이다.

## 군함(軍艦)과 죽음
―시집 『님의 침묵』에 부쳐

    수년 전에 저는 태평양을 건너온 한 통의 편지를 받은 바 있습니다. UCLA에 있는 이학수 교수로부터였지요. 이 교수는 『*Poem from Korea*』(유네스코 판, 1964)와 『*Flower of Fire*』(하와이대 출판부, 1974) 등으로 영어 상용권에서는 널리 알려진 분. 앞의 것은 향가에서 조병화에 이르는 시의 번역이고, 뒤의 책은 현진건에서 선우휘의 「불꽃」에 걸친 소설 번역이지요. 이 교수의 또다른 업적 『님의 침묵 *The Silence of Lover*』(하와이대 출판부, 1980)은 만해의 시를 비롯한 시 앤솔로지로 『*Flower of Fire*』와 쌍을 이루는 것이며, 영어 상용권의 한국 현대문학 작품 소개의 표준적인 몫을 하는 것.
    뜻밖의 편지에 당황했지만 더욱 당황한 것은 편지 내용에 있었습니다. 만해의 시 「당신의 편지」 속에 나오는 단어 하나에 대한 물음이 그것.

당신의 편지가 왔다기에 약을 다리다 말고 떼어 보았습니다.

그 편지는 당신의 주소는 다른 나라의 軍艦입니다.

만일 님이 쓰신 편지이면 남의 軍艦에 있는 것이 사실이라 할지라도, 편지에는 軍艦에서 떠났다고 하였을 터인데.

밑도끝도없이 세 번씩이나 불쑥 튀어나온 '군함'이란 혹시 부적절한 쓰임이 아닐까. 애매함치고는 너무 심하지 않은가. 그대는 뭐 좀 아는가.(The poem is not properly coded, and it is ambiguous to say the least. Please help!)

매우 유감스럽게도 저는 이 교수를 도울 만한 힘이 없었습니다. 그렇다고 이 교수의 지적대로 아주 부적절하다고 말해버릴 수도 없었지요. 만해와 그의 동시대의 언어감각으로서의 군함이란, 당돌한 용법이기에 앞서 아주 낯익은 것이 아니었을까.

군함이란 전쟁용 배를 가리킴인 것. 에도(江戶) 성에 포격을 가한 페리 제독의 위력도 군함이었으며, 강화도조약(1876)을 강요한 빌미도 군함 운양호였으며, 갑신정변(1876)에 실패한 김옥균이 도주한 것도 천세환(千歲丸)이었고, 그의 시체와 그의 암살자 홍종우를 싣고 온 것도 청국 군함 위정호(威靖號)가 아니었던가.

그렇지만 저는 끝내 이 교수에게 답장을 쓸 수 없었습니다. 이 정도의 상식을 저보다 윗세대급인 이 교수가 모를 이치가 없다고 생각되었기 때문. 그로부터 오늘에 이르기까지 '군함'이란 말만 나와도 가슴이 덜컥 내려앉기 일쑤였으며, 만해라든가 『님의 침묵』이란 소리만 들려도 뭔가 죄스러움에 빠지곤 했습니다. '자네 공부도 별것 아니군' 하는 목소리가 태평양 저쪽에서 들려오는 듯한 환각에 빠진 적도 한두 번이 아니었습니다.

돌이켜 곰곰이 생각해보면, 근원적인 잘못은 제 자신에 있지 않았을까. 어찌 '군함'만 모르겠는가. 모르는 것투성이 속에서 갈팡질팡해 가면서 살아오지 않았던가. 뭐든지 알겠다는 생각 자체에 문제가 있지 않았을까. 한줌도 못 되는 두뇌로 이 나라 문학을 통째로 알겠다고 덤빈 세월이 부끄러웠지요. 시집 『님의 침묵』이 새삼 스승으로 제 앞을 가로막는 것은 이런 연유에서입니다. 그것은 하나의 깨달음에 관련되는 것.

시집 『님의 침묵』에 실린 총 88편 중 어째서 하필 이 교수는 「당신의 편지」에 주목하였을까. 이는 곧 시집 『님의 침묵』 중에서 하필 「당신의 편지」 속에 '군함'이 등장하는가라는 문제로 이어지는 과제이기도 합니다. 이 교수가 '군함'을 문제삼았던 것은, 시 「당신의 편지」가 지닌 문제성에서 말미암지 않았을까. 고쳐 말해 시집 『님의 침묵』에서 만해가 유독 「당신의 편지」에 구성상의, 혹 시작 운용상의 거멀못을 묻어두지 않았을까. 시집 『님의 침묵』 자체가 한 편의 작품이니까. 낱말 '군함'이 중요한 것이 아니라, 정작 문제적인 것은 시 「당신의 편지」라는 생각을 저는 여태껏 떨치기 어렵습니다.

모두가 아는 바와 같이, 시집 『님의 침묵』에 나오는 '님'은 헤어진 '님'에 대한 그리움으로 일관되어 있습니다. 만난 적도 없는 님을 상정하고 그리워하는 낭만주의적 발상과 구분되는 점이지요. 헤어진 님에 대한 형언할 수 없는 그리움을 온갖 방식으로 읊조리지만, 그러니까 '나'의 일방적 목소리 일색이지만, 그 님으로부터 뚜렷한 반응(소식)이 온 것은 「당신의 편지」 한 편입니다. 처음이자 마지막으로 온 님의 반응이야말로 시집 전체를 양분하는 분수령이 아닐까. '군함'이야말로 님의 현주소였던 것.

만일 당신을 좇아오는 사람이 있으면, 당신은 나의 죽음의 뒤에 서십시오.
죽음은 허무와 만능이 하나입니다.
죽음의 사랑은 무한인 동시에 무궁입니다.
죽음의 앞에는 軍艦과 砲臺가 티끌이 됩니다.
죽음의 앞에는 강자와 약자가 벗이 됩니다.

'군함의 티끌화하기'의 방법론이 죽음이라는 것. 이 죽음 끝에 님과의 만남이 가능하다는 것. 시집 『님의 침묵』의 마지막 작품 「사랑의 끝판」이 이 점을 선려하게 보여주고 있지요. "네 네 가요 지금 곧 가요"라고 외치는 시적 화자의 목소리는 죽음 저쪽의 목소리에 다름아닌 것. 바야흐로 시(문학) 범주를 넘어서고 있는 장면이 아니었을까.

## '조선의 발렌티노' 임화와의 대화
### — 근대문학사를 위한 노교수의 변명

　여기는 대학원 한국 근대문학 세미나실. 반백의 노교수가 이번 학기 세미나의 마무리를 이렇게 짓고 있었다.
　노교수　이번 세미나에서 기본항으로 놓인 것이 '근대성'과 문학의 관련 양상이었음은 새삼 말할 것도 없습니다. 문학 연구를 역사적 범주, 해석학적 범주, 수사학적 범주로 나눌 수 있다면 이 세미나에서 논의된 것은 역사적 범주에 속합니다. 세미나의 범위가 그토록 가슴 벅찼던 것은 이런 사정에서 말미암았지요. 우리에게 있어 근대성이란 무엇인가. 이 물음은 언제나 가슴 설레게 하는 것. 비서구권에서 전개되는 근대성(화)이기에 서구의 근대성이 표준으로 작동함에서 오는 긴장감만으로도 숨가빴던 것입니다. '이성의 힘으로 세계를 바람직한 방향으로 바꿀 수 있다'는 명제가 그것입니다.
　이 노교수의 세미나엔 카프문학이 알게 모르게 중심점을 이루고 있었다. 그가 이 나라 근대문학사를 바라보는 시선은 참으로 간단명료

했다. 한국 근대문학이란 한국 근대사의 문학적 투영이라는 단세포적인 등가사상이 그것. 루카치, 골드만의 수준에 겨우 턱걸이를 한 셈이라고나 할까. 비서구권에서의 근대란, 서구의 근대를 보편성으로 상정했기에 (A) 국민국가, (B) 자본제 생산양식을 제1명제로, 특수성으로서의 (C) 반제 사상, (D) 반봉건 사상, 그리고 (E) 분단 문제를 제2명제로 삼는 도식이었다. 이 도식 한가운데서 십자포화를 맞고 있는 장면이 카프문학이었던 것. 노교수가 그의 세미나를 한결같이 '통일문학사론'으로 끝마치는 것은 이런 사정에서 말미암았다. 그것은 제1명제인 '국민국가'의 건설 위에 선 논의에 수렴되는 것이었다.

노교수의 이러한 강의에 90학번 학생들의 눈초리는 점점 싸늘해져 가고 있었다. 그들의 한쪽 손에는 서구의 해체주의 이론서가, 다른 한 손에는 오리엔탈리즘과 경도학파(京都學派)의 동북아론이 쥐어져 있음을 노교수도 안경 너머로 또렷이 볼 수 있었다. 노교수는 또 느끼고 있었다. 그들의 눈빛이 여지없이 자기를 비웃고 있음을. 그들의 싸늘한 눈빛이 말하고 있었다.

학생 선생께선 서구의 근대(성)를 막바로 보편성으로 승인하지만 그것 역시 일종의 허위의식이 아닐까요. 헤겔주의란 일종의 시나리오인지 모르지 않겠습니까. 비서구에서의 근대화라는 시선이야말로 오히려 그 보편성을 의심할 수 있는 동기로 작동할 수 있지 않겠는지요. 서구라는 것도 별것 아니지 않습니까. OECD까지 가입한 처지이고 보면 선생께서 그토록 매달린 그 '국민국가'라는 것도 끝장난 것이 아니었겠는지요. 국민국가가 끝장난 마당이라면 '통일문학사'란 것도 우습지 않겠습니까.

썰렁한 세미나실을 나온 노교수의 발걸음이 조금 휘청거렸다. 세미나실에서 연구실에 이르는 지척의 거리가 아득하게 느껴지는 것이었다.

연구실에 돌아온 노교수는 멍하니 책상 앞에 앉아 있었다. 머릿속이 텅 비어 아무것도 생각할 수 없었다. 얼마나 시간이 흘렀을까. 어느새 어둠이 관악산 연구실을 에워싸고 있었다. 이때 노크 소리 같은 것이 들려왔다. 문을 열기도 전에 한 중년의 사나이가 서 있지 않겠는가. 약간 초췌하긴 해도 한때 '조선의 발렌티노'로 불린 미남형의 모습을 아직도 간직하고 있는 사나이. 활동사진 〈유랑〉(1928) 〈혼가〉(1929)의 주역 배우이자 〈네거리의 순이〉(1929) 〈우리 오빠와 화로〉(1929)를 쓴 카프의 최고 시인. 시집 『현해탄』(1938)과 평론집 『문학의 논리』(1940)를 쓴 카프문학 최고의 이론가이자 카프 서기장. 해방과 더불어 남로당 문학 담당 최고 이론가이자 「인민항쟁가」(1946)를 쓴 인물. 남로당과 더불어 월북(1947)하고, 6·25와 더불어 안태본인 서울에 입성하고, 시집 『너 어느 곳에 있느냐』(1951)를 쓰고, 마침내 미제국주의 스파이라는 죄목으로 이승엽, 조일명, 이강국, 이원조, 설정식 등과 더불어 조선 민주주의 인민공화국 최고재판소 군사재판부에 의해 만 45세로 처형당한(1953. 8. 6) 사나이.

 노교수 그대가 여기 웬일이오?

 임화 웬일이라니? 노교수께서 저를 찾지 않았소?

 노교수 …….

 임화 저를 찾든 찾지 않았든 저는 늘 이곳에 있지요. 이곳 서울에, 낙산 밑에 그리고 남산과 관악산을 바라보면서. 서울 소격동 129번지에서 임창민(林昌民)과 장경녀(張慶女)를 부모로 하고 독자로 태어난 제가 보성중학을 중퇴하고 다다이즘에 휩쓸렸고 연극·영화에 뛰어들고 카프에 가입하고 일본 유학에 나아갔고, 일본 공산당원인 카프 동경지부의 이북만 밑에서 조직 훈련을 받은 것이 1930~1931년 사이. 이북만의 누이 이귀례(李貴禮)와 동거, 귀국하여 카프 서기장으로 나아간 것이 1931년. 카프 제1차 검거 사건(재건공산당 사건)에 연루, 삼 개월 유치장살이. 딸 혜란을 낳고(1931), 이현욱(본명 이숙희, 필명 지하련)과 결혼했고, 전주 사건(1934~1935)을 교묘히 빠져나갔고…….

 노교수 잠깐, 그런 것은 우리 모두가 잘 알고 있는 사항이오.

임화　하기사 교수의 칠백 페이지가 넘는『임화 연구』(문학사상사, 1989)에 저도 모르는 사항까지 밝혀져 있으니까. 그런데 한 가지 묻지 않을 수 없소. 교수께서는 그렇게 할 일이 없소. 물론 그 저서에서 시종 일관된 키워드가 '시인 임화'에 있었음은 알겠으나, '시인과 정치'의 관계를 그토록 강조한 것은 지나친 처사가 아니었겠소.

노교수　지나치다고요? 다른 사람도 아닌 그대가 그런 말씀을 하다니! 정반대일 줄 알았는데…….

임화　…….

노교수　스승도 길잡이도 없이 방황하던 전후세대인 저에게 말할 수 없는 참담함을 던져준 것도 그대였고, 형언할 수 없는 희망을 안겨준 것도 그대였소. 전자가 저 악명 높은 '이식문학사론'이었다면 후자는 바로 해방공간에서 전개된 '민족·계급 모순 극복론'이었소. 제가 아직 젊었을 적, 김현씨와 함께『한국문학사』(1971)를 쓴 바 있지요. 그대의 식민지사관 극복에 그 초점이 놓였던 것. 그렇지만 그 과제를 충분히 이루지 못하고 말았습니다. 저희들의 공부 부족 외에도 식민사관 자체가 극복 대상이라기보다 '공존 대상'이라는 사실에서 말미암았음을 뒷날에야 깨달을 수 있었습니다. 그대가 새삼 쳐다보이더군요.

임화　제 칭찬을 하는 것입니까?

노교수　그렇지 않소. 그대나 저나 현실에 번롱당하는 한갓 제한된 인간임을 깨달았다는 것입니다.

임화　…….

노교수　'민족·계급 모순 극복론'은 또 얼마나 가슴 벅찬 것이었던가. 북쪽에서는 안함광이 한 발 앞서 있었지요. 비서구 근대화에서는 '계급해방 없이 민족해방 없다'는 명제가 거기 빛을 던지고 있었던 것. 그렇지만…….

임화　그렇지만이라니? 조금 짐작이 갑니다. 제 운명을 말씀하고 싶으시군요. 참담한 '이식문학론'도 가슴 설레인 '민족·계급 모순 극복론'도 끝내 제 목숨을 구해내지 못했으니까.

　노교수　마음 언짢게 할 뜻은 추호도 없었는데, 송구스럽습니다.

　임화　…….

　노교수　제가 쓴 『임화 연구』가 그 증거입니다. 저는 시종일관 그대를 시인으로 묘사했지 않습니까. "북조선이 형법 제78조와 65조 1항에 의해 사형, 제50조 1항에 의해 재산 전부 몰수라 한 것은 그에겐 아무런 의미도 없다. 그는 시인이었다"라고 그 책의 결말을 삼았으니까.

　6·25조차도 그대에겐 무의미했던 것. 인민공화국의 탱크 부대와 함께 입성한 서울이 그대에겐 6·25였던 것. "무수한 깃발들/수풀로 나부끼는/서울 거리는/나의 고향"(「서울」, 1950. 7)이라고 그대가 읊지 않았던가요. "사랑하는 나의 아이야/너 지금 어느 곳에 있느냐"(「너 어느 곳에 있느냐」, 1950. 12)라고, 첫딸 '혜란에게' 그대는 외치지 않았습니까. 이 도저한 센티멘털리즘, 이 구제할 길 없는 서정주의, 이 인간 냄새가 그대를 역사 초월에로 이끌지 않았을까요.

　임화　…….

　노교수　그대를 사형케 한 진짜 세력은 북로당이라는 정치세력과는 무관한 것이지요. '서울 중심주의'에 대한 '평양 중심주의'(한설야의 용어)의 통렬한 보복에 다름 아니었던가요.

　임화　…….

　노교수　…….

　이 장면에서 둘은 함께 말을 잃고 있었다. 침묵이 영원처럼 조용히 이 연구실을 에워싸는 것이었다. 관악산 너머로 별떨기 하나가 반짝 나타나기까지는.

## 세 가지 표정의 책
―임화 『문학의 논리』, 루카치 『소설의 이론』, 김동리 『무녀도』

　책도 사람과 같아서 마음 내키지 않아도 아껴야 할 책이 있다. 전공에 관련된 책이 그러한 범주에 든다. 전공이란, 가족이거나 동료와 같아서 마음 내켜도 그렇지만 그렇지 않아도 어쩔 수 없는 법. 그것이 마음에 들면 그럴수록 또 그 반대일수록 전공엔 해를 끼칠 확률이 높아지기 쉽다. 좌우로 벌어진 네 개의 이파리 가운데 세 개의 꽃잎과 그 위로 나는 나비 두 마리로 장정된 임화의 『문학의 논리』(학예사, 1940)가 내게는 그러하였다.
　1930년대 중반에서 1940년 1월까지 발표된 평론을 모은 이 책은 당시로서는 꽤 방대하여 무려 841쪽에 이르고 있다. 문학이 형상적인 의미의 글쓰기라면 평론은 논리적인 의미의 글쓰기(문학)라 보고 전개한 이 평론집에 실린 글들은, 당시로서는 각각 뜨거운 감자들이었다. 싫든 좋든, 이 사항들을 점검하지 않고는 30년대에서 40년대로 넘어오는 이 나라 근대문학사를 이해하기 어렵다. 리얼리즘이 그러하며, 세대론, 기교파론, 문학사 방법론 등이 그러하다. 이 나라 근대문학사 속으로 들어가고자 하는 사람들은 일단 여기에다 거수 경례를 하지 않으면 안 되게 되어 있다.

그러나 사람에 따라서는 거수 경례만으로 지나칠 수 없게 되는 경우도 있는 법. 총 10장으로 이루어진 이 책이 내게 신분증 제시를 요구하는 대목은 제10장 「신문학사의 방법」이었다. 비록 미완성으로 끝나고 말았지만 임화 자신이 신문학사 집필을 시도했고, 또 장차 하고자 하는 과정에서 생겨난 글이기에 이 속에는 뭔가 강인한 힘이 작동하고 있었다. 생각건대 그것은 추상적 이론의 구축과 실천적 측면이 충돌하는 과정에서 생긴 것이 아니었을까. 그는 첫 줄에 이렇게 썼다. "무엇이 조선의 근대문학이냐 하면 물론 근대정신을 내용으로 하고 서구문학의 장르를 형식으로 한 조선의 문학이다"라고. 이것이 이른바 추상적 이론의 구축의 측면이리라. 한편 실제로 그가 신문학사를 집필하는 과정에서 도출해낸 이른바 현실감각으로서의 측면은 다음과 같은 명제로 요약되어졌다. "신문학사란 이식문화(학)사다"가 그것.

이 두 명제 중 앞엣것에 신분증 제시하기는 그리 어렵지 않다. 그것은 시대에 따라 변하기 때문이다. 그러나 뒤엣것은 그렇지 못하다. '자생적 근대'냐 '이식적 근대'냐, 이 두 물음이 과연 선택의 과제일까. 60년대에 타오른 자생적 근대론(자본주의의 맹아 논쟁)의 추세를 타고 모씨와 함께 내가 『한국문학사』(민음사, 1973)를 쓴 적이 있었다. 내 신분증 제시가 거기 있었다. 비서구의 근대론이라든가, 동북아의 중심부론, 또 나아가 역부족론이 등장한 오늘의 추세에서 보면 어떠할까. 바야흐로 임화가 이들에게 또 한 번 신분 제시를 요구하고 있다고 할 수 없을까.

이러한 검찰식의 책만 있는 것은 물론 아니다. 펼치기만 하면 창공의 별이 지도(地圖)가 되어 나아갈 길을 훤히 비춰주는 그러한 책도 있는 법. 루카치의 『소설의 이론』(1916)이 내게는 그러한 사례에 속한다. "본질은 절대로 찾아지지 않는다, 동시에(und) 본질은 절대로 찾아져야 한다"를 소재로 하는 것, 그것이 글쓰기의 길이라는 것, 이는 그리움의 일종이 아닐 수 없다. "어떤 몸짓으로도 표현될 수 없다, 동시에 표현을 절대로 갈망하는 그러한 체험"이기에 그것은 그러하다.

　이러한 그리움의 책만 있는 것은 물론 아니다. 낡은 무녀도 모양 머리도 없이 앉아 있는 돌부처를 표지로 한 김동리의 첫 창작집 『무녀도』(을유문화사, 1947)를 옆에 두고 자주 어루만지는 버릇이 내게 생긴 것은 언제부터였을까. 『김동리와 그의 시대』 삼부작을 집필하던 지난 오 년 동안이었을까. 자서(머리말)의 저 한 줄 때문이었다. "오늘날 우리가 문학을 한다는 것은, 작품을 쓴다는 것은, 저 성탄(聖歎)과 같은 무슨 천재적 소견법도 아니요, 일시적 정치적 선전도구를 목적함도 아니다. 먼저 나 자신이 나의 생명이 어떤 구경적인 구원과 더불어 교섭하려는 것이다. 넓게 말하여온 인류가 부하(負荷)한 우리의 공통된 운명을 발견하는 것이며 이것의 타개를 향하여 우리의 정열을 바치는 것이다"라고.

## 배꼽 언어와 공적 언어의 양가성
— 이어령의 경우

이어령씨 앞에 서면 비행기 프로펠러 앞에 서는 것과 흡사하다. 하도 맹렬하고 역동적이며 지속적이어서 숨도 제대로 쉴 수 없다. 대체 그것은 바람의 힘인가 가솔린의 힘인가 혹은 금속의 힘인가. 그의 앞에 서본 사람은 아마도 이러한 물음을 스스로 던져보지 않았을까.

그러나 그러한 사람들은 아마도 대답을 찾아내기에 실패하였을 확률이 높다. 하도 맹렬히 돌아가기에 그것은 정지한 것과 흡사했기 때문이다. 운동이 정지된 것으로 보이는 것, 그것은 백 년에 한 번 나올까 말까 한 이 거인의 표정이다.

이 겉모양의 형상화가 우리의 전후 비평계를 주도한 『저항의 문학』(1959)이었고, 『축소 지향의 일본인』(1982)이었으며, 88올림픽의 '굴렁쇠 소년' 이미지였다.

6·25 폐허 더미에서 출발되는 화전민 의식이 우리와 우리 문학계를 놀라게 했다면, 그 다음 단계로 이웃 일본을 놀라게 했으며, 마침

내 손에 손잡고 남북·동서 갈등을 초극하는 88올림픽의 이미지로 확산되어 세계를 놀라게 하여 마지않았다.

이 세 가지 놀라움의 근원이랄까 씨앗이란 무엇일까. 이런 물음 앞에 많은 사람들이 직면하였고, 그 해답 찾기에 망설이지 않으면 안 되었다. 이것인가 하고 좇다 보면 그는 벌써 저만치 앞서갔고, 그의 섰던 곳은 꿩 구워 먹은 자리나 진배없었다.

그렇지만 그와 조금이라도 숨바꼭질을 해보고자 마음먹어본 사람이라면 다행스럽게도 그 꿩 구워 먹은 자리의 흔적을 조금씩 발견할 수가 있었다. 춘치자명(春雉自鳴)이라고나 할까. 가끔 그는 스스로 아랫도리를 드러내 보이곤 했음에 이 사정이 관여된다.

그가 충청도 어느 시골 마을의 막내 아들로 태어난 해가 1933년 12월 29일이었다. 그럼에도 호적엔 1934년 1월 15일로 기록되어 있다는 것이다. 호적이란 무엇이며 기록이란 또 무엇인가. 그것은 공적인 문서로 규정되는 것. 이 공적인 문서(언어)야말로 가짜지만 그는 이 위조된 세계 앞에 꼼짝할 수 없었다.

자기 인생을 온통 차압하고자 덤비는 이 세계의 부조리 앞에 노출된 그는 어떻게 스스로를 찾고 또 지켜나가야 했을까. 문학이 그 해답이다. 공문서에 대항하는 사문서 짓기가 그것이다. 사문서를 기록하는 언어를 두고 그는 배꼽의 언어라 규정한다. 어머니의 탯줄에 이어진 언어만이 그를 지켜낼 수 있었다.

탯줄 언어 속에는 빗자루를 들고 잠자리를 쫓는 고추 달린 아이가 있다. 쇠꼬챙이로 쉼 없이 땅을 후벼대는 소년이 있다. 가짜 네잎 클로버를 만들어 누나를 속이는 소년이 있다. 형과 더불어 어머니에게 종아리를 맞고 있는 소년이 있다. 교실에서 벌어진 월사금 도난 사건에 스스로 범인이라 자처하는 소년이 있다. 열한 살에 어머니를 잃고 슬퍼하는 소년이 있다. 외갓집 탱자나무 울타리에서 둥글고 노랗게 익어가는 탱자를 가만히 만져보는 소년이 있다.

이 탯줄 언어가 그에겐 문학이었다. 그것은 공적 언어를 무화시키는 낙서와 흡사한 것이었다. 그러나 이 낙서에는 방법론이 반드시 요망되었다. 적을 격파하기 위해서는 먼저 반드시 적을 알아야 한다는 손자병법이 가르치는 만고의 진실이 그것. 그 공적 언어가 일제(日帝)의 언어임에 주목하지 않으면 안 되었다. 그것은 또 타자의 언어나 근대성의 언어기도 했다. 일일이 이 공적 언어의 기능과 본질을 촘촘 따져보고, 그것에 각각 배꼽 언어를 대응시키기에 온 힘을 쏟았다.

이 이항대립의 비교 논법이야말로 그의 글쓰기의 기본틀이다. 이것을 그는 달리 메타포적 글쓰기라 부른 바도 있다. 이를 요약하면 양가적(兩價的) 사고일 터. 훗날 그가 기호론에 몰두하고, 기호학회 창립에까지 나아간 것은 이런 문맥에서다.

그 양가적 사고야말로 한국과 일본, 나아가 동양과 서양의 문명 비교론의 근거다. '나들이(出入)' '미닫이'에 대한 사고가 이를 전형적으로 드러내주고 있다. '바늘과 칼'(이어주기와 베어버리기)의 사고로 확장되는 것도 이 사고의 작동이며, '13A석과 고추장'의 경우도 사정은 꼭 같다. 동서 문화 차이의 분석은 기호론이 갖는 양가적 사고의 민첩하고도 빈틈 없는 적용에 다름아니다.

'근대화의 지각생이 포스트모던 시대의 선도자가 된다'는 논법도 이 연장선상에서 설명될 수 있을 것이다. 왜냐하면 양가적 사고란 양가의 동시적 수용에 다름아닌 까닭이다.

이 에세이집의 매력은 이에 그치는 것이 아니다. 잠자리를 쫓고 있는 이어령 소년의 모습이라든가 양가적 사고의 발전 과정을 보는 일 못지않게 소중한 것이 또하나 보물처럼 숨겨져 있기 때문이다. 우리말의 빛냄이 그것. 언어 하나하나가 속도감을 갖추고 있을 뿐만 아니라 반짝이기조차 한다. 바닷가 모래밭에 동전을 넣고 발로 부볐을 때 모양, 우리말이 빛나고 있는 것이다.

## 자기 이야기를 자기 이야기처럼 쓴 작가
### —박완서의 경우

    1975년도 1학기 비평론 강의 시간이었으니까, 십칠 년 전인가. 시간이 조금 남았기에 질문할 것이 있으면 해보라는 내 제안에 '요즘 읽은 소설 중 그럴 법한 것을 소개해줄 수 없겠느냐'는 주문이었다. 월평을 쓰고 있던 중이었기에 문예지에 나온 창작은 그럭저럭 읽었던 터이며, 학생들도 이 사실을 알고 있었다. 그때 내가 소개한 작품은 이러한 것이었다.

    나에게는 조카가 하나 있다. 가끔 나는 내가 내 아이들보다 조카를 더 사랑하고 있는 게 아닌가 하고 생각할 때마다 조카가 생후 사 개월, 내가 스무 살 때 겪은 육이오 사변을 생각 안 할 수 없다. 그때 며칠 건너로 오빠와 올케가 차례로 참혹한 죽음을 당하자 어머니와 나는 어린 조카를 키울 일이 도무지 막막하기만 했다. (……) 어머니는 푸성귀하고 보리하고 끓인 멀건 국물을 아기 입에 퍼넣었다. 설탕도 못 넣는 이런 국물을 아기는 도리질하며 내뱉고 밤새도록 목이 시게 울었다. 어머니는 쯧쯧 불쌍한 거 할미 젖이라도 빨아보렴 하며 자기의 앞가슴을 헤쳤다. (……) 아기는 젖꼭지를 물어보기도 전에 조그만 손으로 가슴을 더듬어만 보고도 알았던 것이다. 결코 젖줄을 간직한 가슴이 아니라는 것을 (……) 그때 별안간 내 가슴에 퍼진 실핏줄들이 찌릿찌릿하면서 뿌듯해지는 걸 느꼈다.

이렇게 시작되는 신인 박완서의 「카메라와 워카」(『한국문학』 1975. 2)이다. 첫 대목의 정황으로 보면 6·25가 이 집안을 참혹하게 만들었음이 드러나 있다. 스무 살 먹은 처녀와 어머니가 조카를 어떻게 키웠을까. 가문의 대를 잇기에 적당할까. 이런 물음에, 고모의 해답은 분명하게 나와 있었다. 이 땅의 토양에 맞게 키우기가 그것. 이 땅의 토양에 맞는 품종이란 어떤 것일까. 주말이면 가족동반, 카메라를 메고 나들이하는 품종이 그것이다. 말하자면 무사안일한, 무엇보다 가족 중심적인 소시민적 인간형이 그것. 그 결과는 어떠했던가. 기술자 되기, 공대 가기. 그리하여 강원도 산골 토목공사 현장에 투입되었고, 워카를 신고 현장의 임시직으로 근무하는 두더지로 낙착되어졌던 것이다.

이 조카 육아기에서 무엇이 나를 감동케 했을까. 시대정신에 대한 미미하나 매우 중요한 비판의식이 그 밑바닥에 깔려 있는 것처럼 보였던 까닭이다. 70년대 중반의 우리 사회를 휩쓴 시대정신이랄까 역사감각이 어떠했다는 것은 여기 새삼 말할 것도 없다. 이데올로기에 대한 열병을 앓지 않은 젊은이가 있을 수 없는 그런 계절이 아니었던가. 그것은 은밀한 의미에서 그러하였다. 이 열병이 한 가정을 참혹하게 만든다는 사실(오빠의 참혹한 죽음)을 경험적 수준에서 체득한 고모의 육아법이 조카를 두더지의 수준으로 고착시킨 결과를 낳았다. 문제는 이러한 결과에 대한 반성도 회한도 아니라는 작가의 시선에 있었다. 삶에 있어 그 누구도 최선의 방도를 알지 못한다는 점이 그것. 조카를 다시 키운다면 과연 고모는 어떤 품종을 선택할 것인가. 고모는 물론 그 누구도 알지 못하는 과제가 아닐 것인가. 그렇다고 작가는 이 인간의 부조리한 세계와의 관계를 철학적 과제로 제기하지 않는다. 다만, 카메라 쪽으로 키우려다 워카 쪽이 되고 만, 사실에 직면하여, 스스로 '혼란'을 느끼는 수준에서 더 나아가지 않았다. 이 더 나가지 않음이야말로 이 작품의 감동의 원천이다. 말을 바꾸면, 꾸며낸 이야기가 아니라 고백록이었던 것이다. 이 고백체가 우리 소설에서 이처럼 뚜렷한 뿌리를 내린 경우란 드문 일이다. 왜 사람들은 고백하려 드는 것일까. 여러 가지 해석이 가능하겠으나 그중의 한 가지는 이러하다. 하도 어처구니없는 충격을 받았을 때, 사람들은 그 고통을 되풀이하여 말함으로써 그것을 조금씩 치유한다는 것이 그것. 이 점에서 비추어볼 때 작가 박씨는 소설을 쓴 것이 아니다. 6·25 충격에서 벗어나기 위한 필사적인 도피 행위였던 것. 곧, 자기식의 고통 해결 방식이 아니었을까.

  대충 이런 얘기를 했는데, 강의가 끝나자 학생들이 기피하는 내 연구실에 웬 여학생이 들르지 않았겠는가. 방금 선생이 강의 도중 언급한 그 작가가 바로 자기 어머니라고. 그 순간 내 머리를 스친 것은 이러하였다. 저러한 큰 딸을 둔 작가였던가라는 놀라움과 그것의 당연함이랄까.

  며칠 뒤였던가. 한복 입은 중년의 여인이 내 연구실에 들렀는데 박완서라 했다. 그로부터 지금껏 나는 작가 박완서를 늘 '대면'하고 있다. 그것은 오직 작품을 통해서인데, 그녀의 작품이 고백체라고 믿기 때문에 늘 만난다는 이런 표현이 가능하다. 그는 자기의 경험만을 쓰기 때문에 나는 그가 쓴 글들을 굳이 소설로 읽지 않는다. 그 이유는 매우 간단 명료한 인식에서 왔다. 곧「카메라와 워카」때문이다.

  「카메라와 워카」란 내게 있어 무엇인가. 그것은 박완서 문학의 뿌리이다. 이 작품에 나오는 어머니를 나는 세 번이나 만났다. 「엄마의 말뚝」1, 2, 3이 그것. 이중 하나는 이상문학상 수상(1981) 작품이다.

나는 이 작품을 두고 '천의무봉'이라는 은유를 사용한 바 있다. 꾸며낸 얘기가 아니라는 평가였다. 그 어머니의 이름 석 자도 나는 알아낼 수 있다. 기숙(己宿)이 본명. 무덤의 말뚝에 그렇게 적혀 있지 않겠는가. 보채는 손자에 빈 젖을 물리던 기숙 여사의 모습은 곳곳에서 보였다. 아마 이제부턴 잘 안 보일지 모를 일이다. 「엄마의 말뚝 3」(1991)에서 보면 그녀는 무덤 속에 있으니까.

기숙 여사의 무덤을 만든 것은 물론 할미의 빈 젖을 빤 손자놈이다. 화장해서 재를 고향이 바라다뵈는 바다(강화)에다 뿌리라는 할머니의 유언과 고모의 주장을 묵살, 서울의 공원묘지에다 매장하는 손자도 나는 볼 수 있었다. 더구나 이 손자의 판단이 옳은지 아닌지에 대해 내 의견을 들려주고 싶은 마음까지 일었다.

그 여학생은 어떻게 되었을까. 조카보다 덜 사랑받은지도 모를 박씨의 딸 말이다. 금년 5월 나는 부산의 비평 동인지 『오늘의 문예비평』 주최 고석규 추모 강연차 부산에 간 바 있다. 거기 중년의 부인이 나를 맞이하는 것이 아닌가. 자기가 박완서의 딸이고, 그 여학생이라고. 부산에서 산다고.

이러한 일들은 모두 박완서의 작품에만 관련된 것이고, 그 이하도 그 이상도 아니다. 작품이란 글자로 된 것이기에 육성과는 구별된다. 이 한계를 넘어서는 계기가 우연히 내게 주어진 바 있다. 때는 1991년 6월 25일, 오후 세시. 곳은 구 동베를린 홈볼트 종합대학 고센 분교의 한 세미나실. 북한 문인이 출석하지 않은 '한국 통일과 문학의 역할'의 발표자로 나선 박완서는 「나의 문학과 고향의 의미」를 발표하면서 이렇게 결론을 삼는 것이었다.

어머니는 90세의 장수를 누리고 돌아가셨지만 그리던 고향땅을 밟아보지 못하셨고 물론 고향땅에 묻히시지도 못했다. 이렇게 철천지한을 풀어보지 못하고 죽은 이가 어찌 어머니뿐이랴. 오랜 세월이 흐르면서 한을 품은 이들은 계속 죽어갔다. 한을 풀어줘야 한다는 부담도 그만큼 줄어들게 되고 결국 통일을 지향하는 힘도 줄어드는구나 막연하게 생각해왔다. 그러나 어머니의 죽음을 겪고 나서 나는 그런 생각을 고쳐 먹을 수가 있었다. 어머니가 돌아가시자 자식된 자라면 누구나 느끼는 슬픔과 함께 멍에를 벗는 것 같은 홀가분함을 느꼈다면 내가 너무 불효한 것일까. 그러나 솔직한 심정이 그러했다. 더는 모순된 이중의 고향, 두 개의 허상에 짓눌리지 않아도 된다는 게 그렇게 홀가분할 수가 없었다.

원한이란 반드시 '복수의 욕구'를 동반하기 마련인 것. 이 점은 북한 문인들을 앞에 둔다고 예상하고 한 말이었다. 그 옆에서 박씨의 숨 고르지 않는 이 목소리를 들으며, 숙연해지지 않을 수 없었는데, 그것은 문학도 아니고 고백체도 아니고, 육성이었던 까닭이다.

## 예지의 행방
─지드의 『지상의 양식』에 부쳐

인연 있어 나는 대학 신입생들을 수십 년 가르쳐왔다. '문학개론'에 해당되는 강좌 '한국 근대문학의 이해'가 그것이다. 개강 벽두이면 나는 대형 강의실을 가득 메운 초롱초롱한 눈동자를 향해 이렇게 외쳐 마지않는다.

새벽에 밝아오는 광야여, 청청한 호수여, 나타나엘이여, 만일 내가 가장 아름다운 온갖 것을 알고 있다면 그것을 말해주마. 결코 그 외의 것이 아니다. ……나타나엘이여, 이 책을 버리고 너는 탈출해야 한다. 그 탈출은 어디서든지 가능하다. 너의 집으로부터, 학교로부터, 서재로부터, 골방으로부터. 만일 내가 목마른 너에게 물을 떠준다면 너는 그것을 마실 수 없다. 내가 너의 잠자리를 만들어준다면 너는 거기서 잘 수 없다. 너의 순수 욕망은 소유로 하여 무화(無化)되는 것이다. 인생에는 네가 발견하는 단 하나의 길이 있을 뿐이다. 다른 사람이 너만큼 잘할 수 있는 그런 일, 그러한 인생을 너는 절대로 택해서는 안 된다.
너 자신의 알몸뚱이 그 느낌에만 집착하는 일, 그것만이 전부인 것이다.

이러한 외침으로 시작되는 앙드레 지드(André Gide, 1869~1951)의 『지상의 양식 Les Nourritures Terrestres』(1897)을 내가 읽은 것은 지금부터 43년 전이다. 수복 후의 서울 거리는 황량했다. 남대문 문턱에 서면 천장도 날아가버리고 시멘트 기둥만이 앙상하게 남은 중앙우체국이 눈에 들어오고 그 너머로 청계천 바닥까지가 훤히 보였다.

나타나엘이여, 동정(同情)이 아니라 사랑인 것이다. 행위의 선악을 판단함이 없이 행위하지 않으면 안 된다. 선이라든가 악에 마음 두지 않은 채 사랑하는 것, 나타나엘이여, 그대에게 정열을 가르쳐주마. 안일한 나날을 보내기보다는 비통한 나날을 보낼 것. 나는 죽음의 잠 이외의 어떤 휴식도 원치 않는다. 못다 한 젊음의 욕망이 사후에까지 남아서 나를 괴롭힐까, 두려운 바다. 나타나엘이여, 동정이 아니라 사랑인 것이다.

염색한 군복과 커다란 군화를 끌면서 나의 대학 생활은 의식의 '하꼬방'에 시종했다. 다만 젊다는 것, 그것 하나만이 전재산이었을 따름. 그러나 그 젊음은 방향성 없는 아픔이었던 것 같다. 이 무렵 나는 주로 청계천 근처의 고서점을 자주 드나들었지만 무슨 체계적인 서적을 모으기 위한 것은 아니었다.

외로웠을 뿐이었다. 학교가 파하면 무턱대고 길거리를 걸었다. 이집 저 집 골목골목을 들여다보기도 하고, 그러나 마침내는 번번히 청계천 근처에 이르게 된다. 그 청계천의 시커먼 물과 쓰레기와 온갖 지저분한 오물과 그 속에서 혹은 옆에서 살고 오고 가는 사람들이 아득한 두메 산골에서 자란 내게는 기이하게 혹은 친근하게 여겨졌다.

어느 날 우연히 어떤 고서점에서 아무렇게나 쌓인 낡은 책을 한 권

샀다. 바로 『지상의 양식』의 일역판(今日出海 역)이었다. 물론 나는 앙드레 지드가 『좁은 문』(1909)을 쓴 프랑스의 소설가라는 것쯤은 알고 있었으나, 정작 이 책이 어떤 것인지 알 턱이 없었다. 가톨릭의 억압에 시달린 자의 욕망의 해방을 외친 이 선동적 저술의 위치를 그때의 내가 알 턱이 없었다.

이 책을 읽고 흥분했던 기억을 나는 아직도 잊지 못한다. 그것은 한 마디로 본능적 젊음의 순수 욕망이었고, 출발의 의미였던 것이다.

그후 세월은 흘렀고, 내 장서도 많이 늘고 이곳저곳으로 옮겨다니느라고 오래된 책들은 다 없어졌지만 이 책만은 지금도 내 책장 속에 소중히 들어 있다. 뿐만 아니라 이 책의 세 가지 다른 판을 갖고 있다. 모든 것이 짜증나고 괴로울 때, 주름살이 늘고 그것에 비례하여 점점 인생에 위축되는 나 자신을 발견할 때, 그리하여 잠 안 오는 밤이 오면 나는 문득 이 책을 꺼내어 여기저기를 펼쳐본다.

오늘의 신입생의 심정도 이때의 내 심정과 한치도 다르지 않다고 내가 믿지 않았다면 무슨 까닭으로 그들 앞에 이런 목소리를 들려주겠는가. 그러나 그 이유뿐일까. 따지고 보면, 그 실상은 그들 신입생에 있지 않았을 터. 나 자신을 향해 외치고 있지 않았을까. 문학청년스런 기질, 이른바 열정이 식을까 봐 스스로 기운내게 하는 방편이었던 것. 그렇지 않고는 대형 강의실을 가득 채운 그들의 총총한 눈에서 뿜어져나오는 열기를 어찌 내가 감당할 수 있으랴. 악을 쓰듯 또 속삭이듯 내가 외치는 것은 이 때문이었다. 주름살과 비례하여 비굴해지는 내 모습은 나이에서 연유하는 것이 아님을 나는 분명히 알고 있다. 남들이 하는 일을 넘겨다보았기 때문이다. 금기 사항인 예견된 혹은 계산된 기쁨을 이따금 생각했기 때문이다. 나타나엘이여, 너만은 이 점을 알고 있으리라.

이 장면에까지 이르면 내 목소리는 조금씩 가라앉기 시작한다. 열정이 사랑이라는 것, 행복과 그것이 동의어라는 것, 예지란 이성 속에 있지 않고 사랑 속에 있다는 것. 이런 덕목을 몸소 겪고 되돌아온 그들의 무거운 발길을 내가 어렴풋이 예측할 수 있었기 때문이다. 어째서 그들은 지쳤을까. 예지란 사랑 속에 있지 않았던 탓이 아니었을까. 『말테의 수기』(1903)에서 릴케(1875~1926)가 말하는 '탕아의 귀가'의 장면이 선하게 펼쳐지기 때문이다. 어떠한 지상의 사랑으로도 치유되지 않는 영역이 거기 늪처럼 펼쳐져 있었던 것. 지드보다 릴케가 한 수 높다고 내가 생각하는 것은 이 때문이다. 아니, 이런 표현은 정확하지 않다. 출발점에 선 젊은이의 이름이 나타나엘이라면, 귀향할 때의 그의 이름은 말테로 바뀌어 있었다고나 할까. 사랑이란 것도 행복에 이르는 아무런 조건 축에 못 든다는 것을 깨달아 거지가 된 그런 탕아의 귀가였으니까. 그렇다면 『말테의 수기』는 『지상의 양식』에 화답한 작품이 아니었을까.

이 장면에서 나는 긴 배낭 여행에서 지쳐 돌아온 탕아들의 한숨 소리를 들을 수 있었다. 이번엔 내가 그들에게 들려줄 것은 토마스 만(1875~1955)의 「토니오 크뢰거」(1910)의 목소리이다. 귀향한 토니오 크뢰거가 건전한 시민사회의 자리를 잡은 불알 친구들의 춤추는 장면을 유리창 너머로 바라보면서 저도 모르게 이렇게 뇌어 마지않았다. "내가 혼자서 아홉 개의 교향곡을 짓고 〈최후의 만찬〉을 그렸더라도 너희들은 영원히 나를 비웃을 권리가 있다"라고.

결코 토니오 크뢰거 같은 '길 잃은 시민'(예술가)이 되어서는 안 된다는 것. 시민사회의 일원(속물, Bürger)이 되기 위해 자기의 선 자리와 가문과 국가의 내력을 배워야 한다는 것. 시민사회의 덕목에로 회귀하는 아픔이 뒤따라야 한다는 것. 예지란 이성 속에 있지 않을지 모르나, 이성 속에서가 아니라면 그 예지란 무슨 소용이 있겠는가를 음미해야 한다는 것.

이처럼 모질게 말해놓고 나면 내 속이 시원할까. 결코 그렇지 않다. 그렇게 단순하지는 않기 때문이다. 이 점에서 지드는 철저하였다. 『지상의 양식』을 쓴 지 60년 뒤에도 그는 여전하였다.

일찍이 나는 나타나엘이라는 너무도 슬픈 이름으로 불렸던 군, 그리하여 지금은 젊은 벗이라 부르는 군이여, 군의 마음속에 한 점의 슬픔도 남기지 말라. 탄식을 무의미하게 하는 것을, 자기 속에서 이끌어내어 배워라. 군 스스로 얻을 수 있는 것을 타인에게 청하는 짓을 하지 말라. 나는 살아버렸다. 이번에는 군의 차례다. 내 청춘이 계속되는 것은 금후 군의 내부에서이다. 나는 군이 나를 이어간다고 느끼게 된다면 마음놓고 죽을 수 있다. 나는 내 희망을 군에게 묶는다. (……) 나의 젊은 친구여. 인생은 보다 아름다울 수 있다는 확신을 버리지 말라.(「새로운 양식 Les Nouvelles Terrestres」, 1935)

방랑에 지쳐 갓 돌아온 그들 배낭엔 아직도 땀이 짙게 배어 있지 않았던가. 문득 그들이 측은해져 내 마음은 한없이 안쓰러워지지 않으면 안 되었다. 그렇지만 또 그렇기에 이제 나는 그들을 믿을 수조차 있게 된 것이었다.

   어리고 성긴 가지 너를 믿지 아녔더니
   눈 기약 능히 지켜 두세 송이 피여세라
   촉(燭) 잡고 가까이 사랑할 제 암향조차 부동(浮動)터라.(안민영,
「매화사」, 『가곡원류』 중에서)

# 루카치의 『소설의 이론』

## 1. 동경대학 정문 앞 서점에서 만난 책

 한 권의 책을 읽는 일은, 운명의 만남과 흡사하다. 어떤 헝가리 비평가가 쓴 얄팍한 미완의 책 『소설의 이론』(1916)이 내게는 그러하였다.

 갈 수 있고 또 가야만 하는 길의 지도의 몫을 하늘의 별이 해주며 별의 빛에 의해 길이 비쳐지는 시대는 행복하다. 그러한 시대에 있어서는 일체의 것이 눈에 새롭게 친근하며, 모험적이지만 또한 흡사 소유물과 같다. 세계란 아득히 멀지만 자기 집과 같은데, 왜냐면 심정 속에 타오르는 불은 별들과 같은 본질적 성질을 갖고 있기 때문이다. 세계와 자아, 빛과 불이란 뚜렷이 구분돼 있으나 결코 서로 무연하지 않은데, 왜냐면 불은 어떤 빛의 혼이기도 하며 어떤 불도 빛이 되어 나타나기 때문이다. 이리하여 심정의 모든 행위는 그 이원성 속에서 의미로 가득 차게 되며 이원성이 흔연하게 돼 둥근 원이 된다. 심정은 행동하는 중에 자기 속에서 쉬기 때문에 둥근 원이 된다. 심정의 행위란 심정을 떠나 자립하며 자기 자신의 중심점을 찾아내며 완결된 원의 둘레를 자기 주변에 이끌어들이기 때문에 둥근 원이 되는 것이다.

이렇게 시작되는 『소설의 이론』을 내가 처음 대한 것은 1970년의 어느 가을 동경에서였다. 하바드옌칭의 장학금을 받은 젊은 조교수인 내가 유학이랍시고 간 곳이 동경대학이었다. 내 전공이 우리 근대문학인 만큼 일본이 적격지로 판단되었기 때문이었다. 동경대학 동양문화연구소의 이즈미 세이이치(泉靖一) 교수의 초청을 받아 동경에 닿았을 땐 정작 초청자 이즈미 교수는 작고하여 장례식이 거행되고 있었고, 작가 미시마 유키오(三島由紀夫)의 할복 자결로 일본 천지가 떠들썩하는 판이었다. 동양문화연구소에 소장되어 있는 상당한 분량의 북한 자료를 엿보기도 하고 서고 속의 이런저런 자료 속에 파묻혀 하루를 보내고 밖으로 나오면 세상이 별천지처럼 보여 마지않았다. 모든 것이 비현실적으로 느껴졌던 탓이었다. 그러니까 내겐 생활이 없고 관념만이 나를 에워쌌다고나 할까. "일체의 이론은 회색이며 생명의 황금나무만이 초록"(『파우스트』 제1부, 「서재의 장」)이라는 명제라든가, 철학이 그 이론의 회색에 회색을 겹쳐 그릴 때 이미 삶의 모습은 노후해버리는 것이며 회색을 색칠하는 데 회색을 가지고 바르더라도 삶의 모습은 젊어지지 않으며 오로지 인식될 뿐(헤겔, 『법철학』 서문)이라는 장면 속에 내가 놓여 있었다고나 할까. 그런 내 황량한 내면 풍경에 막바로 이어진 곳에, 동경대학 정문 앞에 즐비해 있는 서점들 또한 있었다. 양서만을 취급하는 어느 서점에 들르자 첫눈에 띈 것이 두툼한 루카치의 책이었다. 루흐터한트 판 사회학 텍스트 제9번째로 간행된 『문학사회학 Literatursoziologie』이 그것. 모두 30항목으로 된 이 책의 3, 4, 5항목에 『소설의 이론』 제1장의 1, 2, 5절이 들어 있지 않겠는가. 순간 가슴이 울렁거렸는데, 지금도 나는 그 이유를 잘 설명할 수 없다. 숙소로 돌아와 밤을 새워 독판하였음은 새삼 말할 것도 없다. 제1장 앞부분을 겨우 판독하여 노트에 옮겼을 때 새벽 전차 소리가 들렸다.(당시 내 숙소인 고마고메에서 혼고에 있는 東京大까지는 전차가 아직 다니고 있었다. 1970년은 또한 마지막 전차가 철거되는 해이기도 했다.)

## 2. 소설의 운명 : 헤겔·루카치·김남천

실상 루카치의 이름을 내가 안 것은 썩 오래 전이었다. 한국 근대 문예비평사 집필을 위한 자료 수집에 몰두해 있던 내 앞에 명저 해설의 하나로 소개된 루카치의 『역사소설론』 중의 첫 장에 해당되는 「역사소설의 고전적 형식」이 철학자 서인식에 의해 『인문평론』(1939. 11)에 소개된 바 있었을 뿐만 아니라 김남천의 유명한 평론 「소설의 운명」(『인문평론』 1940. 11)엔 이미 루카치의 소설론이 큰 얼굴로 도입되어 있었던 것이다. 소설이 권위 있는 미학에 의해 고급한 문학 형식으로 인정된 것이 독일 고전주의 철학에서였음은 모두가 아는 일이다. 특히 헤겔의 『미학』에서 그러하였다. '시민계급의 서사시'로 규정된 소설의 출현이 시민계급의 등장으로 말미암아 가능해졌다는 것, 저 귀족적이자 왕자다운 영웅 서사시의 적자가 되는 것으로 이 과정이 요약된다. 소설이 한갓 이야기 나부랭이가 아니라 시라든지 희곡처럼 고급한 문학 형식이어야 한다는 명제만큼 소중하고도 매력적인 것이 따로 있을까. 나를 매료한 것이 바로 이 점이었다. 너절한 장타령이나 야담이라든가 황당무계한 잡설 따위와 소설이 구별되지 않는다면, 그따위 소설을 한다든가 분석하는 일에 그 누가 필생을 바칠 것이겠는가. 카프계 소설가 김남천이 이 점에 뚜렷하였다. 그는 대뜸 소설의 '운명'을 문제삼았는데, 이는 곧 작가로서 그 자신의 운명을 문제삼는 일이자 인류사의 운명을 문제삼는 일이기도 하였다. 어째서 그러했던가. 1940년이라는 시대적 조건을 염두에 둔다면 이 점이 뚜렷해질 수 있다. 자유주의라든가 사회주의로 말해지는 이른바 민주진영(인민전선)과 독일, 이탈리아, 일본의 3국 동맹으로 뭉친 파시즘이 대립되어 바야흐로 인류사의 국면이 대결 상태에 들어갔고, 이 대결에서 과연 인류사는 어느 쪽으로 기울 것인가에 대해서는 그 누구도 점치기 어려운 상태에 있지 않았던가. 인류사의 운명의 얼굴이 거기 있었다. 그것은 또한 소설의 운명이기도 하였다. 여기서 주목할 것은 내가 김남천과 더불어 '소설에서만' 운명의 표정을 떠올렸다는 사실이다. '시의 운명'이라든가 '희곡의 운명'이란 말은 당초 있을 수 없었고 있어본 적도 없는 것처럼 내겐 느껴졌다. 소설만이 인류사와 더불어 그 운명을 함께하는 장르인 까닭이다. 그렇다면 인류사와 더불어 소설이 있다든가, 인류사의 운명이 소설의 운영이라는 명제란 과연 무엇을 가리킴일까. 대략 이렇게 설명될 수 있을 터. 곧 소설의 생성, 발전과 쇠퇴의 노선을 시민사회의 역사적 발전에 맞추어 설명할 수 있다. 물론 시민사회의 출현이 동과 서, 나라와 지역에 따라 불균등하게 진행되겠지만 그 진행 과정을 정리할 수 있듯이, 소설의 법칙도 자본주의(시민사회)의 진행 노선과 대응되어 마지않을 것이다. (훗날 골드만은 이를 상동성이론으로 정리한 바 있거니와) 그 단계적 대응관계를 (1) 시민사회의 발흥기(라블레, 세르반테스로 대표되는 리얼리스틱한 공상성) (2) 최초의 축적의 시대(데포, 필딩으로 대표되는 진보적 적극적인 원리의 강조) (3) 시민사회의 모순이 전개되었으나 부정적 요소가 자립적 진행을 시작하지 못하는 시대(발자크로 대표된다) (4) 시대의식이 몰락하고 자연주의와 시민의식의 옹호가 시험되는 시대(졸라로 대표된다) (5) 소설의 붕괴 시대(조이스, 프루스트로 대표된다) (6) 고리키로 대표되는, 고대적 서사시와의 형식적 접근을 이루려는 방향.

이러한 단계적 변이 과정을 김남천은 루카치의 이론에서 이끌어내고 있지 않겠는가. 헤겔 미학의 직계인 루카치의 이러한 여섯 단계의 소설의 '내적 형식'의 검출이 루카치의 어떤 책에서 말미암은 것이있을까. 이 물음이 내겐 제일 궁금한 것이었다. 그 원서를 구하는 방도가 없을 것인가. 왜냐면 김남천의 설명만으로는 너무도 부족하여 내 지적 호기심을 조금도 풀어주지 못했기 때문이었다. 내가 김남천이 기대었던 루카치의 그 책을 찾아낸 것은 서울대 도서관에서였다.(그 뒤 청계천 고서점에서 이 책을 구할 수 있었다.) 그것은 일역판으로 된 『소설의 본질』(로만의 이론)이었고, 1936년도 세이와(清和) 서점(東京)에서 나온 것이었다. 루카치의 『역사소설론』(三笠書店, 1938. 11)보다 두 해나 먼저 나온 『소설의 본질』, 일명 『로만의 이론』이란 과연 무엇인가. 1934년 12월 20일에서 동 28일과 1935년 1월 3일에 걸쳐 소련 콤 아카데미 철학연구소 문학부 주최 '소설의 이론의 문제' 세미나의 속기록을 정리한 책이 아닌가. 이 세미나의 발제 논문과 토의 결론만이 루카치의 것이었다. 그 발제 논문을 김남천이 그대로 옮겼음이 한눈에 드러나지 않겠는가.

이 사실 앞에 나는 망연자실하지 않을 수 없었다. 헤겔 미학만큼의 소설에 대한 정치한 이론을 기대했던 것인데, 막상 대하고 보니, 루카치의 그 이론이란 세미나용 보고 연설로 작성된 짤막한 에세이에 지나지 않았던 것이다. 그렇다면 진짜 루카치의 『소설의 이론』은 어디 있는가. 내가 찾아 헤맨 것은 이 진짜에 있었다. 그리고 그것이 동대 앞 양서 서점에 꽂혀 있지 않았겠는가.

3. 작품으로서의 『소설의 이론』

루카치의 『소설의 이론』이란 과연 무엇인가. 이 물음이란 실상 내게 있어 무엇인가에 국한될 따름이다. 앞에서 이미 말했듯 소설이 권위 있는 미학에 의한 고급한 예술 형식이라 믿었고 지금도 그러하다는 점에 이 사정이 관여되어 있다. '권위 있는'이라든가 '미학'이라든가, 뭔가 '고급스런 문학 형식' 등이 함의하고 있는 것은 물을 것도 없는 근대 곧 시민사회(자본주의)의 그것이다. 시민사회의 위엄에 어울리는 품격이랄까 힘 또는 역사의 추진력이 알게 모르게 전제되어 있다. 소설이란 시민사회와 관련이 별로 없고, 그 기원이 희랍의 메니페아(풍자적 산문)에 있다고 하고, 이런저런 잡스러운 것을 형성, 발전, 소멸하는 것이라 보는 근자의 바흐친의 이론에 일면으로는 공감하면서도 그것에 별다른 매력을 내가 느끼지 못하는 이유도 이로써 조금 설명되지 않았을까. 그러나 이러한 내 편견이 실상은 저 독일 고전철학의 속성에 알게 모르게 관련되었음을 내가 깨달은 것은 상당한 시간이 지난 뒤였다.

고마고메의 숙소에서 밤을 새워 『소설의 이론』을 판독했다는 것, 기껏해야 제1장의 몇 문단의 판독에 하룻밤이 밝고야 말았다는 점은 앞에서 이미 말했거니와, 내가 제일 난감해 마지않은 것은 이 책이 이론서가 아니라는 사실의 발견에 있었다. 소설에 대한 이론서라면 응당 소설의 내력, 변천이라든가 소설의 구조랄까 구성요소라든가 혹은 소설의 기능(본질)에 대한 설명이거나 해설이어야 했다. 티보데의 『소설의 위상』 등등이 모두 그러한 이론서들이 아니었던가. 루카치의 것은, 이에 비할 때 참으로 엉뚱하게도 "Selig sind die Zeiten, für die der Sternenhimmel……"이라고 시작되지 않겠는가. 첫 줄부터 창공의 별이 등장하고 있지 않겠는가. 말하자면 첫 줄부터 시가 아니었겠는가. 설명체의 글이 아니라, 시나 희곡 또는 교묘히 만들어진 유골 항아리모양 빈틈 없이 짜인 '작품'의 일종이었다. 소설에 대한 이론서가 아니라, 소설의 이론을 한 편의 시 작품으로 완성해놓은 물건이었던 것이다. 이 낯섦 앞에 나는 당황하지 않으면 안 되었다.(훗날 안 일이지만 이러한 이론의 작품화란 독일 고전철학의 버릇이었다. 창조 행위란 사색의 결정結晶이기에 너무도 당연한 일임을 내가 거듭 확인한 것은 하이데거의 『존재와 시간』을 비롯한 저작들에서였다.) 말하자면 나는 소설

이론서를 대면한 것이 아니라 헤겔 미학의 마법권에 놓인 루카치의 소설에 대해 쓴 한 편의 긴 시 작품을 한 줄 한 줄 해독하고 있었던 셈이었다. 매우 딱하게도, 그때나 저때나 둔감한 나로서는, 이 고차원의 상징적인 시 작품을 감지할 감수성이 너무도 모자랐다. 그것은, 반드시 원서에 대한 어학 역량 부족에서만 초래된 것이 아니었던 것. 그로부터 나는 동대 도서관에 들어가 이 방면의 문헌을 뒤졌는데, 『소설의 이론』의 1963년도 루흐터한트 판과 일역판(原田義人 역, 未來社, 1954)을 찾아내기에 이르렀다. 이 두 책을 대비하면서 나는 조금씩 긴 세월에 걸쳐 이를 우리말로 옮기기를 주저해 마지않았다. 지금도 그 완역 원고가 내 서랍 속에 보관되어 있어, 잠 안 오는 밤이면 꺼내어 변색된 원고를 어루만지곤 한다. 내 젊음의 열정이 그 속에 배어 있기 때문이다.

『소설의 이론』이란, 그러니까 내게 있어서는 소설이 어째서 문학 형식의 고급스런 것인가에로 집약되어 있다. 또 어째서 그 고급스런 문학 형식의 존재 방식이 철학적 사색의 형태를 띠었는가에로 직결되는 것이기도 했다. 그러한 사색의 결과란 어김없이 한 편의 작품으로 되는 것이었다. 그렇다면 『소설의 이론』이라는 제명을 가진 이 작품의 참 주제란 무엇인가. 또는 참 주제가 놓인 대목은 어디인가. 작품인 만큼 주제 검토가 불가피하지 않겠는가. '시간'이 그 해답이다. 서사시에서는 없는 시간 개념이 도입됨으로써 서사시는 소설로 변신할 수 있었다는 것이다. "본질은 반드시 찾아야 한다. 동시에 그 본질은 찾아지지 않는다'는 것을 소재로 하는 소설에서만 시간은 형식과 함께 주어진다."(루흐터한트 판, 1971, 108쪽)

그렇다면 이 시간이란 괴물은 과연 무엇일까. 모든 것을 부식시켜 망가뜨리는 것이 바로 시간이 지닌 속성이 아니겠는가. 순금만이 이러한 시간에 초월적으로 존재할 수 있다. 서사시의 세계, 그러니까 거기엔 시간이 없다. 본질적인 것(das Wesentliche)만이 있기 때문이다. 이것을 망가뜨리는 것이 시간이었던 것. 이 시간이 침투한 곳 그것이 근대성이며 자본주의이자 시민사회의 전개였다. 존재적 가치를 훼손시켜 시장(교환)가치의 세계에로 인류사가 기울어진 장면 속에 솟아오른 소설형식이란 그러니까 인류사의 적자에 해당되지 않겠는가. 내가 루카치의 『소설의 이론』에 오랫동안 매료된 참된 이유는 대충 이런 것에 있었다.

훗날 안 것이지만 루카치의 이 책은 『미학 및 일반예술』지에 발표될 당시의 제목이 '미학적 역사철학적인 도스토예프스키론의 서론'이었다. 이 점은 『소설의 이론』 끝 부분에서도 조금 암시되어 있다. "도스토예프스키는 단 한 편의 소설도 쓰지 않는다. 그는 미래에 속한다"는 대목이 그것. 그러나 끝내 루카치는 그 '본론'을 쓰지 못하고 『역사와 계급의식』(1923)으로 나아갔고, 또한 마르크스주의자가 되어 정치 활동에 투신하였다. 그러나 그는 「도스토예프스키론」(1943)이라는 짧은 평론을 쓰지 않으면 안 될 만큼 황금시대를 향한 그리움을 끝내 버리지 못하였다. 여기에서 비로소 그는 저 유명한 클로드 로랭의 그림 〈아시스와 갈라테아〉에 언급하여 어째서 도스토예프스키가 스타브로긴(『악령』의 인물)의 입을 빌려, 황금시대, 그것이 조화로운 인간 사이의 참된 관계이며, 설사 그런 관계가 꿈에 불과하더라도 어째서 인류가 그 꿈을 절대로 버릴 수 없는가에 대하여 열정적으로 주장하고 있었다. 〈아시스와 갈라테아〉라는 그림이 도대체 어떤 것이기에 도스토예프스키가 그 앞에 눈물을 흘렸고, 루카치가 어째서 그것이 도스토예프스키 문학의 핵심이자 순금 부분이라 했는가를 알아보기 위해 나는 오랫동안 헤맨 바 있다. 그 그림을 찾아 드레스덴 미술관으로 내가 찾아간 것은 1991년 여름이었다. 한 권의 책을 읽는 일이 운명의 만남과 흡사하다는 것은 이런 문맥에서이다.

# 세계란 과연 변혁되어야 할 대상일까
— 과학 세대의 K군에게

## 1. 바다가 보이는 작은 도시의 슈퍼

 K군, 오늘 수입은 어떠한가. 아마 지금쯤 군은 형광등 아래서 하루 동안의 수입을 점검하고 있는가. 저녁을 먹고 바다가 보이는 가게 앞 마당에 나앉아 저무는 서녘 하늘을 보며 담배라도 피우고 있는 것인가. 거기 수줍은 듯 반짝이는 초저녁 별이라도 보고 있는가.
 군이 공장 생활을 청산하고, 먼 친척 소유의 작은 식품점, 그러니까 동네 사람들이 그래도 슈퍼라 불러주는 가게를 맡아 경영해온 지 벌써 세 해째에 접어들지 않겠는가. 이젠 아마도 전문 경영인의 몸매와 표정을 짓고 있는가. 혹은 낮에는 일에 몰두하여 생각할 틈도 없이 보내고 밤에는 밥숟갈을 놓자마자 지쳐 쓰러져 자는 그런 장면을 일부러 연출하고 있는가. 아직도 그때처럼 세상에 아득해하고 난감해하고 있는가.

'우리는 어떻게 살아야 할 것인가.' 이런 물음을 군은 내게 두 번 한 적이 있다. 군은 기억하는가. 첫번째 물음이 격렬한 목소리를 동반한 것이었다면 두번째 물음은 다만 눈(작품)으로만, 표정으로만 던진 질문이었지만, 그 본질에서는 한치도 다르지 않았음을. 격렬한 목소리의 물음이라고 해서 대답이 절박해야 하고 말없는 물음이라 해서 안전한 것이 아니었음을. 그 물음 자체가 무의미했던 것이 아니라 불가능했던 것임을.

### 2. 1986년의 대학 풍경 —P군의 자살과 그 주변의 사상

첫번째 물음 장면부터 회고해보기로 하자. 1986년 5월 24일의 내 일기장에는 이렇게 적혀 있다. "작가 K씨와 만나기로 약속하고 마악 집을 나서려는데, 돌연 학교에서 조교의 다급한 목소리가 들려왔다. 내가 지도하는 학생 P군이 죽었다는 것이다"라고.

이보다 바로 며칠 전, 학생회관 옥상에서 온몸에 불꽃을 달고 투신 자살한 학생 사건이 있었다. 민주화에의 순수 열정이 얼마나 굉장한 것이었는가를 이보다 더 극적으로 드러낸 시대가 달리 있었을까. 세계의 보도진이 이 장면을 포착하였음이 어찌 우연이었으랴. 실상 그 주변에 있었던 우리로서는 견디기 어려운 시련이 아니었던가.

P군을 포함한 급우들이 그 밤을 새워 격렬한 토론을 했고, 그 이튿날도 토론이 계속되지 않았던가. 견디기 어려움의 한 가지 방식이 바로 이 토론이 아니었던가. 그러한 밤샘 토론을 하고도 강의실에서 군은 초췌한 모습으로 말없이 앉아 있곤 했었다. 그러나 P군의 죽음 이후로는 사정이 썩 달라졌음을 나는 느꼈다. P군의 죽음이란 무엇이었던가. P군은 유서를 써놓고 한강에 투신 자살해버렸던 것이다. 어째서 P군은 중인 환시리에 분신 자살도 하지 않고, 혼자서 남몰래 밤중을 택해 한강에다 몸을 던지는 방식을 택했을까.

땅을 치고 망연자실해하는 P군의 아버지가 내게 보여준 P군의 일기에는 이렇게 적혀 있었다.

 "숱한 언어들 속에 나의 보잘것없는 한마디가 보태진다는 게 무슨 의미가 있겠니. 그러나 다른 숱한 언어가 그 각각의 인간의 것이듯 나의 언어는 나의 것으로 나는 나의 언어로 말할 수 있겠지."

 '나의 언어'로 말하기 위해 인간이 태어났던 것이 아니었겠는가. 원초적으로 그렇다는 뜻이리라. 그러니까 K군, 군들이 모인 이 학과는 특히 그러하지 않았던가. 다른 많은 학과를 제치고 굳이 문과(문학)를 택한 군들이기에 '나의 언어'로 말하기란 원초적이기보다는 현실적이자 개별적이었던 것이다.

 '나의 언어로 말하기'란 그야말로 문과를 택한 학생에 있어 불패의 무기이자 남다른 자부심의 근거였던 것. 나는 이 점을 늘 강조해왔는데, 곧 문과생의 자존심의 근거가 여기에 있다고 믿었던 까닭이다. 이 점에서 P군은 정상아였다. 이러한 정상아의 자리가 더이상 유지될 수 없었던 계기가 바로 분신 자살 사건이었다. 이로써 정상아는 저 자신도 모를 혼란 속에 빠져들었는데, 그 혼란의 목소리는 이러하였다.

 "○○아, 뭘 할 수 있겠니, 내가. 지긋지긋하게 싫더라도 어쩔 수 없음을 네가 모르지 않을진대 요구하지 마, 요구하지 마! 강요하지 말 것. 구체적인 것이다, 산다는 건."

 누가 P군으로 하여금 무엇을 강요했던가. 누구란 시대정신, 그가 아니었던가, '무엇을'이란 행동 그것이 아니었던가. 이 격렬하고도 은근한 강요 사항이란, 비단 P군에게만 가해진 강박관념이었을까. 그렇지 않음을 누구보다 군이 잘 알고 있을 것이다. '어떻게 살아야 할 것인가' 하는 절박한 물음이 이 순간 군들을 꼼짝없이 에워쌌던 것이다. 이 절박한 물음에서 '자기의 말'로 세계를 설명하기 위해 문과에 들어왔던 군들 중 맨 먼저 P군이 혼란에 빠졌고 끝내 그는 이 물음에서 어떤 해답도 찾아내지 못하고 번민하였다. 그 번민의 끝에 그의 죽음이 있었다. 그에겐 어떤 해답도 보이지 않았다. 절망이었고, 그 절망

세계란 과연 변혁되어야 할 대상일까 49

끝에 죽음이 놓였던 것이다. '나의 언어'로써 세계를 바라보기와 시대정신의 강요 사항, 그러니까 공동체에 대한 의무 사항 가운데서 P군은 길을 잃었던 것. 순수하기에 그것에 비례하는 절실함이 군들의 신선함의 근거가 아니었던가.

 P군은 이 틈에서 견디지 못하고 마침내 생을 포기하는 쪽을 택하고야 말았던 것. 이러한 정신 상황이란 다음처럼 요약될 수 없겠는가. 곧, 이 세상에서 '나'란 무엇인가. 사회적 역사적인 어떤 것으로도 환원되지 않는 '나'란 무엇인가. 사회적 역사적인 어떤 것으로도 환원되지 않는 '나'만의 있음의 방식(그러니까 실존적인 측면)을 문제삼는 일과 그런 일 주변에 익숙해 있던 P군과 그 동료들에 있어 1986년도의 격렬한 분신 자살 사건이란 참으로 견디기 어려운 과제였던 것.

 인간 실존적 조건보다 우선하는 과제, 곧 세계(공동체)에 대한 의미가 강렬하게 육박해왔던 것이다. 사회라는 것, 세계라는 것, 유적(類的) 존재로서의 인간의 조건이 크게 부각되어 올라왔던 것. 이 조건을 가장 잘 드러낸 것이 헤겔주의자들이고 그 직계에 해당되는 마르크스였다. 그의 모든 과학(철학)이 다음 구절로 요약됨을 이젠 군이 누구보다 잘 알고 있지 않겠는가. "철학자들은 지금까지 세계를 다양하게 해석만 해왔다. 그러나 중요한 것은 세계를 변혁하는 것이다"(『포이에르바흐에 관한 테제』)라고. 인간은 이성적 존재가 아니겠는가. 그런 존재라면 응당 그 이성이란 이름에 걸맞는 행동이 따라야 하는 것. 곧 이성의 힘으로 세계를 바람직한 방향으로 바꿀 수 있을 뿐만 아니라 바꾸어야 마땅하다는 것이다. 일제 강점기를 겪고 해방 공간의 좌우익 소용돌이에 휘말려 갈팡질팡하던 우리의 역사가 마침내 6·25와 같은 이데올로기의 물리적 충돌을 빚지 않았던가. 그 속에서 우리의 최근 세사는 뒤틀릴 대로 뒤틀려, 이성의 힘으로 이를 바람직한 방향으로 바꾸어야 한다는 요청을 최대한의 과제로 인식하기에 과연 모자람이 없는 장면에까지 몰고 가지 않았던가. 몸에 기름을 부어 스스로 타죽는 행위. 기름병을 들고 철조망에로 돌진하는 행위야말로

1980년대를 살아가기 위한 가장 적절한 이성적 행위가 아니고 무엇이었을까.

 실존이냐 공동체냐의 갈림길에서 방향성을 잃은 것이 어찌 P군뿐이겠는가. 실존의 의미보다 공동체의 의미가 한층 번득이었던 것, 이 속에서 P군이 균형감각을 잃어 방황하다가 마침내 그 해답을 찾지 못하고 스스로 목숨을 끊었다.

 이 세상엔 목숨보다 소중한 것은 있을래야 있을 수 없는 법. 그러나 젊은이는 그렇게 생각하지 않는다. 그들은 젊었다. 누가 그들인가. 몸에 기름을 부어 불붙이고 꽃잎처럼 옥상에서 추락하는 젊은이가 그다. 책가방과 신발을 벗어 나란히 다리 난간 아래 포개어두고, 한강에 투신해 목숨을 끊은 P군이 그다. 이 둘은 동가이자 동격이 아니겠는가.

 '나'의 실존적 과제냐, 세계를 이성적으로 바꿀 수 있느냐의 갈림길에서 두 학생은 각각 그 전형을 보였다. K군, 그대가 내 연구실을 찾아와 격렬한 목소리로 질문한 것은 이 대목에서였다. 실상, P군이 죽은 지 한 주가 지난 수업 시간에 나는 버릇대로 출석을 부르지 않았던가. P라고 내가 부르자 대답이 없지 않겠는가. 중대 영안실에서 나는 군들과 함께 P군을 보냈고 벽제리 화장장에서까지도 확인한 그 마당에 내가 부른 출석부의 의미란 무엇이었던가. 나는 P군의 결석을 확인, 결석표를 그었다. 그 순간 교실 여기저기서는 울음소리가 들렸다.

 K군, 그대는 그 순간 교실을 뛰쳐나가지 않았던가. 나는 태연히도 수업을 했고 연구실로 돌아오자, 군이 나를 연구실 복도에서 기다리고 있었다. 화난 얼굴이기보다는 거의 창백한 얼굴이었다. 그럴 수 있느냐는 투의 표정이었다. 어째서 담담히 수업을 할 수 있는가. 선생이라는 자가 대체 제자 죽음에 그토록 냉담할 수 있느냐는 것이었다. 나는 아무 말도 할 수 없었다. 군은 너무 할말이 많아 아무 말도 발음되지 않는 그런 상태였다. 그것은 다음 말로 요약되고도 남는다. '우리는 이 시대에 어떻게 살아야 할 것인가.'

### 3. E. H. 카와 K. 포퍼의 사상적 대결

그날부터 군은 학교에서 모습을 감추었다. 한 학기가 지났을 때 군이 구로동의 어느 공장에 가 있음을 나는 들었다. 천막 치고 부랑아들에게 야학을 하고 있음도. 이런 말을 전해주는 군의 후배들의 공부 방식이 P군의 재학 시절보다 썩 뚜렷하게 드러났던 것이다.

'우리는 이 시대에 어떻게 살아야 할 것인가'라는 물음에서 군들에게 가장 그럴 법한 해답은 실상 교수라든가 부모에서가 아니라, E. H. 카라는 역사학자의 책『역사란 무엇인가』(1961)였음이 뚜렷이 드러났다. 신입생의 의식 교육의 첫번째 독서로 이 책이 선정된 것은 우연이 아니다.

영국의 소련혁명사 전문 학자인 카의 BBC 방송 원고에 해당되는 이 저서가 최종적으로 겨냥한 것이 K. 포퍼의 견해에 대한 도전이었다. 카는 이 책의 결론에서 포퍼의 사상을 "귀엽지만 낡은 T형 포드 자동차"라 야유하였다.

그렇다면 포퍼란 누구인가. 그는 어떤 철학을 가졌던가. 모두가 아는 바와 같이 오지리 출신의 포퍼는『열린 사회와 그 적들』(1945)『역사주의의 빈곤』(1965)을 썼다.

역사주의란 무엇인가. 역사의 필연성을 과학이라 믿고 그것으로 인류사를 구축해나가고자 한 패거리들을 가리킴이다. 이를 허구적 산물이라 지적, 그런 허구성에 희생된 모든 사람, 민족, 종족을 위해 그 환각을 깨치고자 겨냥한 포퍼의 저술 의도이다. 그러한 부류의 대표적인 것이 파시즘과 마르크스주의라고 포퍼는 보았다. 왜냐하면, 포퍼에 따르면 반증 불가능한 사상(파시즘, 마르크스주의)이란 과학이 아니라 일종의 신화이자 시적 환상이라는 것이다.

그렇다면 진정한 과학이란 무엇인가. 점진적 사회 변혁의 공학(Piece-meal Social Technology)이라고 그는 주장했다. 그때그때의 실정에 따라 조금씩 현실을 개혁해나가기로 요약되는 것. E. H. 카는 이 점진적 사회 개혁 이론이 불만이었다. 카의 주장은 이로써 요약된다.

"과학이든 역사든 사회든 인간 문제에서의 진보는 오직 현존 제도의 단편적 개선을 추구하는 데 그치지 않고 이성의 이름으로 현존 제도의 전제에 대해, 또는 공공연하든 은밀하든 현존 제도의 전제에 대해 근본적 도전을 하는 인간의 결의를 통해 이룩되는 것이다."(『역사란 무엇인가』 제6장, 결론 대목)

현존 제도의 근본적 도전이냐, 부분적 개선이냐로 이 장면이 요약된다. 카는 전자에, 포퍼는 후자에 각각 표를 던진 형국이라 할 것이다. 군이 내 연구실에서 나와 대화 도중 목소리를 너무 높이어 복도를 지나는 신입생의 귀를 놀라게 한 것은 바로 이 장면이었다.

내가 포퍼의 '점진적 사회 공학'을 내세운 것이 내가 유독 포퍼 전문가였기 때문이 아니었다. 그렇다고 내가 알량한 공무원이랄까 학교 선생이라는 밥벌이 직장에서만 연연한 탓이 아니었다. 그렇다고 나이든 자의 현상 유지주의랄까 보수적 성향 때문은 더더구나 아니었다.

다만 나는 어느 쪽에도 확신을 가질 수 없었을 따름이었다. 군도 기억하는가. 그러기에 나는 카 쪽으로 달려가려는 군에게 포퍼의 견해도 꼭 같은 비중으로 참고하라고 권고하였던 것이다.

잘 따져보면 카의 견해란, 비록 그가 포퍼의 사상을 '귀여운 T형 포드 자동차'라 야유했지만, 포퍼를 비판했다기보다는 사람들이 '변화에 대한 감각'에 둔감함을 안타까워했음이 진의였으리라, 라고 지금도 나는 믿고 있다. 그는 역사학자이지 혁명가가 아니니까. 주의깊게 카의 책을 읽어보라. 그는 이렇게 말했는데, 바로 여기에 그의 진의가 있다고 나는 지금도 믿고 있다.

"그러나 내가 가장 걱정하는 것은 영어 상용권의 지식인과 정치 사상가 사이에 이성에 대한 믿음이 시들어가는 것이 아니라 영원히 움직이는 이 세계에 대한 충분한 감각을 상실했다는 것이다."(제6장)

분명한 문장이 아니겠는가. 내가 이 분명한 사실을 지적하자 군은 벌컥 화를 내었다. 분신 자살 현장을 보지 못했느냐고 군은 내게 달겨들었다. P군의 자살을 보지 못했느냐고 군은 내게 손가락질을 했다. 그리고는 내 연구실을 뛰쳐나갔다. 물론 군은 제정신이 아니었다. 토씨 하나라든가 문장의 바른 의미를 음미할 처지에 군은 있지 않았다.

  생각건대 1986년 그때엔 '이 시대에 우리는 어떻게 살아가야 할 것인가'라는 이 물음을 잘 묻는 방식을 군은 찾아내지 못하였다. 명색이 교수라는 나 역시 이 물음에 적절한 해답 방식을 잘 찾아내지 못하였다. 군이 내게서 멀어져간 것은 이로 볼진댄, 그 책임이 반반씩이라 하면 안 될까.


### 4. K군의 두번째 질문과 새로운 만남을 위하여

  그로부터 세월이 흘렀다. 1987년의 민주화가 명동성당 주변에서 확산, 이른바 6·29 항복 선언이 메아리쳤다. 동구권이 무너지고 구소련이 해체되어 러시아 지도자가 깡통을 들고 서방세계를 헤매는 진풍경이 벌어졌다. 군은 이런 기묘한 변화 속에서 어떠했던가. 모든 제적생은 그가 원하기만 한다면 금방이라도 복학할 수 있었다. 그렇다고 그가 영웅 대접을 받을 수 없었음은 불을 보듯 훤한 일이었다. 그러기에 군은 학교로 돌아오지 않았다. 이는 P군의 자살의 의미를 간파한 군만의 순수성이었다. 많은 학생들이 공장에서, 감옥에서, 광산에서, 야학교에서 돌아와 복학하고 학위증을 얻어나가는 숨가쁜 세월 속에서도 군은 끝내 나타나지 않았다. 군의 순수성을 믿기에 나는 조금도 이상히 생각하지 않았다. 군은 절대로 복학하지 않으리라 나는 믿었다.

  그 믿음은 과연 그러하였다. 그러던 어느 날 군은 마침내 내게 한 편의 물건을 보내왔다. 곧 소설 작품 「깊은 강물 소리」였다. '우리는 어떻게 살아야 할 것인가'라는 물음을 이 소설을 통해 군은 내게 묻고 있는 것이었다.

내가 소설 읽기에 몰두하고 있음을 군이 잘 알고 있기에 이러한 일
이 벌어졌는가. 아니면 세상에다 이런 물음을 던지는 것인가. 그야 어
쨌든 상관없는 일. 중요한 것은, 군이 아주 낮은 목소리로 '어떻게 이
시대를 살아야 할 것인가'를 새삼 묻고 있다는 사실이다. 이 소설을
통해 나는 비로소 군이 바다가 보이는 작은 도시의 작은 식품점 경영
인으로 삶을 이어가고 있음을 알게 되었다. 그렇다면 이는 무엇인가.
 지금 군은 내게 '우리는 이 시대에 어떻게 살아야 할 것인가'라고,
두번째로 묻고 있음에 해당되지 않겠는가. 이 물음에는 목소리가 없
다. 첫번째 질문에서 군은 내게 격렬한 목소리로 대들었다. 나는 카를
정독하라고 충고하였다. 지금 군의 소설을 읽어보니, 그때 군은 나를
비웃었음이 판명된다. "역사가 조금이라도 진보한다는 믿음이 없었다
면 그 누가 그 두려운 파쇼와의 싸움에 자기를 던져넣을 수 있었겠는
가"라는 구절이 표나게 들어 있음을 보아 알 수 있는 일이다.
 그렇다면 K군, 지금은 어떠한가. 지금도 그러한가. 아마도 군은
'지금도 그러하다'고 대답함에 주저함이 없을 것이다. 그러나 그 '주
저함 없음'에 대해 군은 조금 쓸쓸하지 않을까. 이 '쓸쓸함'이야말로
군과 내가 다시 마주쳐야 될 장면이 아닐 것인가. 곧, '나의 언어' 그
러니까 '나의 실존적 과제'도 존중되어야 하지만 '세계를 이성의 힘
으로 보다 나은 방향으로 변혁시킬 수 있음'도 존중되어야 하는 것.
'나'의 실존적 과제와 세계 곧 타자(사회, 공동체, 민족, 국가, 인류)와
의 조화 관계의 모색이 그 해답이 아니겠는가.
 이 대목에서 나는 지금 이렇게 생각한다. 이것이 '어떻게 이 시대
를 살아야 하는가'에 대한 잠정적 해답인 셈이다. 곧 타자란, 사회란,
세계란 개혁이랄까 변혁의 대상이기보다는 죽음을 앞둔 인간(실존적
삶의 개개인)의, 자기 초월의 대상에 다름아닌 것이라고. 그러기에 그
것은 전에 없는 막중한 대상으로 새삼 부상해오는 것이라고. 개개인
(실존)이란 죽음에 의해 불연속성의 존재인 것. 이 불연속성의 존재
인 개개인의 불안을 초극할 수 있는 대상이 타자인 사회라는 것. 사

회(세계)를 통해 비로소 불연속의 인간이 연속성을 회복, 충족시킬 수 있는 것이 아닐까.

 이 점에서 군과 나는 같은 자리에서 새삼 마주 서 있는 것이 아닐까. 우리는 어떻게 살아야 할 것인가. 이 물음의 해답은 이처럼 어느 정도 가능하지 않을까. 군들은 이 점에서 4·19세대 모양의 낭만주의 세대가 아니라 과학(이념·이데올로기)의 세대에 해당될 터이다.

 K군, 지금은 한밤중이다. 제자의 죽음을 앞에 두고, "깊은 밤에 쓴다"라고 노신(魯迅)이 말했지만 어리석은 나는 지금 이 글을 깊은 밤에 쓰고 있지는 않다. K군, 이 점을 두고 나를 허물해주길 바란다. 그것은 군의 가게에 비둘기를 두고 간 무기수(無期囚)가 있음을 군이 기억하는 일과 흡사할지도 모를 일이 아닐까. 군은 이제 잘 알고 있을 것이다. 그 무기수가 판문점을 넘어 평양으로 걸어간 역사적 사실을 아무도 부정하지 않듯, 군도 부정하지 못할 것이다. 그 때문에, 군이 어느 날 동네 슈퍼 문을 잠그고 나를 찾아올 날이 있을 것이라 나는 믿는다. 그때 다시 '우리는 어떻게 살아야 할 것인가'를 두고, 토론해 볼 것이다. 그 토론이 어떤 형태이든 이젠 결코 목소리 높은 방식과는 거리가 멀 것이다.

# 2. 상상력의 방향들

# 민족어와 인공어
―상허의 『문장강화』와 편석촌의 『문장론신강』

### 1. 인공어로 씌어진 「기상도」

　비평가　근자 선생이 쓴 글들에는 시집 『기상도』(1936)라든가 『태양의 풍속』(1939)을 두고 '인공어'로 씌어진 것이라 주장하고 있습니다. (『발견으로서의 한국현대문학사』, 서울대 출판부, 1997) 김기림이 쓴 언어란, 그러니까 한국어가 아니라는 오해를 낳기 쉽습니다. '한국어이되 한국어가 아니다' 그러니까 '인공어'의 범주에 든다고 할 때, 거기에는 많은 설명이 없을 수 없는데요. 어떤 새로운 주장이란, 그 등장하는 방식이 과격하기 마련이긴 하나, 이 경우는 조금 심하지 않습니까. 일본어로 「오감도」를 쓴 이상 문학의 경우라면 몰라도. 그리고 그것을 기호라는 큰 범주에서 말한다면 납득될지 모르나, 「기상도」의 경우라면 너무 비약적이 아닐까요. 「기상도」에 대한 오해를 불러올 뿐 아니라 자칫하면 모더니즘 문학 전체를 오도할 우려도 없지 않습니다.

　문학사　'경망스러움은 내 것'으로 돌리기로 합시다. 그러나 특출한 시인이자 비평가인 김기림을 조금이라도 흠집낼 생각이 없었고 더구나 모더니즘 문학 운동에 대해 어깃장을 놓을 심사는 당초부터 없었다는 점을 지적하고 싶습니다. 오히려 그 반대라고나 할까요.

　비평가　모더니즘을 다른 사상이나 이데올로기와 구별할 수 있는 한 가지 문학적 방식이 '인공어'란 뜻이겠는데요. 그렇다면 '인공어'에 대응되는 것이 따로 있어야겠는데, 혹시 그것이 '민족어'라면 사태가 더욱 복잡해지지 않겠습니까.

　문학사　중요한 지적입니다. 당초 제가 제시한 '인공어' 개념은 앤더슨의 『상상의 공동체』(1983)에서 도출된 것이었지요. 앤더슨에 따르면 국민국가의 형성엔 소설이 썩 중요한 몫을 한 것으로 주장되어 있습니다. 소설이라는 문학 형식이 '국민'이라는 공동체의 성질을 표현하는 기술적(技術的)인 수단으로 되었음에 그는 주목합니다. 국민주의가 성립된 19세기와 소설 융성 시대가 일치하고 있지 않습니까. 그런데 소설(발자크가 아니라 읽힐 수 있는 보통의 소설)의 특징을 한마디로 집약할 수 있는 독특한 기술이 있다는 것이지요.

　비평가　'한편(meanwhile)'이란 부사가 그것 아닙니까. '한편'이란 말의 사용은 따지고 보면 서로 다른 사건 사이의 동시성이 제시될 수 있었으니까. '한편'이란 서로 교류되지 않는 복잡한 사건이 동시에 일어나고 있다는 것, 이 점이 크게 유행하던 소설에서 제일 잘 드러난다는 것. 썩 그럴 법한 해석입니다. 두 개 이상의 사건이 서로 관계를 갖게 되는 것은 그것들이 '같은 공간'에 소속되어 있는 것으로 보이기 때문이니까. 이른바 '균질적 공간' 개념이니까.

　문학사　이 균질적 공간을 드러내는 기술이 '한편'이며, 소설 형식이 이를 특권적으로 갖추고 있었다 함은, 다르게 말하면 소설 이전의 이야기 형식에는 '한편'의 개념이 없었다고 볼 수 있겠지요. 이는 또 하나 검토 사항이겠지만, 여기서는 덮어주기로 합시다. 문제는 이 보편화된 공간의 동일성이 누구에 대해 존재하고 있는가에 걸려 있습니다.

2. 앤더슨의 자기 모순— '한편'에 대하여

비평가   임의의 등장 인물에 있어서는 이러한 공간 의식은 나타날 이치가 없겠지요. 왜냐면 그들의 시점은 '한편'에 의해 갈라지기 전의 문맥 속의 사건에 내속되어 있으니까. 복수의 사건이 동시적으로 일어남을 확인하고 이 공간을 인식하는 시점이란 그러니까 '국외자의 시점'이 아닐 수 없습니다. 이른바 '독자의 시점'이 그것. 소설 이전의 이야기체에 있어서 '한편'이 없었다는 것은 등장인물의 시점만이 있었기 때문이겠지요. 그렇다면 '한편'으로 특징되는 소설의 균질적 공간이란, 보편성 그 자체인가라는 물음이 제기될 수 없을까요. '독자의 시점'이란 일종의 비유일 테니까. 독자의 시점이란 아무리 '국외자의 것'이라 하나, 그것은 초월적인 것이 아니라 소설을 읽는 경험적 시점의 일종이니까.

문학사   균질적 공간이라든가 국외자의 시점이라든가 독자의 시점 등에서 느껴지는 것은, 곧 이런 비유법에서 생기는 이미지는, 한없이 매력적인 이른바 '보편성'이라는 개념이 아닐까요. 앤더슨이 '한편'에서 강조한 것에 따른다면, 균질적 공간 확보란 보편성을 향하고 있음이 분명하지요. 국민국가란, 그러니까 보편성으로 향한 전제이며 그것의 궁극적 목표가 아닐 수 없지요.

비평가   잠깐, 앤더슨은 그의 책 제8장 「애국심과 인종주의」에서 이른바 '제창(unisonance)' 개념을 도입하고 있지 않습니까. (verso판, 145쪽) 이는 분명 공시성으로서의 '보편성' 주장과 어긋난달까 그것에 반대하는 주장 아닙니까. 자기 모순이라고나 할까. 책 앞부분에서는 보편성을 주장하다가 뒷부분에 가서는 이와 모순되는 애국심(지역성·통시성) 주장으로 나오는 판 아닙니까.

문학사가 좋은 지적입니다. 그 점에서 대해서는 바바(H. K. Bhabha)의 「국민의 산종—시간, 서사, 그리고 근대국가의 주변 Dissemination: time, narrative and the margins of the modern nation」(*Nation and Narration*, Routledge, 1990)에서 상세히 비판되어 있습니다. 당초 앤더슨은 상상의 공동체를 리얼리스틱하게 균질적 시공간에 자리매김한 후, 이 책의 끝부분에 가서는 '한편'이라는 국민의 교육적 시간성(공시성)을 버렸다는 것. 국민의 집합적인 목소리를 공공적 동일화의 차원에서 수행하는 언어란, 별종의 언어라야 한다는 것. 그것을 제창(애국가 제창)이라 부르고 있지요. 이 제창이란 '언어만이 표시하는 특수한 동시존재적 공동체(a special kind of contemporaneous community which language alone suggests)'라는 것이지요. 이른바 통시성입니다. 이는 분명 '애국적'(지역적·특수적)인 언어 행위가 아닐 수 없는 것. '한편'(소설)이 국민국가 형성의 '교육적 측면'이라면, 그리고 균질적 공간이라면 '제창'으로 표상되는 애국적 측면은 '수행적 측면'이라 하겠지요. 곧 지역적·언어적 특성이란 역사적으로 형성된 오래된, 조상에서 내려오는 관습이랄까 편견이랄까 '고유성'이라 부를 수 있는 것이지요. 공시적이 아닌 통시적인 언어계입니다.

비평가 '한편'이 가져온 균질적인 공허한 시간을 가로지르는 공시성을 붙들어매는 것은, 따지고 보면 소설 자체 속에 있었던 것은 아닐까. 소설 속에 등장하는 보통명사군이 '복수형의 행렬'이라 하고, 이 복수성이란 따지고 보면 명확히 한정된 집합이라 할 수 없겠는가. 상점들, 사무소들, 마을들 등등이 배치된 공간적 확대란, 한계가 주어진 것이지 무제한이라 할 수는 없는 것. 결코 세계 전체로 확산될 수 없지요. 소설의 등장인물은 세계일주(tour du monde)가 아니라 지평일주(tour d'horizon)을 경험한다고 앤더슨이 말하고 있습니다. 지평이란 무엇이겠습니까. 한정된 세계, 곧 원근법적인 비유가 아니겠습니까. 이 점에 주목하면, 이것이 '한편'과 모순된다고 볼 수 있습니다.

(오사와 마사지,「'정신-신체'의 원근법」,『批評空間』제10호, 1993) 아마도 선생이 주장하는 '인공어'와 '민족어'의 도식은 이러한 앤더슨의 내적 모순과 무관하지 않아 보이는데요.

문학사가  그것과 조금 다른 개념이긴 합니다만 아주 무관하다고는 할 수 없습니다. 제 관심은 근대국가와 언문일치(言文一致)에 관해서입니다. 언문일치란, 이른바 세계관의 전환입니다. 패러다임이 바뀜을 가리킴인 것. 5음(궁상각치우)에서 7음 체계로, 혹은 원근법 없는 민화에서 원근법으로 구성된 그림으로, 『구운몽』(이야기)에서 『혈의 누』(1906), 『무정』(1917)으로의 전환이지요. 근대와 전근대의 도식이기도 하고요.

비평가  선생은 그러니까 앤더슨에서보다 푸코 쪽이겠군요. 『지식의 고고학』 말입니다. 『감옥의 탄생』 부근이겠군요.

문학사가  푸코의 이론만큼 언문일치 운동을 잘 설명할 수 있는 모델은 많지 않지요. 한편 앤더슨은 또다른 매력으로 다가왔지요. '국민이란 이미지로서 마음속에서 상상된 것'이라 할 때, 거기에 소설(문학)이 가로놓여 있었던 것. 문학사를 공부하는 사람으로서 이만큼 매력적인 명제란 없지요.

비평가  필리핀의 소설가 호세 리사르의 작품 분석에서 시작된 점도 매력이었을 테고요.

문학사가  그렇소. 서구의 모델이 아니라, 후진국 특히 필리핀, 인도네시아 등 식민지 국가들을 분석한 것이 『상상의 공동체』가 지닌 매력이었지요. 비서구의 근대화. 우리에게 그래도 좀더 친근한 시선이 거기 있었으니까. 앤더슨 자신이 중국 태생의 영국인이며 전문 영역이 인도네시아였으니까 그로서도 그럴 수밖에요. 이 점은 팔레스타인 출신의 미국인 E. 사이드의 저술 『오리엔탈리즘』(1978)보다 훨씬 친근한 것이지요.

3. 민족어와 인공어의 분화 지점

비평가 국민국가나 언문일치란, 많은 중간항의 설명을 필요로 하는 것이겠지만 선생은 의외로 이를 쉽게 요약하고 있습니다. 언문일치란 (1) 언과 문, 세속어(일상어)와 글쓰기 글자를 일치시키기 이전에 세속어와 문자어를 창출해야 한다는 것. 왜냐면 세속어도 문자언어도 아직 있지 않았으니까. 따라서 이들을 먼저 만들어낸 다음에 서로 일치시키는 작업이 뒤따라야 했던 것이지요. 균질적 공간이 성립되는 것은 이런 장면을 가리킴이겠지요. 그 결과 (2) '민족어'가 '자국어'의 자격으로 부상해 올라왔다는 점이겠는데요.

문학사가 그러니까 제가 말하는 '민족어'와 '인공어' 개념이란, 앤더슨의 두 가지 상반된 주장을 일정한 변별성으로 파악한 일종의 '무지의 소산'(비판력의 부족)이라 본 것 같은데요. 맞습니까.

비평가 무지의 소산이기보다는, 소설 형식의 다양성에서 빚어진 혼란이 아닐까요. 앤더슨의 논리 자체가 그러한 것처럼 보이니까요.

문학사가 언문일치 운동이란 고도의 의식적 행위였음에 주목한 것이지요. 있지도 않은 세속어와 있지도 않은 신성한 문자언어를 새로 만들어낸 다음에 이를 서로 일치시키는 작업이었음을 상상해보시라. 얼마나 난감한 현상이었을까. 이 난감함을 돌파하는 힘이 만들어낸 장치가 '인공어'라고 저는 생각했습니다. 어째서? 간단명료합니다. 균질적 공간과 시간을 확보함이 근대(국민국가)의 기본항이라면, 그리고 이것이 보편성(세계성)이라면, 이 보편성을 향하는 의지에 비례하여 스스로의 근거를 묻는 일이 진행되지 않으면 안 되었던 것이지요. 앤더슨이 애국심의 실천을 강조한 것도 이와 관련되는 것. '현상'으로서의 '균질적 공(시)간성'과 근거로서의 애국심은 상호모순이긴 하나 동시 수용이 가능한 심리적 과정이 아니었겠는가.

비평가 선생은 지금 앤더슨을 빙자하여 임화의 '이식문학사론'을 합리화하고자 하고 있습니다.

문학사가　그렇기도 하지만 그렇지 않기도 합니다. 균질적 공(시)간 확보라는 보편성을 향한 방향성이 근대라면, 이 나라의 경우 그쪽으로 안심하고 마구 달려갈 수 없었던 것. 어째서? 일제 강점기가 개입되니까. 임화의 저 명제는 이 보편성의 지향성이 지닌 이중성의 어쩔 수 없는 표현이지요. 보편성과 역방향에 놓이는 개별성, 특수성으로서의 '언문일치'가 성립되는 것은 이 때문. 조상의 언어 '민족어'가 개입되는 것은 보편성의 강도에 비례하는 것이 아닐 수 없지요. 이는 모순 개념이 아니라 자연스러운 일이었던 것.

비평가　육당의 신문관에서 『깜둥이의 설움』과 함께 『열하일기』를 찍어내고자 한 그런 심리적 메커니즘이 그것이겠는데요.

문학사가　언문일치 운동이란, 그러니까 개화기 공간에서 벌어진 서적 출판(신문, 잡지) 및 소설(문학) 전반에 걸친 변혁의 일반 법칙을 가리킴인 것. 일상어도 문자도 없는 마당이기에 이것들부터 만든 연후에 서로 일치시킨다는 것은 이런 문맥에서이지요. 그 결과 '인공어'와 '민족어'가 동시에 분출해 올라온 형국이지요.

비평가　개화기 공간에 이미 '인공어'와 '민족어'의 동시적 존재, 곧 '모순의 무모순성'이 가능했음은 국권 상실기와 맞물려 극히 자연스러웠던 것이지요. 앤더슨보다 우리 쪽이 한층 확실한 형국이다, 그런 투로 들리는데요.

문학사가　그렇소. '인공어'와 '민족어'의 동시성이 앤더슨의 모순성이라면, 우리의 경우 그것은 너무도 자연스러운 일로 인식되었다는 것. '이식문학사'가 악명 높은 것으로 자주 도마 위에 오르는 것은 이 때문. 그런데 개화기에서부터 '인공어/민족어'의 공시성에서 '민족어' 쪽에 무게중심이 기울어지면 어떻게 될 것인가. 이 물음에 대한 해답이 제1차 세계대전(1914~1918)입니다. 보편성으로서의 '인공어'가 '지평일주'로 치닫고, '민족어' 쪽으로 기울면서 그 극단을 보였을 때 생긴 필연적인 재앙이 세계대전이었다고 본다면 그것은 국민국가의 운명에 해당되는 것이지요. 만일 세계대전의 저 인류사적 비극을 막는 방법이 인류의 염원으로 부상한다면 어떻게 될까.

비평가 '민족어'의 해체로 향하기 마련이겠지요. 세계대전이란, 국민국가끼리의 충돌이었으니까. 보편성이 짓눌리고 그 대신 민족어(개별성)가 득세하여 생긴 비극이라면, 이를 방지하는 길은 (1) 민족어를 해체하는 길이 먼저 상정될 수 있지요. 그것이 불가능에 봉착하면 (2) '인공어'와 '민족어'의 균형감각 유지에 있지 않겠습니까.

문학사가 국민국가냐 세계국가냐, 민족어냐 인공어냐 하는 이런 단순한 이분법이 결국 모순성에 수렴된다는 현실적 감각을 염두에 두어야 한다면 역시 문학 쪽도 그 유연성을 갖추고 있다고 볼 것입니다. 우리의 경우, 언문일치 과제가 시작되자마자 국권 상실에 직면했고 따라서 한국어의 인공어로서의 기능은 제한되고 민족어로서의 기능이 일방적으로 증대되었던 것이지요. 그렇다고는 하나 제1차 세계대전 이후의 현황을 보면, '인공어'로 향한 지향성이 서서히 고개를 들었다고 볼 것입니다.

비평가 '인공어/민족어'의 균형감각이 문학의 변증법이라 함은, 다르게 말하면 선생이 주장하는 '근대성'의 설명 방식에 결국 수렴되는 것이겠는데요. 선생은 '민족어'에 대한 사유랄까 애착이랄까 그런 것보다는 '인공어' 쪽에 무게중심을 두어왔으니까. 적어도 그런 인상이니까.

문학사가 아, 얼마나 오해인가. 항시 저는 '인공어/민족어'의 균형감각, 그러니까 '민족어가 내속된 인공어' '인공어가 내속된 민족어'를 염두에 두었으니까. 그렇지 않으면 '근대'가 아니지요. 임화가 '인공어'로 기울어진 것도 사정은 마찬가지입니다. 그가 카프문학에로 이어진 것도 이 점에서 보면 자연스러운 행위였지요.

4. 언문일치 운동의 진상

　비평가　선생이 시방 제기하고 있는 '인공어'에 대한 과제는, 카프문학과는 반대편에 선 것으로 말해지는, 이른바 모더니즘계 문학에 관련되어 있지 않습니까. 선생이 근자 연구하고 있는 과제가 『이상문학의 텍스트 연구』(서울대 출판부, 1998)로 되어 있습니다. 그렇다면 박태원, 이상, '구인회' '삼사문학' 등 모더니즘계 문학 연구 역시 카프문학 연구의 연장선상에 있다고 하겠는데요.

　문학사가　잘 보셨습니다. 카프문학의 연장선상에 모더니즘이 놓인다는 것, 곧 '인공어'의 우위성에 관련되어 있습니다. 근대란 아무래도 이 문제를 떠나면 구체성을 잃기 쉽다는 것이 제 생각입니다.

　비평가　원리적으로 보아 우리의 개화기의 근대란 앤더슨의 논리의 후반부와는 잘 맞지 않았다고 볼 수 있겠는데요. 이식문학사의 강점도 그와 관련되었다고 볼 수 없을까요.

　문학사가　근대를 가운데 놓고 원근법적 사고(시선)로 서구와 비서구의 관계를 잠깐 살펴보면 그 점이 선명해질 것입니다. 먼저 콜럼버스의 신대륙 발견(1492)의 의의란 무엇이었을까. 앤더슨의 설명에 기대면 '성스러운 언어'가 지배하던 중심부가 이 발견으로 붕괴되었고, 따라서 세계의 균질성이 등장하기에 이른다는 것. 중심(신)이 지배하는 성스러운 언어란 '진·선·미'를 포회한 것인데, 이것이 그대로 유지되기 어렵다는 것. 특수성, 지방성으로서의 민족정신이 이에 대치되기에 이르렀다는 것. 중심부가 독점하던 진·선·미(보편성)를 각 지방이 자기 몫으로 삼기에 이른 것이 이른바 민족정신이며 이를 담당한 언어가 바로 세속어라는 것. 이렇게 보아온다면 '성스러운 언어'와 '세속어'란 어디까지나 서구 내에서의 현상이지요. 계몽적 이성이란 그러니까 자체 내에 보편성과 지방성의 모순을 갈데없이 안고 있는 형국이지요. 자기가 속한 지방(국가)이 '진·선·미'를 독점한다는 것, 곧 자기가 속한 지방을 세계의 중심부로 만들겠다는 이러한 생각이란, 따지고 보면 계몽적 이성보다 지방성(민족정신)을 앞세우기 마련이었을 것입니다.

비서구의 경우도 시간 문제이지 사정은 마찬가지일 테지요. 문제는 '성스러운 언어'와 '세속어'의 관계이겠는데요. '인공어'와 '민족어'가 각각 이에 대응된다고 볼 수 있다는 점. 말을 바꾸면 비서구에서의 경우 또는 우리의 경우 그것은 한자와 국문으로 정립되겠지요. 그러나 여기에는 썩 다른 양상이 벌어집니다. 인공어로서의 한자어가 사실상 무와 다름없는 공백란이었던 것이지요. 이 공백란을 메운 것이 서구의 계몽적 이성과 민족정신의 결합 형태였던 것. 서구적 계몽적 이성이란, 민족어를 은밀히 숨긴 인공어로 보였던 것이지요. 우리의 개화기의 근대 인식이란, '언문일치' 운동으로 이 사실이 드러났던 것. '언'도 '문'도 없는 마당이기에 우선 이것들부터 만들어놓은 다음에야 일치시키는 과정이 뒤따랐다 함은 이런 문맥에서입니다.

비평가 문제를 좀 단순화시켜보기로 합시다. '언문일치'란 표층적으로는 민족어의 측면에 초점이 놓인 것 아니던가요. 국민국가로 요약되는 것이 우리의 계몽적 이성이었던 만큼 그것에 상응되는 언어란 인공어일 수 없지요. 앤더슨의 '한편'의 논리와 이를 거부하는 모순성 말입니다.

문학사가 그야 당연한 일. 그렇지만 깊이 생각해보면 과연 우리에겐 그 당장에는 '민족어'가 있었을까요. 이것부터 만들어내야 했던 것. 이 사실을 계몽적 이성이 강요했던 것. 그러니까 서구의 계몽적 이성이 보편성 자체로 인식될 수밖에. 국권 상실이 이 사실을 한층 재촉시켰던 것. 국민국가를 만들기도 전에 그 가능성의 기반이 무너져내린 형국이었던 것. 이식문학론의 근거도 카프문학론의 근거도 이와 결코 무관하지 않습니다. 이와 같은 문맥에서 모더니즘이 놓여 있었다고 볼 수 있습니다.

비평가 우리의 경우 '민족어'의 활성화가 나름대로의 성과를 거두었음에도 불구하고 공허했다든가 밀도를 지니지 못한 빈약 체질로 되고 말았다는 것에 대해 상대적으로 '인공어' 쪽이 강하게 부상해 올라온 것이 30년대 초반 이후이겠지요. '국민국가/민족어'를 향한 노력에도 불구하고 그 가능성이 점점 희박해졌고, 한편 애국계몽주의로, 카프문학으로, 요컨대 인공어의 방식으로 그 처방전을 바꾸어도 여전히 그 약효가 없다고 판단되었을 때, 선택의 길은 무엇인가.

    문학사가  이제 어느 수준에서 논의의 가닥이 잡힌 것 같습니다. 민족어로도 인공어로도 바람직한 성과(국민국가)를 이루기 어렵다고 인식되었을 때 우리가 선택할 수 있는 길이란, 다시 '인공어/민족어'를 철저히 복습하는 길이었을 뿐, 다른 선택의 여지란 별로 없었다고 볼 것입니다. 카프문학 해체가 이 사태를 가늠하는 분수령이었지요. '구인회/삼사문학'의 등장이 이른바 '인공어'의 철저한 복습 현장이라면, 상허의 『문장』지(1939~1941)와 『문장독본』이 민족어의 복습 장면이라 할 것입니다.


### 5. 인공어의 세 가지 모습—이상·박태원·김기림

    비평가  같은 인공어이긴 하되, 한층 철저한 인공어의 등장은 「오감도」의 이상이겠는데요. 대체 그 인공어의 성격은 어떠합니까.

    문학사가  이상 문학 텍스트를 도표로 보이면 이러하지요.

(A) 일어 텍스트 : 이것은 다시 두 종류로 나눠집니다.
    (가) 당시에 활자화되어 발표된 것(「선에 대한 각서」, 일문 「오감도」)
    (나) 육필 상태로 된 것
이것은 다시 세분됩니다.
        (ㄱ) 임종국씨가 발견한 9편(「육친의 장」등)
        (ㄴ) 조연현씨가 발견한 노트(「첫번째 방랑」을 비롯 약 80점)

(ㄷ) 김소운씨가 일어로 번역한 두 편(「청령」「한 개의 밤」. 한글로 된 것은 전하지 않음)

(B) 한글 텍스트 : 이것은 다음 세 가지로 분류됩니다.

(가) 처녀작 「12월 12일」(1930) 계
(나) 한글 「오감도」(1934) 계. 일어로 쓴 것을 한글로 옮긴 경우
(다) 「날개」(1936) 등 소설계

꽤 복잡하지 않습니까. 정리하자면, 추상적 관념적인 내용을 다룬 것은 일어로 썼다는 점. (A)의 (ㄴ)에서 이 점이 확인됩니다. 제가 (ㄴ)을 검토한 바에 따른다면, 이는 대학 노트에 적힌 것이 아니라 건축설계용 용지에 아주 작고 정교한 글씨로 흡사 설계도(기하학) 그리듯이 촘촘히 적은 것이더군요. 간혹 수정한 곳도 보이고.

비평가 　 요컨대 기하학이다, 기하학적 도식이다, 기하학적 정신이다 이겠군요. 당시로서는 유클리드 기하학적 세계였을 테고.

문학사가 　 비유클리드의 세계이기도 하고요. 유클리드 기하학이 정당하다면 비유클리드 기하학도 성립(정당)되는 것이니까. '평행선은 교차하지 않는다'(유클리드 기하학 제5공리)가 '평행선도 어느 무한 점에서 교차한다'(비유클리드 기하학)는 것이니까.

비평가 　 이상 문학 텍스트의 저러한 전개 양상에서도 중심부에 놓인 것은 '기하학적 사고'이겠는데요. 그렇다면 그것은 일어도 한글(국문)도 아니고 오직 수식 모양 기호라 해도 되겠지요.

문학사가 　 그렇습니다. 문제는 그러나 이런 것들을 통틀어 '문학'이라 부르게 된 사실에 있지 않겠습니까. 김기림에게 보낸 「사신(3)」에 따른다면, 「날개」부터 소설이라고 이상이 말했다는 점에 주목할 것입니다. 「날개」 이전의 이런저런 글쓰기란 실상은 '문학'이라고 스스로 인식하지 않았거나, 문학이긴 하되 좀 별스런 것으로 생각했던 것 같아요. 소설로 회귀한 것이 「날개」 이후라면 이 경우 소설이란 역시 인공어의 연장선상에 놓인 것으로 볼 것입니다.

비평가 　 저러한 인공어는 제1차 세계대전을 계기로 등장한 모더니즘

운동의 조류에 직결된 것이겠는데요. R. 윌리암스도, C. 그린버그도 지적한 바와 같이, 제1차 세계대전이란 국민국가끼리의 충돌이었던 것. 선생의 논법대로라면, 민족어(언문일치)끼리의 충돌 장면이었던 것. 그 결과로 생겨난 것이 인공어라는 것. 국민국가와 무관한 영세중립국 스위스에서 다다이즘이 형성된 것도 이런 연유이겠고. 이상 문학이 세계성을 띤다는 것은 이런 문맥에서이겠는데요. 그렇다면 「기상도」의 김기림은 어떠할까요. 선생은 「기상도」 역시 인공어로 씌어졌다고 주장하고 있습니다만.

**문학사** 이상 문학의 경우 그 인공어스런 성격이 뚜렷하나 「기상도」「태양의 풍속」의 경우는 상당한 설명이 있지 않고는 납득되기 어렵다는 뜻이겠는데요. 그러나 잘 따져보면 오히려 이쪽이 한층 단순, 분명하지요. 김기림에게 보낸 이상의 「사신(5)」 속에 그 실마리가 들어 있습니다. 왈 "기능어, 조직어, 구성어, 사색어로 된 한글 문자 추구 시험이오"라고. 「기상도」가 비록 한글로 씌어졌으나 그것은 숫자와 다름없는 한갓 기호의 일종일 뿐 한국어(민족어)와는 전혀 무관합니다.

**비평가** 국민국가와 무관하면 할수록 「기상도」는 빛난다, 혹은 민족어의 정반대편에 서면 그럴수록 「기상도」는 뚜렷해지기 마련이다 이 말씀입니까. 적어도 민족어의 대립항으로 인공어가 설정된다는 논법이겠는데요. 「소설가 구보씨의 일일」(1934)의 박태원의 표현을 빌리면, '행복'과 무관한 것이 '인공어' 라는 것.

**문학사** '행복'이라? 좋은 지적입니다.

구보는 그 숫자에서 어떤 한 개의 의미를 찾아내려 들었다. 그러나 그것은 부질없는 일이었고, 그리고 또 설혹 그것이 무슨 의미를 가지고 있었다 하더라도 그것은 적어도 '행복'은 아니었을 게다.(「소설가 구보씨의 일일」)

비평가　이상 문학, 김기림 문학, 박태원 문학 등 이른바 30년대 모더니즘 삼총사가 등장한 셈인데, 그들 공통점이 인공어에 있긴 하나 각각의 편향성도 있지 않겠습니까. 가령 이상 문학이 철저한 기능적 인공어라면, 김기림의 그것은 투명하기 짝이 없는 인공어이며, 박태원의 경우는 공허하기 짝이 없는 인공어라 할 수 없겠습니까.
　　문학사가　기능성, 투명성, 공허성이 30년대 이 나라 모더니즘(인공어)의 성격이라 해도 될 것입니다. 이중 투명성에 특히 주목해볼 필요가 있지 않을까. 김기림의 저서 『문장론신강』(1950)의 놓일 자리가 그 동안 이런저런 이유로 지나치게 가려졌음과 이 문제가 무관하지 않습니다.


### 6. 연기(演技)로서의 문장과 과학으로서의 문장

　　비평가　선생은 지금 민족어에 일방적으로 기울어진 '문학 행복론'에 비판을 가하고자 하는 것 같은데요. 가령 상허의 『문장강화』(1946)에 대한 비판이겠는데요. 일찍이 선생은 골동품 지향성에 빠진 상허류의 성향에 대해 이상이 던진 통렬한 아이러니를 지적한 바 있지 않았던가요.(「모더니즘의 정신사적 기반」, 『한국근대문학사상비판』, 일지사, 1978)
　　문학사가　한동안 상당한 영향력을 발휘한 책으로 상허의 『문장강화』를 꼽을 수 있을 것입니다. 저는 이 책을 다음과 같은 한 문장으로 요약할 수도 있다고 보았지요.

　　　책은 '책'보다 冊으로 쓰고 싶다. '책'보다 '冊'이 더 아름답고 冊답다.(『무서록』에 수록된 「冊」의 서두)

　　비평가　'冊'(한문)과 '책'(한글)이 함께 '민족어'이다라는 명제가 성립되어 있다는 뜻입니까.

  **문학사가**  그렇소. 한자도 한글도 그것이 서양의 것이 아니라 (1) 동양의 것이라는 점에서, 그리고 현재형이 아니라 (2) 과거형이라는 점에서 동격이라 인식되었던 것.

  **비평가**  그렇다면 기껏해야 골동품스런 성격이 아니고 무엇이겠습니까. 환각으로서의 심미의식에 불과한 것이지요. 있지도 않은 대상에서 엉뚱한 미의식을 환기함이니까. 그게 민족어와 무슨 관계가 있습니까.

  **문학사가**  그 물음은 상허와 이상의 골동품에 대한 인식의 차이에서 해명될 수 없을까.

    비인 접시요 비인 甁이다. 담긴 것은 떡이나 물이 아니라 靜寂과 虛無다. 그것은 이미 그릇이라기보다 한 天地요 宇宙다. 남보기에는 한낱 破器片皿에 不過하나 그 主人에게 있어서는 無窮한 山河요 莊嚴한 伽藍일 수 있다. 古翫의 究極境地도 여기겠지만 主人 그 自身을 非現實의 人間으로 捕虜하는 것도 이 境地인 줄 알지 않으면 안 된다.(이태준, 「고완」, 『무서록』, 박문서관, 1941)

    가령 新羅나 高麗적 사람들이 밥상에다 콩나물도 좀 담고 또 장조림도 담고 또 藥酒도 좀 딿고 해서 朝夕으로 올려놓고 쓰던 食器나부랑이가 墳墓 등지에서 發掘되었다고 해서 떠들석하나 大體 어쨌다는 일인지 알 수 없다. 그게 무엇이 그리 큰 일이며 그 사금파리조각이 무엇이 그리 價値높이 評價되어야 할 것이냐는 말이다. 況此 그렇지도 못한 李朝 항아리나부랑이를 가지고 어쩌니 어쩌니 하는 것들을 보면 알 수 없는 心事이다. (……) 항아리나부랑이는 말할 것 없이 그 時代에 있어서 意識的으로 美術品으로 만들어진 것은 아니다. 間或 꽤 美術의 要素가 풍부히 섞인 것이 있기는 있으되 亦是 餘技 程度요 하다못해 꽃을 꽂으려는 實用이래도 實用을 目的으로 된 것임에 틀림없다. 이것이 오

랜 歲月을 地下에 파묻혔다가 時代도 風俗도 영 딴판인 世上人 눈에 띄
우니 爲先 逆說的으로 新奇해서 얼른 보기에 巧妙한 美術品 같아 보인
다. 이것을 純粹한 美術品으로 알고 왁자지껄들 하는 것은 可驚할 無智
다.(이상,「조춘점묘」,『이상문학전집 3-수필』, 문학사상사, 1993)

**비평가** 과연 양자의 인식상의 차이가 뚜렷하군요. 서양과 동양, 과
학적 사고와 비과학적 사고, 실용적 사고와 비실용적 사고, 실질적 사
고와 허무(신비)적 사고 등의 이항대립이 거기 놓여 있군요. 그렇다
면 상허가 선 자리란, 서양 과학사상(계몽적 이성)의 대타의식(對他意
識)이 만들어낸 허상(환각)이라 할 수 없겠습니까. 더 심하게 말하면,
이른바 저 악명높은 일제의 대동아공영권(大東亞共榮圈)의 이데올로
기에 이어진 것이 아니고 무엇일까. '만엽(萬葉)으로 돌아가자!'라는
일본 고전에로의 회귀사상, 그 연장선상에서 고대에의 회귀, 동양사
상으로의 회귀 등등. "벌목 정정 이랬거니……"로 시작되는 정지용의
「장수산」의 세계도 이 범주에 들지 않았을까. 요컨대 '고전으로 돌아
가자!'의 담론체계가 낳은 환각, 신비주의, 허상…….

**문학사가** '고전으로 돌아가자!'라는 담론체계가 서양과의 전쟁에
돌입한 일제의 이데올로기의 소산(이른바 근대초극론)이긴 하지만, 다
른 한편으로는 그것이 보편성으로서의 근대(계몽적 이성)를 상정하고
이 근대가 스스로의 근거를 묻는 것으로도 작용했다는 점에 주목할
것입니다. 몰근대의 저층이랄까 고층(古層)으로 놓인 세계 말입니다.
이 고층의 발견을 두고 비유하여, 심정적 표현으로 '민족어의 세계'
라 부를 수도 있는 것. 일종의 시적 세계이지요.

덕수궁은 고려자기만으로도 아름다운 신화의 세계일 수 있는 것이다.
흐린 날 가서도 애청 하늘을 볼 수 있고 봄에 가서도 가을 하늘을 우러
를 수 있는 것이다. (……) 한참 들여다보고 섰노라면 이 왕가가 아니
라 고려 왕씨네 미술관인 듯한, 또는 나 자신도 고려 때 사람인 듯한

착각이기보다도 신비한 일종 서정에 사로잡히는 것이다.(『상허문학독본』, 백양당, 1946)

비평가   민족어의 세계란, 시적 세계란, 그렇다면 국민국가와 전혀 무관한 세계, 국민국가 이전의 세계가 아닐 수 없지요. 고층적 세계란 제로와 같지 않겠습니까.

문학사가   원리적으로는 그렇겠지요. 그러나 이러한 고층적 세계의 발견이란, 근대(국민국가)적 사고 없이는 불가능하다는 점에 주목할 것입니다. 상허의 『문장강화』의 세계가 국민국가 이전의 세계 발견이라 하나, 거기에는 또 '한글'이 포함되어 있지요.

비평가   한자(고층)가 먼저 있고 한글이 속한 조선 현실도 고층으로 (골동화된 상태) 존재한다는 것이 상허 아닙니까. '책'보다 '冊'으로 쓰고 싶다고, 그래야 '冊답다'고 했으니까.

문학사가   한자와 한글을 두고, 설사 한자 쪽이 더 고층의 세계라 하나 함께 고층의 세계를 강조한 비유법으로 볼 것입니다. 『문장강화』란 따져보면 근대가 만들어낸 관념의 일종이라는 사실입니다. 물론 상허도 문장에 있어 현대의 화두가 언문일치에 있음을 전제로 했지요. 언문일치 문장이 '민중의 문장'이라는 사실도. 그렇지만 『문장강화』의 무게중심이 놓인 곳은 민중과는 거리가 먼, 귀족적 고답적 관념적인 곳이지요.

'말을 문자로 기록한 것'은 문장이라 하였다. 물론이다. 그러나 언문일치의 문장일 따름이다. 한걸음 나아가 '말대로 문자를 기록한 것'은 문장이 아닐 수도 있는 것이다. (……) 언문일치는 실용정신이다. 일상의 생활이다. 연기(演技)는 아니다.(『문장강화』, 정증판, 1948)

비생활적·비일상적인 것, 요컨대 연기의 일종이라야 '문장'에 해당된다는 것. 여기에 민족어라는 이름의 언문일치의 한 모습이 드러납니다.

  비평가  이『문장강화』에 정면으로 대립된 것이 김기림의『문장론신강』이겠는데……

  문학사  어떤 면에서는 그러합니다. '연기로서의 문장론'과 기능적인 '있는 그대로의 문장론'의 대립이라 할까요. 투명성을 전제로 한 문장론이 김기림의 수사학입니다.

  비평가  가면의 얼굴, 가면 없이는 춤추지 않는다는 명제에 속하는 문장론이, 상허라면 맨얼굴의 문장론이 김기림의 것이겠는데요. 이런 비유법은 결국은, 과학적 세계관과 비과학적 세계관의 담론체계로 정리될 수 있겠지요. 김기림이 입만 열면 '과학'이라 외치지 않았던가요. G.A.톰슨의『과학개론』(을유문화사, 1948)을 번역하는 마당에서 김기림은 오늘 우리가 느끼는 가난 가운데 '과학의 가난'이 제일 불행했다고 단언하고, '새나라' 건설의 구상은 '과학의 급속한 발달과 계몽을 한 필수 사항으로 고려에 넣어야 되었다'고 외쳤지요.

  문학사  김기림이 과학이라 외칠 때 그것은 근대화를 금과옥조로 내세웠기 때문이지요. '근대의 순수'가 바로 과학이라 본 까닭입니다. 과학사상, 과학적 정신, 과학적 태도, 과학적 사고 방법의 계몽이 바로 '새나라 송(頌)'이어야 했던 것이지요.

  비평가  김기림의『문장론신강』은 그러니까 투명성의 인공어, 미래지향형의 낙관주의가 아닐 수 없겠습니다. 과학이란 요술방망이기에 그것을 획득만 한다면 저 서구 선진국처럼 여의주를 얻은 용이 되어 승천할 테니까. 카프문학과 마주치는, 갈데없는 유토피아 사항이겠는데요.

  문학사  투명성이란 무엇인가. 인공어라야 하는 근본이 이 물음에 달려 있습니다. 김기림의 출발점은 '말의 전달론'에 있습니다. '실속과 효율'이 말과 글의 최고의 목표라는 것. 말하는 측과 듣고 읽는 측이 전제되어 있다는 것. 그러니까 전달론(의미론)에 걸리는 것이지요. 이 방면의 철학이 카르납으로 대표되는 분석철학 아닙니까. 러셀, 비트겐슈타인 등이 개척했고, I.A. 리처즈, 옥텐 등이 어느 수준에서 수습한 『의미의 의미』계통도 이에 속하는 것이지요.

비평가   어떤 개념의 진실에 주력해온 형이상학이란 '유사성'이라는 일종의 비과학적 비유법에 근거를 둔 것이 아닐까. 이를 비판하고 인식의 범위를 확대하여 개념의 진실이 아닌, '문장' 전체 속에서 의미를 파악하는 것이 분석철학의 과제로 되어 있지 않습니까. 그러나 카르납, 비트겐슈타인 등의 형이상학 비판을 수용한 김기림이 주로 기댄 것은 신경조직론에 바탕을 둔 소박한 언어관이지요. 리처즈의 단순한 이분법인 과학적 용법과 정서적 용법이 그것 아닙니까.

문학사가   그 문제는 따로 검토될 것이겠고, 문제를 인공어의 '투명성'에 국한시켜보기로 합시다. 고층적 세계로서의 상허의 민족어에 대응되는 김기림의 미래 지향성으로서의 인공어의 대응이 우리의 논점 아니었던가요. 무엇보다 김기림의 『문장론신강』이 과학을 깃발처럼 내세웠다는 것. 이 점은 곧 '의미 기능'에 언어 사용의 목적을 둔 전달론이겠지요. 투명성이란 이를 가리킴인 것. 이때 먼저 문제되는 것이 한글 전용주의지요. 따라서 이 한글 전용주의는 자국어로서의 한글 전용주의, 곧 '민족어'로서의 한글 전용주의와는 별개의 것입니다.


7. 순수주의와 기능주의─한글 전용의 두 양상


비평가   개화기에 등장한 주시경 류의 국문주의란 민족국가를 전제로 한 담론체계에 속했던 것 아닙니까. 자국어 사용주의란 이른바 '민족어'의 이데올로기적 분출이었던 것이니까. 이 점에서 그것은 『문장강화』의 고층적 세계와는 구별되지요.

문학사가   그렇소. 한글 전용주의란, (A) 국수주의적 '민족어'의 이데올로기에 속하는 것과, (B) 기능주의의 두 종류가 있다는 것. 한편 한자 사용주의에도 (C) 고층으로서의 민족어계와 (D) 기능주의가 있다는 것.

　**비평가**　알겠소. 이제 뭔가 가닥이 잡히는 것 같습니다.

　**문학사가**　개화기의 자국어 각성 단계 및 이에 이어지는 해방공간에서의 문교부 편수국(주시경, 최현배 등)이 (A)에 든다면, 김기림이 전형적으로 (B)에 속합니다. 김기림의 주장 몇 가지만 보일까요.

　(가) 민주적인 글자 기호의 확립과 또 대중화
　(나) 문체의 민주화

　새나라 건설에서 시급한 것 중의 하나가 김기림에겐 민주화였으며 글자도 이에 따라야 한다고 할 때 그 방법론은 무엇인가.

　　한글의 철저한 사용과 그 보급으로 해결지을 문제다. 적어도 한자의 힘을 빌지 않고 한글로써 오늘의 문화의 높은 내용을 거리낌없이 다룰 수 있도록 되어야 한다. (……) 이상으로서는 하루바삐 완전한 '우리 말 한글' 상태로 우리 어문 생활을 통일하고 높여야 할 것이다.(「새 문체의 요망」, 자유신문, 1948. 11)

　한글이 우리 글이니까 그것을 전용해야 한다는 주장과는 달리, 민주화의 방편으로서의 최선의 '기호'라는 시각에 김기림이 서 있었던 것. 우리 것이니까 한글 전용을 해야 하며, 따라서 한자를 한글로 바꾸는 작업이 막바로 진행되어야 한다는 식의 부류를 '순수주의자들'이라 비판한 점에서도 김기림의 기호론적 기능주의가 뚜렷이 드러납니다. '배움집'(학교) '날틀'(비행기) 등을 두고 말의 화석(化石) 또는 말의 조화(造花)라 부른 것도 이 까닭. 그렇다면 어떤 방식으로 한글 철저화 운동이 가능할까. 새로운 문체 확립이 그 길임을 강조하면서, 김기림은 그것이 결코 '홀홀한 일'일 수 없음을 지적하고 있습니다.

　**비평가**　잠깐. 김기림을 기능주의자라 하고 한글을 다만 '기호'로 파악했다고 몰아붙이지만 그에게도 역시 한글이 우리 글자라는 의식이 깔려 있었다고 보아야 되지 않겠습니까. 언어학에도 조예가 깊은 김기림이고 보면, 한국어의 음운 조직과 한글의 관계를 능히 통찰하고 있었을 테니까. 다만 '우리 글자니까'라고 강조하는 사고와는 구분되는 것이 아닐까요.

문학사　그런 말은 하나마나지요. 국수주의적 사고의 사유자라든가 순수주의자들도, '쓰기 쉽고 배우기 쉽다'를 구호 속에서 빠뜨리지 않으니까요. 기능주의자로 자처하기를 마지않습니다. 문제는 어느 쪽에 이데올로기의 기능을 두느냐에 있지 않겠습니까. 민주화가 우선이냐, 우리 것이 우선이냐의 과제. 민주화의 길에 나섰던 기능주의가 한자를 물리치고 나름대로의 표현의 탄력성(기능화 작용)을 획득하기에 이른 것은 각계 각층의 많은 사람들의 참여와 노력이 있었기 때문에 가능했던 것.

비평가　아마도 그것은 70년대에 와서야 겨우 이루어지지 않았을까요. 한글로 세계문학전집도 번역 가능한 시점이었으니까요. '인공어'의 휘황한 달성이라고나 할까요.

문학사　순수주의자들과의 복합적 결과이긴 하나, 역시 인공어의 기능주의가 우세한 몫을 했다고 보아도 되겠지요.

### 8. 제로 개념으로서의 고층적 세계─상허와 김동리

비평가　한글 전용주의에 (A)(B)형이 있듯, 한자주의에도 (C)(D)형이 있다고 했는데, 이번에 (C)(D)에 대해 살펴볼 차례에 이르렀습니다. (C) 고층으로서의 민족어계와 (D) 기능주의가 그것.

문학사　(D)에 관해서는 여기서 제쳐놓기로 하지요. 한자 사용이, 기능상으로 전달 효과를 증대시킨다든가, 동양 삼국의 이해 정진 등등은 쉽사리 알아차릴 수 있으니까요. 이에 견줄 때 (C)형이 지닌 몫은 썩 유별나다고 할 것입니다. 이른바 고전성(古典性)에 관련되어 있기 때문.

비평가　이른바 고층적 세계관, 시간성을 초월한 삶의 근원(시원)을 가리킴인가요? 고층이라 하나, 거기까지 이른 경지를 지칭함이 아니고 한국인으로서의 삶의 근원을 가리킴이 아니겠습니까.
문학사　과연 그러한지 아닌지를 조금 엿보기로 합시다. 다음 대목이 이 과제에 빛을 던지고 있습니다.

　조선 사람으로 단원이나 오원(吾園)이 되기 쉽지 세잔느나 마티스는 되기 어려울 것은 생각해볼 필요도 없겠다. 되기 쉬운 것을 버리고 되기 어려운 것을 노력하는 데는 무슨 변명할 이유가 있어야 하겠는데 내가 단순해 그런지는 모르나 그런 특별한 이유도 얼른 생각나지 않는다. '나는 대가(大家)도 싫다. 나는 서양화가 좋으니까 그린다' 하면 그건 개인 문제라 제삼자의 용훼할 바 아니겠으나 그러나 그것도 나는 무례할지 모르나 이렇게 독단한다. 서양화보다는 동양화를 더 즐길 줄 아는 이가 문화가 좀더 높은 사람이라고. 이것은 '사람' 보다 사실은 '동양화'를 위해서 하는 말이지만, 물론 엄청난 독단이다. 그러나 서양화에선 무슨 나체를 잘 그린다고 해서가 아니라 색채 본위인 만치 피는 느껴져도 동양인의 최고 교양의 표정인 선(禪)은 좀처럼 느낄 수 없는 것을 어찌하는가!(「동양화」,『무서록』)

비평가　매우 조심스런 발언이나 동시에 썩 과격한 발언이군요. 단호하다고나 할까.
문학사　서양과 동양을 분할하고, 서양에 대한 동양 우위를 주장하는 장면이겠지요. 동양 우위설이란 물론 앞에서 이미 지적했듯 서양과 맞서기 위한 대동아공영권이라는 담론체계와 결코 무관하지 않습니다. 물질문명으로서의 서양에 대한 정신문화로서의 동양 우위론이 위의 인용 속에 함의되어 있지 않습니까. 동양 우위론의 근거로 '선'을 내세웠던 것.
비평가　민족어의 범주란 이제 흔적도 없이 사라졌군요. 동양의 선

앞에 서면, 국민국가 따위란 하도 시시해서 입에 담을 수조차 없는 것이겠는데요. 선이란 이른바 '제로'(영) 개념과 흡사하지 않습니까. 제로에 어떤 숫자를 곱해도 제로에 지나지 않는 것. 만일 이런 경지가 '고층의 세계'라 하면, 상허 자신을 스스로 부정하는 형국이 되겠는데요.

문학사　근대의 산물이 소설이며 그것이 서양의 산물임을 상허라고 해서 부인할 수 없었지요. "동양에선 서구식 산문의 배양이란 워낙 풍토에 맞지 않는 원예일지 모른다"(『무서록』)라는 고백이 그것. 문제는 이러한 자기 부정을 통해 무엇을 성취하고자 했느냐에 있지 않았을까.

비평가　아, 이제 알겠다. 선생이 알아보고자 한 것이 무엇이었는가를. 이른바 『문장』파의 '고층적 세계'의 발견과 그로써 성취하고자 한 정신사적 구조란, 민족주의의 초극이었던 것.

문학사　민족주의조차 '고층적 세계' 속에 용해되기, 곧 제로화될 수 있었던 것. 말을 바꾸면 불가피하게 다가올 파시즘조차 제로화시킬 수 있었던 것.

비평가　해방공간에서 그 '고층적 세계'를 가장 효과적으로 활용한 작가가 바로 김동리였군요.

문학사　'구경적 생의 형식'으로 정리된 김동리의 리얼리즘론이란 바로 '제로' 개념에 해당하는 것. 상허가 발견한 '고층적 세계'를 가장 정확히 파악한 수제자였기에 김동리는 임화로 대표되는 근대주의자와 정면으로 맞설 수 있었지요.

비평가　『무녀도』(1936), 『황토기』(1939) 등을 송두리째 부정(근대소설이 아니라는 점)함으로써 비로소 그는 근대주의자들과 맞설 수 있었지요.

# 월하의 시「경건한 정열」읽기

### 1. 오무라 교수의 『'대역(對譯)' 시로 배우는 조선의 마음』

오무라 마즈오(大村益夫, 1933~, 와세다 대학 언어학 교육연구소) 교수의 공들인 저술 『시로 배우는 조선의 마음』(東京 靑丘文化社, 1998. 6)이 발간되었다. 『季刊 三千里』(1983~1986) 및 『季刊 靑丘』 (1989~1992)에 '對譯 朝鮮 近代詩選'이란 표제로 연재한 것을 이번에 수정, 정리하여 펴낸 것이다. 이 나라의 서정시를 일어로 번역한 것으로는, 해방 전에 나온 김소운의 『조선시집 상·중』(1943)과 그 전후엔 허남기의 것이 있고, 최근에는 강정중의 『한국현대시집』 (1987), 강상구의 『한국현대문학 제6권』(1992)이 있거니와, 이들은 오무라 교수의 대역과는 스스로 구별된다. 남북한의 앤솔러지이며, '대역'이되 전면적인 대역인 까닭이다. 이런 진술 속엔 오무라 교수의 특별한 위치가 함의되어 있다.

3부로 구성된 이 저술의 제1부는 1922~1945년까지, 제2부는 해방공간(1945~1948)과 남한 작품들, 제3부는 해방공간과 북한 작품들. 한용운을 비롯 해방 전의 시인 22명, 김기림을 비롯 해방공간과 남한의 시인 23명, 조기천을 포함 해방공간과 북한의 시인 12명. 남북한을 동시적으로 바라본다는, 제3국인의 시선이었음이 확연하다. 대역이든, 앤솔러지이든, 문제의 초점이 언제나 작품 선택의 기준이랄까 안목에 있음은 새삼 말할 것도 없다. 오무라 교수의 기준이랄까 안목은 어떠했을까. 스스로 밝힌 바에 따른다면 (1)본국의 문학사적 평가, (2)대역자의 취향, (3)어학 교재용으로 적합한가의 여부 등의 순서로 되어 있다. 본국 문학사에서는 큰 비중을 갖는 서정주, 유치환, 이상 등을 깡그리 빠뜨린 것도 이러한 기준 설정에서 말미암았다고 볼 것이다. 그런데 정지용의 「압천(鴨川)」, 임화의 「우산 받은 요코하마의 부두」, 김달진의 「용정」, 윤동주의 「별 헤는 밤」, 김조규의 「연길역 가는 길」 등의 수록은 (2)일까 (3)일까. 금방 판단하기는 어렵다. 중국 속의 조선족에 관한 연구논문 「중국 조선족과 그 언어 상황」(1987), 「구 '만주' 한인문학 연구」(1993)를 비롯, 국내에서도 큰 반향을 일으킨 「윤동주의 사적에 대하여」(1985)를 쓴 바 있고, 중국 조선족 단편소설선 『시카고 복만』(1989), 조선족 작가 최홍일의 『도시의 곤혹』(1993) 등을 편역한 바 있는 오무라 씨의 문학관이나 취향이 만주와 관련된 시에로 편향되었다고 볼 수도 있고, 한편 일본을 배경으로 한 시의 선택은 (3)과 관련된 것으로 볼 수도 있지 않을까 싶다. 제주도 문학선인 『탐라의 나라 이야기』(1996)의 편역까지 감안한다면 씨의 편향성이 일목요연해진다. 본국에서 격리된, 그래서 역사의 그늘에 잠긴 소수민족의 삶과 문학에 각별한 친애감을 갖고 있음이 그것. 그렇다면 어째서 재일교포 문학엔 냉담했을까. 따지고 보면 거기엔 나름대로의 사정이 있지 않았을까. 재일교포 문학 연구가들이 이미 수두룩하게 있었음을 염두에 둘 필요가 있다. 주로 재일교포 출신의 연구가들이 큰 목청으로 창작도 하고 권익 주장의 목소리도 지르고, 또 작품 소개도 줄기차게 하고 있었던 것이다.

내가 씨를 처음 만난 것은 제1차 도일중인 1970년 가을이었다. '조선문학의 모임'의 초청을 받아 씨의 연구실에서 한국문학에 대한 무슨 발표를 했을 적이다. 이 모임의 취지에서 인상적인 것은 "일본인이 조선문학을 연구"한다는 점. 순종 일본인으로 조선문학 연구에 나아가는 모임이란, 역사상 처음 시도된 것이었다. 순종 일본인의 손으로 조선문학을 연구하되 '죽을 때까지'(『조선문학』 창간사, 1970. 12) 하겠다는 이 모임의 중심인물이 오무라 씨였다. 어째서 유독 조선문학 연구에 발심을 했을까. 이 물음에 대해서는 나는 아는 바 없다. 다만 그들은 "조선을 사랑하고 조선문학을 사랑"(창간호)하기 때문이라고만 말했을 뿐. 그것은 마음의 흐름(turn of mind)이기에 제3자가 엿볼 수 있는 영역이 아니다. 오늘에까지 줄기차게 이르고 있는 이 '조선문학의 모임'에서 내가 주목해오는 것은 다음 두 가지. 단순한 남북한 작품의 공평한 소개가 아니라 학문적 연구라는 것. 학문적 연구이되, 정밀한 문헌학의 방법론의 실천이라는 사실이 그 하나. 다른 하나는 그러한 연구의 지속성이다. 1970년에서 오늘에 이르기까지 이들의 지속성은 한결같았다. 오무라 교수를 비롯, 사에쿠사(동경 외대), 시라카와(구주 산업대), 세리카와(이송학사 대학), 하타노(니가타 단기대), 후지이시(니가타 대학), 홋테이(서울 동국대) 교수 등을 중심으로, 한일 관계의 심화와 더불어 그 학문적 정밀도를 더하고 있다. 『한일 문학 관계 일본어 문헌 목록』(오무라·홋테이 공편, 1997)과 오무라 편 『國民文學』(1941~1945) 영인본(綠蔭書房, 1998)을 한 가지 사례로 들 수 있다. 전자는 지금까지 나온 이 방면 자료 중 내가 알기엔 제일 정밀한 것이며, 후자 역시 그러하다. 물론 최재서 주간의 『國民文學』의 영인본이 국내에서도 나온 바 있었으나(국학자료원, 1982), 몇 권이 누락되었던 것. 이를 보강하여 거의 완벽판(여기에도 1945년 4월호가 빠져 있으나, 과연 이것이 간행되었는지는 의문)을 내놓고 있다.

오무라 교수에 대해 내가 이렇게 긴 설명을 덧붙인 이유가 이제 분명해졌으리라 믿는다. 앞에서 말한 씨의 개인적 편향(2)과 아울러 '어학 교재'의 성격(3)을 부각시키기 위함이었다. 본국의 문학사적 평가와 (2)가 상충될 수도 있지만, (3)과는 더욱 상충될 수 있지 않겠는가. 이 점에서 나는 소쉬르 편이기보다는 저 불세출의 언어철학자 비트겐슈타인 쪽이다. '말하기-듣기'로서의 언어관이란 '언어 시스템'의 틀로 설명된다면, '배우기-가르치기'로서의 언어관이란 '언어 게임'의 틀이다. 전자가 양자의 대칭성을 전제로 한 것이라면 후자는 비대칭적이다. 배우는 측이 거부한다면 가르치는 측은 속수무책. 언어 학습이란, 이처럼 비대칭적이라 아니할 수 없다. 가르치는 측과 배우는 측이 게임을 하듯 필사적으로 규칙을 만들어가는 것이 언어 교육의 실상에 가깝다. 소쉬르의 언어 시스템이란 이미 문법 체계를 공유하고 있는 양자의 자족적 현상, 그러니까 일종의 마스터베이션과 흡사하다고 할 것이다. 본국 문학사가 아무리 강요하더라도 배우는 측이 거부하면 없는 것과 흡사한 형국이 아니겠는가. 그러기에 이는 전적이라 할 수는 없다고 해도, 조선어를 일본의 대학에서 배우는 측의 문제인 것이다.

2. 피와 장미

오무라 교수가 선정한 시인 중, 네 편을 수록한 것은 한용운, 임화, 백석, 이하윤, 김조규 등 다섯 명이며, 제일 많은 다섯 편을 수록한 것은 윤곤강, 김달진, 윤동주 등 세 명. 「원숭이」「야경」「언덕」등의 시인 윤곤강의 경우 카프 출신이라는 점과, 해방 뒤의 그의 활동에 주목한 평가로 보인다면, 윤동주의 경우는 선자의 각별한 애착으로 설명될 성질의 것이다. 그렇다면 저 김달진의 경우는 어떻게 설명하면 적절할까. 나는 지금도 이 의문을 풀기 어려운 터이다.

월하 김달진(1907~1989)의 작품은 「체념」「경건한 정열」「용정」

「향수」「황혼」 등 다섯 편이다. 이중 「용정」「향수」는 『재만 조선 시인집』(1942)에 수록된 것이어서, 재만 조선족에 각별한 관심을 가진 씨의 편향성과 무관하지 않다. 「체념」은 시집 『올빼미의 노래』(1983)에 수록된 것으로, 오무라 씨는 이를 월하의 대표작으로 꼽고 있다. 월하 시에 대한 씨의 총체적 인상은 "종교적인 내적 정신세계를 읊은 점"에서 찾고, 그 때문에 그의 시세계도, 사용된 시어도 "난해한 점"이 적지 않다는 것으로 집약되어 있다.

여기까지는 아무리 우둔한 나도 어느 정도 이해할 만한 것이었다. 그러나 비석처럼 혹은 한겨울의 얼음을 깨뜨리고 솟아오른 잉어나 눈 속에 불쑥 솟아오른 죽순 모양의 저 「경건한 정열」의 수록이란 대체 무엇일까. 오무라 교수의 평생에 걸친 조선문학 사랑하기에서 빚어진, 씨 자신도 의식하지 못한 그런 늪과 같은 그 무엇이 아니었을까.

이 작품에 대해 씨는 다만 이렇게 해설해놓았을 뿐. "「경건한 정열」은 『한국시선』(한국신시 60년 기념사업회 편, 1969)에 수록되어 있다."

그뿐이다. 어째서 이 작품이 그토록 소중한지, 또는 무슨 이유가 있는지에 대해 일체 언급이 없다. 전체적으로 보아, "종교적인 내적 정신세계"를 다룬 대표작으로 꼽은 것이 아니었을까. 「용정」이나 「향수」란 오무라 교수의 편향성에 지나지 않는 것. 그렇다면 「체념」은 어떠한가. 표제가 잘 말하고 있듯, 연모에 대한 '체념'을 읊은 것이다. 사랑하는 대상(애인)이 있다고 치자. 그 대상은 결코 맺어질 수 없는 운명에 있다. "우리는 진정한 비수(悲愁)에 사는 운명"이니까. 체념할 수밖에 없지 않겠는가.

　　몰래 피었다 떨어지는 꽃잎을 주워
　　싸늘한 입술을 맞추어보자

이러한 체념에 이르기까지엔 물론 긴 세월이 걸렸으리라. 『시인부락』(1936)으로 서정주, 김동리 등과 동인으로 출발하던 그 시발점에 놓인 월하의 내면 풍경이 「황혼」(1936. 11)에서 선명하다. 젊은이답게 그가 제일 주체하기 어려웠던 것이 '열정'이었다. 월하는 그것을 언제나 '장미꽃'이라는 용어로 상징화하고 있었다. 월하 시학의 초기 키 워드가 '장미꽃'이었음이 그의 시집 도처에서 확인된다. 그것은 갈데없는 연가(戀歌)의 일종.

처마 끝에 거미 한 마리 어둔 찬비에 젖는데
아 어디어디 빨간 장미꽃 한 송이 없느냐!

'장미꽃'을 찾아 헤매기로 월하 시학의 역정을 추적할 수 있음은 이 시발점 때문이다. 월하의 첫 시집 『청시』(1940)의 머리에는, 이 열정에의 지향성이 핏빛으로 비석 모양으로 뚜렷하다.

하이얗게 쌓인 눈 우에
빨간 피 한 방울 떨어뜨려보고 싶다
—속속드리 스미어드는 마음이 보고 싶다.(「눈」 전문)

'빨간 피'와 '장미꽃'은 등가이다. 이 나라 근대시의 근대성이 '장미꽃'을 시인에게 강요했던 것. 그러니까 '장미꽃'은 근대시의 관습(수사학)의 일종일 뿐. 『시인부락』의 동인 미당에 있어서는 "석유 먹음은 듯"한 보들레르적 수사학과 등가였을 터이다. 왜냐면 미당에 있어서도, 출발점은 "장미꽃스러운 것", 그것이었음에서 새삼 확인된다. 피의 뜨거움이 그것.

3. 피 한 방울의 행방(1)—미당의 경우

찬란히 티워오는 어느 아침에도

이마 우에 언친 詩의 이슬에는
몇 방울의 피가 언제나 섞여 있어
볕이거나 그늘이거나 혓바닥 느러뜨린
병든 숫케마냥 헐떡거리며 나는 왔다(「자화상」끝연)

미당의 출발점은 이처럼 '이슬에 섞인 몇 방울의 피'에 있었다. 이슬 속에 섞인 피란 무엇인가. 그것은 '물과 불'의 상극관계, 혹은 보들레르 투의 '타오르는 불'이라 할 수 없을까. 평생에 걸친 미당의 시작 행위란, 이마 위에 얹힌 이 '타오르는 불'의 초극 과정이 아니었던가. 이 '타오르는 불'이 인간 미당으로 하여금 온갖 방황에로 내몰았고 천둥과 번개를 동반케 만들었다. 소쩍새 울음도, 천둥도, '타오르는 불'을 쉽사리 잠재우지 못하였다. 정도령의 부활을 거쳐, 국화 옆에 머물렀어도 '타오르는 불'은 쉽사리 꺼지지 않았다. 6·25의 충격에서도 사정은 마찬가지. 신라의 저 얼어붙은 '동천'을 헤매어도, 귀신이 눈에 뵈는 나이 45세에 이른 뒤에도 이 '타오르는 불'은 꺼지지 않았다. 생명체를 담고 있는 육신이 얼마나 줄기차고도 질긴 것인가를 여실히 증명해놓고 있었다. 그러나 '타오르는 불'이란 결국 물질로 구성되었기에 무한정일 수 없는 법. 탕진의 끝은 어김없이 오는 법. 미당은 이 장면에서 제목을 붙일 수가 없었다. 시를 쓴 지 42년 만의 일이었다. 「무제」(1968) 전문을 보이면 이러하다.

피여. 피여.
모든 이별 다 하였거든
博士가 된 피여.
인제는 山그늘 지는 어느 시골 네갈림길
마지막 이별하는 내외같이

피여

紅疫 같은 이 붉은 빛갈과
물의 연합에서도 헤여지자.

붉은 핏빛은 장독대 옆 맨드래미 새끼에게나
아니면 바윗속 굳은 어느 루비 새끼한테,
물氣는 할 수 없이 그렇지
하늘에 날아올라 둥둥 뜨는 구름에…….

그러고 마지막 남을 마음이여
너는 하여간 무슨 電話 같은 걸 하기는 하리라.
인제는 아주 永遠뿐인 하늘에서
지정된 受信者도 없이
하여간 무슨 電話 같은 걸 하기는 하리라.

 이슬의 물기는 구름에게 보내고, 피는 맨드라미나 루비에게 보낼 수밖에 없다는 것. 이때 남는 것은 무엇이겠는가. '마음'이 그 정답이다. 이 마음이란 과연 무엇일까. 따져보면 분명한 해답이 다음처럼 주어진다. 물과 피를 섞이게 한 끈이랄까 매개항이랄까 고리의 몫을 하는 일종의 작용력(作用力)이 아닐 수 없다는 것. '타오르는 불'을 가능케 한 프라티나(백금선)에 다름아니었던 것. 물과 피가 섞여 일어나는 '타오르는 불'의 현상(반응)은 오직 '마음'이라 부르는 촉매에 의해서였다.
 이 경우 미당이 말하는 '마음'이란 또 무엇인가. 지정된 수신자도 없이, 영원을 향해 무슨 '전화'(말) 같은 것을 하는 그 무엇이라는 것. 영원을 대상으로 하는 것이기에 이 '마음'은 이미 영원의 권속이 아닐 수 없다. 시간·공간을 초월한 존재가 영원이라면, 이러한 마음을 대표하는 종래의 표현은 넋이나 혼이 아닐 수 없다. 서구의 경우, 가령 『라랑드 철학 사전』의 규정에 따른다면, 혼(âme, Seele, soul)과

정신(esprit, Geist, spirit), 마음(coeur, Gemüt, mind) 등으로 구분되며, 이중 '마음'은 비학술 용어로 규정되고 있다. 동양적 그래서 주자학적(한국적) 표현으로는 심(心)이 표준이지만 육체와 결부된 백(魄)과 육체에서 분리된 혼으로 구분되며, 따라서 송옥(宋玉)의 「초혼」이나 김소월의 「초혼」도 이 계보에 들 것이다.

　미당이 말하는 '마음'이란, 따라서 '혼'으로 말해도 좋을 것이다. "내 마음속 우리 님의 고운 눈썹을/즈믄 밤의 꿈으로 맑게 씻어서/하늘에다 올기어 심어놨더니……"(「동천」)라고 하는, 그 '마음'이기에 이미 혼의 영역으로 옮겨온 경지가 아닐 수 없다. 다만 이 경우 혼이란 심령술의 세계를 연상하기 쉬운 용어상의 한계가 인정된다고 할 것이다. 이른바 저승과 이승의 구별짓기가 그것. 자칫하면 문화적 영역에서 벗어나 귀신의 세계로 빠져들 위험성이 거기 도사리기 쉽다. '마음'이란 말은, 이러한 위험성에서 벗어날 수 있지만, 잘 따져보면 결과는 마찬가지. 저승의 연상으로 인한 문화적 위험성에 대해 미당은 '혼' 대신 '마음'을 사용함으로써 벗어나고자 했을 터이다.

　지금껏 나는 『시인부락』에서 함께 출발한 미당과 월하의 출발점에 놓인 장미꽃과 피를 점검하고, 미당의 경우 피의 초극을 위한 몸부림과 마침내 그 도달점이 혼임을 확인하였다. 영원과의 대화가 가능해진 것이 그 도달점이었다. 그렇다면 월하의 눈 속의 한 방울 '피'와 '장미꽃'의 행방은 어떠했던가.


### 4. 피 한 방울의 행방(2) — 월하의 경우

　"하이얗게 쌓인 눈 우에 빨간 눈 한 방울 떨어뜨려보고 싶다"라고 젊은 월하가 그의 시업 출발점에서 읊었음에 우선 주목할 것이다. 눈 속에 속속들이 스며드는 그 피의 속도, 색깔, 자취를 보고 싶었던 것이다. 그는 통틀어, 마음이 보고 싶다고 했었다. 그것은 어둠 속에서

'장미꽃' 한 송이를 바라는 심정에 다름아니었다. 이 장미꽃 한 송이란 또 무엇이겠는가. 젊은이에 있어 그것이 연모를 일차적으로 가리킨다는 점은 썩 자연스럽다.

　미당의 '금녀'라든가 '유나'와는 달리, 월하는 처음부터 서구적 품종의 장미꽃 지향성이었는데, 그만큼 관념적이었음을 가리킴이라 할 것이다. 이 관념성으로 말미암아 어떤 '연모'도 현실적으로는 그 대상을 차지하거나 확보할 수 없는 법. 이 점에서 월하는 미당과는 달리 이지적이다. 그것은 일종의 싸늘함이다.

　　　봄 안개 자옥히 나린
　　　밤거리 街燈은 서러워, 서러워

　　　깊은 설움을 눈물처럼 머금었다.
　　　마음을 잃는 너의 아스라한 눈동자는
　　　빛나는 웃음보다 아름다워라

　　　몰려가고 오는 사람 구름처럼 흐르고,
　　　청춘도, 노래도 바람처럼 흐르고,

　　　오로지 먼 하늘가로 귀 기울이는 凝視—
　　　혼자 정열의 등불을 달굴 뿐.

　　　내 너 그림자 앞에 서노니, 먼 사람아
　　　우리는 진정 悲愁에 사는 운명,
　　　多彩로운 행복을 삼가고

　　　견디기보다 큰 괴롬이면
　　　멀리 깊은 산 구름 속에 들어가,

몰래 피었다 떨어지는 꽃잎을 주워
싸늘한 입술을 맞추어보자.(「체념」전문)

작품 「체념」이 월하의 대표작 중의 하나로 인식되는 것은 '장미꽃'의 행방을 묻는 일에 관여되기 때문이다. '체념'이란 그러니까 '연모'에 대한 체념이었다. 월하의 시는 이 대목에서 벽에 부딪쳤다고 볼 것이다. 관념에서 출발한 탓이었다. 대상에 대한 연모의 불가능함에 부딪쳤을 때, 그가 발견해낸 것은 과연 무엇이었던가. '깨달음' 바로 그것이 아닐 수 없다. 대상에 대한 연모가 '나' 자신을 향하기로 이 사정이 설명된다. 대상이 소멸되었거나 접근 불가능이거나 헛것으로 판명되었다면, 문제되는 것은 그러한 것을 상정하고 인식한 '나' 자신이 아닐 수 없기 때문이다. '나'란 이제 무엇인가.

빛도 냄새도 없는
엷은 象徵처럼 살아가는
조그만 내 생명을 생각하고 있었다(「바람」 중에서)

체념한 다음의 '나'란 어떠한가. 장미꽃도 피도 깡그리 사라진 회색의 세계로 돌변하고 있지 않겠는가. 근대 교육에 노출된 젊은 월하의 관념으로서의 연모가 사라진 세계란 이처럼 무색 무취의 단순화된 회색의 세계였던 것. 남은 것이라곤 '조그만 내 생명'에 대한 인식일 뿐. 아직도 인식을 깡그리 떨쳐버린 경지라 할 수 없느나(엷은 상징도 아직 상징이기는 마찬가지인 만큼), 적어도 상징(의미)조차 떨쳐버리기에 한층 가까이 간 것만은 사실이 아닐 수 없다. 만일 원점(제로 지점)이 있을 수 있다면, 그 문턱을 넘보는 경지라 할 것이다. 이 장면이야말로 월하 시의 최고 경지이자 이 나라 근대시의 한 봉우리라고 나는 생각한다. 그것은 관념으로서의 이 나라 근대시를 물리치는 한 사건으로 보이기 때문이다. 월하는 이 경지를 '경건한 정열'이라 불렀다. 이른바 제로 지점(원점)으로서의 공(空)의 경지에 이르기에는 아직 요원한, 그러면서도 피와 장미꽃에서는 썩 멀리 벗어난 경지, 여기에 종교가 아닌, 종교와는 구별되는 '시'의 영분(領分)이 있다고 나는 생각한다. 앞에 든 미당의 「무제」와 동격이라는 「경건한 정열」 전문을 보이면 다음과 같다.

　　내 살은 大地,
　　내 피는 太陽,
　　그리하여 내 生命은

　　희뿌엿이 밝아오는 窓 앞에
　　먼 黎明의 장밋빛 치맛자락,
　　구슬처럼 玲瓏한 바람이 옷깃을 스민다.

　　경건한 정열, 한 대 線香을 사르노니
　　가는 연기는 나직한 찬 이마에 어리고
　　내 魂의 凝視하는 곳은 思念의 저쪽.

　　더운 입김에 얼어붙는 滄溟 속으로
　　다는* 숨길을 따라 明滅하는 뭇별의 微笑
　　神을 방석하고 앉아 가만히 이르노니

　　ㅡ빛이 있어라
　　ㅡ빛이 있어라

---

\* '다는'은, '몸이 달다'에서 보듯 뜨거움을 가리킴. 시집 『올빼미의 노래』(1983) 및 『김달진 詩 전집』(1997)에서는 이 대목이 '다른'으로 되어 있으나, 유족의 호의로 원고를 확인한 결과로도 이는 '다는'의 오식으로 판명됨.

바른 힘은 샘처럼 솟고
사랑은 꽃처럼 피는 동산에
이슬 방울마다 은잔을 받들었다.

내 살은 大地,
내 피는 太陽,
그리하여 내 生命은 바다의 大氣.

(42××년 元旦)

'엷은 상징'으로서의 '나'란 어떤 경지인가를 위의 시가 잘 말해주고 있다. 아직도 거기에는, 절대적 경지에 이르지 않은 영역. 시가 머물 수 있는 가장자리랄까 극점이라 할 수 있는 곳. 아직도 정열이 남아 있는 시간과 공간. "장밋빛 치맛자락"이 여명의 창을 가리고 있는 시공 속에 비로소 시가 깃들 수 있다는 것. 그것은 "장밋빛 치맛자락"조차 깡그리 사라진 종교적 공(空)의 경지와는 아주 먼 거리에 있으면서 동시에 지척의 거리를 두고 있다는 것. 이 점에서 「무제」의 미당보다 월하 쪽이 좀더 확실한데, 왜냐면 전자가 시인의 개성의 발로여서 그 준거가 미당 자신에 귀착됨에 비해, 후자는 저 거대한 불교의 형이상학에 그 준거가 놓이기 때문이다.

사념(思念)을 떨친 경지란 무엇이겠는가. '나'(입김)와 우주의 입김이 합일되는 경지 그것이 아니겠는가. '나'의 '작은 생명'이 우주의 질서와 합일됨이란, "神을 방석하고 앉아"야 가능한 법. 그렇다면 '신을 방석하고 앉음'이란 또 무엇인가.

## 5. 신(神)을 깔고 앉음과 창조로서의 영원

월하가 말하는 신이란 대체 무엇일까. 이 물음은 앞에서 말한 오무라 교수의 문제제기와도 관련이 있다. 오무라 교수는 「경건한 정열」의 대역에서 "신을 방석하고 앉아 가만히 이르노니"를 "履き物を尻に敷いて座って物靜かに言うには"(앞의 책, 101쪽)라 해놓고 있지 않겠는가.

각주에서 이 점을 강조하고 있기조차 하다. '신을 방석하다' 라고. '신은 신발' 이라고. 이 경우 두 가지 추리가 가능하다. 오무라 교수가 사용한 원전의 어떠함이 그 하나. 다른 하나는, 이 점이 중요하거니와, 시인이 말하는 '神'을 도무지 이해할 수 없음이라 할 것이다. 전자의 경우부터 검토해보기로 한다. 오무라 교수가 이 시의 원전으로 삼은 것은 한국신시 60년 기념사업회(회장 김용호) 편 『한국시선』(1969)이다. 이 시선의 편집 방식은, 사무국장 김종문씨의 기록에 따른다면 매수의 제한 없이 '두 편씩을 자선시켰다' (일조각 판, 「읽기 전에」)는 것.

이로 미루어보건대, 회갑을 넘기고도 한 해가 지난 월하가 자기의 시작 생활을 통해 이른 대표작으로 「경건한 정열」과 「바람」을 꼽았음이 확인된다. 그런데 중요한 것은, 제목도 한자로 표기했을 뿐 아니라 大地, 太陽, 生命, 窓, 黎明, 玲瓏, 線香, 魂, 凝視, 滄溟(큰 바다), 明滅, 微笑, 大氣 뿐 아니라 神까지도 한자로 표기하고 있지 않겠는가. "神을 방석 삼아 내가 깔고 앉아 가만히 이르노니"라고 시인은 적었던 것이다. 이처럼 분명한 사실을 두고 어째서 조선어 및 조선문학에 엄격하기로 정평난 오무라 교수가 "신발을 방석 삼아……"라고 읽었을까. 감히 추측건대, 시인이 말하는 '神'의 의미에 곤혹스러웠던 탓이 아니었을까.

미당의 경우, 이마 위에 얹힌 '이슬 방울에 섞인 피'가 수많은 곡절을 겪어 이슬은 구름으로, 피는 루비(보석)로 환원되고, 드디어

'혼'의 해방이 이루어졌다면, 그래서 혼은 신라 천 년을 넘나들고 선덕여왕과 데이트도 즐길 만한 경지에 이르렀다면, 그러니까 이 해방감이 너무 지나쳐 무엇이든지 할 수 있는, 이른바 준거(구속)의 근거조차 물리치는 경지여서 자칫하면 시의 영분(領分)에서 벗어날 위험성조차 있는 것이라면('영매'를 둘러싸고 펼쳐진 김종길씨와의 논쟁을 상기할 수 있다), 월하의 경우는 사정이 썩 다르다고 볼 것이다. '피'라든가 '장미꽃'은 태양으로 돌려주었고, 살은 대지에다 되돌려주면 되는 것. 그렇다면 '내 생명'은 무엇인가. 이것은 대기(구름과는 다름)에로 되돌려주면 되는 것. 하늘(대기), 땅, 그리고 태양으로 환원되어버린 뒤의 '나'란 무엇인가. 공(空)에 접근된 것이 아닐 수 없다. 아니, 아직 그렇지 않다. 단지, '사념'이 초극된 경지가 아닐 수 없다. 그렇다면 '혼'이란 무엇인가.

나는 이 대목에서 크게 당황한다. 살을 대지에 되돌려주고, 피를 태양에게 되돌려주고, 생명을 대기에 되돌려준다는 것은, 애당초 그런 것들이 거기서 왔기 때문이다. 여기까지는 쉽사리 이해될 수 있다. 그렇다면 '혼'이란 또 무엇인가. 생명과는 별개로 존재하는 그 무엇이 아닐 수 없다. 아마도 혼이란, 살과 피와 생명과 별개로 존재하는, 그래서 살과 피와 생명을 묶게끔 한 그 어떤 힘(作用態)을 가리킴이 아니었겠는가. 미당과 다른 점이 여기에서도 뚜렷하다. 미당에겐, '생명'의 인식이 결여되어 있기 때문이다. 그만큼 미당의 자유는 큰 것이었지만, 월하의 경우, 생명 너머로 혼이 아직도 버티고 있지 않겠는가.

이 혼은, 적어도 월하에게도 극복의 대상일 수 없다. 다만 혼을 달래어 혼으로 하여금 '사념'을 초극케 할 수밖에 도리가 없다. 그렇다면 혼을 다독거려 사념을 극복하게 했을 때 열리는 경지란 무엇인가. 신조차 방석 삼아 깔고 앉은 경지가 아닐 수 없다. 이 경우 신을 방석 삼아 깔고 앉는 주체는 누구인가. 물을 것도 없이 '혼'이다. 그렇다면 '신'이란 무엇인가.

……모든 것 오직 나아감이 있을 뿐—신과 함께.
……모든 것 오직 뚜렷이 익어갈 뿐—영원과 함께.(「오후의 사상」 끝연)

월하가 말하는 '신'이란, 이처럼 시간 진행의 끝을 가리킴에 지나지 않는다. 영원과 신이 동격일지라도, 전자가 '익어감'을 가리킴이라면, 신이란 시간적 진행형에 다름아니었다. 이 시간적 진행 속에 있는 것이 '나의 생명'이 아닐 것인가. '나'의 살아가는 처지에서 보면, 살아온 모든 시간적 체험이란 나아감(진행형)이 아닐 수 없다.

인간은 어떠한 때 어떠한 곳에서나 각기 그때, 그곳의 신을 보며 생활하는 것이다.
그러나 그 모든 신은 언제나 하나의 신……'자기 자신'이라는 일신의 환상에서 일어날 수 있는 어떤 것이다.(「삶을 위한 명상」, 김달진 산문 전집『산거일기』, 문학동네, 137~138쪽)

'나'의 시간적 진행이 '신'이라면, 그것의 정지된 상태가 '영원'이다. 그러기에 영원이란 경과의 다른 이름이 아닐 수 없다. 공간을 떠났으매 편재(偏在)요, 시간을 떠났으매 영원인지라 시공을 초월한 거기에는 시공의 진행이 서로 융합한다. 이 경지에서 월하가 놀라운 시적 깨달음에 이르고 있어 인상적이다.

진공(眞空)에는 시간과 공간이 없다.
그러나 그것은 허무가 아니다.
진공은 끊임없는 창조에 호흡한다. 그러나 허무는 죽음이요 파멸이다.(『산거일기』, 98쪽)

이 장면에서 다시 「경건한 정열」을 되돌아볼 것이다. '神을 방석하고 앉아 가만히 이른다는 것' 그것은 이제 시간의 진행이 일단 정지되었음을 가리킴인 것. 그 다음의 장면이 '영원'임은 불문가지. 새로운 세계가 '창조'되는 놀라운 장면이 벌어진다. 우주 창생의 비밀인 '빛이 있어라'가 그것. 영원 속의 창조, 창조 속의 영원. 영원이란 창조의 별칭이었던 것. 창조의 세계가 열리는 장면이 아닐 수 없다. 아직 '혼'이 버티고 있기는 하나, 그래서 진정한 공(空)의 세계에 이른 것은 아닐지라도, 그러기에 종교에로 한 발을 들여놓고 있기는 하나, 창조된 세계란 시적인 화엄(華嚴)의 세계를 연출하고 있어 보인다.

    바른 힘은 샘처럼 솟고
    사랑은 꽃처럼 피는 동산에
    이슬 방울마다 은잔을 받들었다.

월하의 시가 이른 정점이 아닐 수 없다. 오무라 교수 역시 이런 사실은 나름대로 파악하고 있었으리라고 나는 믿는다. 다만 이처럼 비약적인 이미지를 한·일 대역판에서는 소화하기 어렵다고 판단하지 않았을까.

### 6. 유(有)의 철학과 공(空)의 사상

바른 힘이 샘처럼 솟는 경지, 사랑이 꽃처럼 피는 공간. 영원은 창조라는 것. 이를 두고 시적 화엄의 세계라 불러도 되는 것일까. 나는 이 점에 대해 당혹감을 아직도 감추기 어려운 상태에 놓여 있다. 그것은 내 조급성과도 무관하지 않다. '월하 김달진의 경우'라는 부제로 내가 「시와 종교의 길」(『문학동네』 1997년 겨울호)을 발표한 바 있거니와, 이 글에서 내가 분석 대상으로 삼은 초점 작품은 「벌레」(『죽순』

1979년 봄호)였다. 다시 이를 보이기로 한다.

    고인 물 밑
    해금* 속에
    꼬물거리는 빨간
    실낱 같은 벌레를 들여다보며
    머리 위
    등뒤의
    나를 바라보는 어떤 큰 눈을 생각하다가
    나는 그만
    그 실낱 같은 빨간 벌레가 되다

 '나'가 물 속의 실지렁이떼를 바라보고 있노라니, 그런 '나'를 바라보고 있는 '어떤 큰 눈'을 의식했다는 것. 이 '어떤 큰 눈' 때문에 '나'는 한낱 실지렁이가 되지 않을 수 없다는 것. 그러기에 '어떤 큰 눈'이란 '나'를 공포의 도가니로 몰고 갈 수밖에. '나'와 실지렁이가 동류라는 인식에 이르기가 그것.
 이 경지란, 저 헤겔이 말하는 자기 의식일까 혹은 다른 어떤 세계일까. 그로부터 나는 새벽마다 권기중 교수의 심도 있는 대승불교의 교리를 들었으며, 『반야경』 『화엄경』 심지어 티베트 불경까지 조금씩 혼자서 공부했고, 또 모르는 점은 여러 선학들에게 묻곤 했다. 그러나 그 어느 경우도, 법(法)이라든가 공(空)의 사상이란 내가 이해하기엔 역시 무리였음을 깨닫지 않으면 안 되었다. 오히려 저 니시다 기타로(西田幾太郞)의 '장소(무)의 사상'이 내겐 이해하기 쉬웠다. 이러한 헤맴 속에서 어렴풋이나마 뭔가 알아차릴 수 있었던 것은 『반야경』이 설하는 공(空)의 사상을 공부함에서였다.

---

   * '해감'의 경상도 사투리. 물 속에 생기는 썩은 냄새 나는 찌끼

두루 아는 바와 같이 『반야경』계의 사상이란 단숨에 완성된 것이 아니고, 수백 년에 걸쳐 많은 부파(部派)들의 논전을 통해 형성된 것이기에, 그 논전의 단계적(역사적) 분석 없이는 올바로 이해될 성질의 것이 아니다. 신앙의 경우에서도 예외일 수 없음은 새삼 말할 것도 없다.

불멸(佛滅) 후 불교 교단은 상좌부와 대중부의 두 부파로 갈라졌다가 잇달아 세분되기 시작해서 마침내 18부에서 20부에 이르게 된다. 여기에는 갖가지 원인, 곧 교의라든가 계율에 대한 해석의 차이도 있고, 훌륭한 지도자가 등장, 그를 중심으로 모인 그룹이 독립되는 경우도, 지리적 지방색의 이유도 있었다. 이들 부파들이 서로 경쟁하면서 각기 슈투파(석가의 유골을 모신 탑) 근처에 대규모의 절을 세워 정진했다. 슈투파란 재가신자(在家信者)들이 부처에게 기증한 것으로 불재(佛財)인 까닭에 절과는 별도로 관리, 운영되었다. 그렇다면 절의 재산은 어디서 왔던가. 왕이나 부호들이나 조합의 우두머리 등의 세금이나 헌납으로 승단이 유지되었다. 절에서 집단 생활하는 비구들은 경제적으로 안정되어 학문과 수도에 몰두하게 된다. 정치한 학문의 체계가 구축되었음은 불문가지. 여기서 지적될 사항은, 그러니까 엘리트의 세계로 치닫지 않을 수 없었다는 사실. 재가신자로서는 도저히 이해할 수도 실천할 수도 없는 거대한 형이상학이 구축된 것이었다. 불교란 이 선발된 전문가들만의 구원으로 될 수밖에 없는 지경에 이르렀다. 이를 소승이라 부를 것이다. 여기에까지 이르지 못한 수많은 대중을 위해 새로운 종파의 출현이 불가피했다. 대승으로 말해진 『반야경』계의 사상이 등장하는 것은 당연한 추세라 할 것이다.(『화엄경』이 인도와는 관계없는, 실크로드 한복판의 '우전于闐'에서 만들어졌음은 별로 놀랄 일이 아니다.) 이 소승 쪽의 최고의 철학적 표현이 이른바 '유의 사상'(說一切有部, 불멸 3백 년경에 시작 5세기경에 완성)이며 대승측의 체계화가 『반야경』계의 이른바 공(空)의 사상으로 되어 있다.

잘 알지도 못하면서 내가 여기까지 이끌어온 것은 오직 다음 한 가지 사실을 조금 엿보기 위함이다. 곧 유부(有部)의 사상이 불교의 존재론을 설명하는 단계 중의 하나라는 점이 그것. 이른바 달마(法)란 '사물'이나 '존재'를 가리킴일 터이다. 그렇다면 이것은 무상(無常)한 것인가 항상(恒常)한 것인가. 무상과 항상의 두 종류의 세계에 공통으로 놓여 있는 본질적 존재란 무엇인가. 유부의 철학은 무상한 자기와 세계 속에 '확고한 것'이 있다는 전제 아래 그것을 탐구하는 사상 운동이었다. 모든 것이 무상하다, 모든 것이 괴로움이다, 모든 것이 무아(無我)이다, 라는 것은 『아함경(阿含經)』(석가의 언행록)의 기본항이 아니었던가. 이 경우 '모든 것'이란 이른바 오온(五蘊 ; 감수작용, 표상작용, 형성작용, 식별작용을 가리킴)을 가리킴이다. 이를 다시 12처(處) 18계(界)로 범주화하기도 하고, 유위(有爲), 무위(無爲), 유루(有漏), 무루(無漏) 등으로 범주화하기도 한다. 여기서 주목할 것은 의식의 대상인 법(法)이란 사고의 대상이라는 점. 우리는 추상적인 것도 사고할 수 있고, 열반이나 공간이나 비존재, 곧 무위(無爲)조차 사고할 수 있다. 이러한 사고되는 것을 존재라 할 것이다. 그렇다면 '무존재'도 또한 '존재'라 불러야 하지 않겠는가. 유부의 사상은 법을 '독자의 성질을 가지기에 법이라 한다'고 정의한다. 독자(獨自)의 성질이란 '타와 공통되는 성질'과 대비되는 용법이다. 독자의 존재(본체)란 실체와 동의가 아닐 수 없다. 『반야경』계에서는 존재, 사물은 모두 공(空)이라 한다. '독자의 성질이나 존재'란 없다는 것이다. 무존재도 또한 존재라 보는 유부의 사상에 대해 불이(不二, 그런 것은 없다)라 비판하는 것도 이 때문이다.

'유부'냐 '불이'냐에 대해 내가 여기서 헛된 언어를 낭비할 이유란 없다. '모든 만들어진 것은 무상하다'(諸行無常)는 불교의 기본명제를 설명함에 있어 유부의 철학이 취한 태도 엿보기에서 월하의 시의 도달점 하나를 비춰보기 위함일 따름.

앞에서 본 대로, 유부의 철학에 있어 본체란 항상적인 것이다. 그런데 그것이 작용하여 현상으로 나타날 때는 '현재 한순간뿐'이라는 것. 본체가 삼세(과거, 현재, 미래)에 실제로 있다고 하면서 다른 한편 모든 만들어진 것은 순간적 존재에 지나지 않는다 함은 이 때문이다. 이를 좀더 엿보기로 한다. 우리는 '제행무상'의 세계에 살고 있다. 유부의 철학자는 이 세계를 초월한다. 가령 어항 속에 고기가 들어 있다고 치자. 우리가 바깥에 서서 어항 속을 들여다본다. 고기가 오가며 수초나 돌멩이 틈 속에 숨기도 하는 것이 보인다. 요컨대 어항 속 전체가 훤히 파악된다. 이 경우 고기들이 숨기도 나타나기도 하지 않겠는가. 어항 속에서도 그러하지만 어항 바깥에서 볼 때도 그러하다. 어항도, 수초나 돌멩이도, 고기도 항상 있는 것이다. 이 세계의 사정도 같지 않겠는가. 세계를 바깥에서 바라보는 어떤 눈(초월적 이성)의 시선에서 보면 모든 무상한 것의 생사 및 유전이란 단지 모양의 다름에 지나지 않는다. 모든 것이 시작부터 마지막까지 '존재하고 있다'고 할 것이다. 이러한 시선이란 무엇인가. 탈속적인 출가자의 시선이며 성자의 철학이라 할 수 없겠는가. 고도의 수련을 겪어 거의 신과 같은 단수에 이른 정예 엘리트(이를 스스로 아라한 阿羅漢이라 함)만이 가질 수 있는 시선이 아닐 수 없다. 재가신자나 민중 또는 얼치기들이란 어림도 없는 시선이 아닐 수 없다. 이 '아라한'의 사상이 '보살(보살마하살)'의 사상과 격이 다름은 새삼 말할 것도 없다.

　여기까지 이르면, 앞에서 내가 어째서 작품 「벌레」에 주목했는지가 조금 드러나지 않았을까. 고인 물 밑에 꼬물거리는 벌레가 있다. 바깥에서 '나'가 물과 물 속의 벌레를 바라보고 있다. 그런데 또다른 어떤 시선이 그러한 '나'를 바라보고 있지 않겠는가. 벌레와 '나'를 한꺼번에 바라보는 시선에 따른다면 '나'와 '벌레'란 동일선상에 있다. 이는 헤겔의 자기 의식과 구별된다. 시선이 자기 의식보다 하나 더 있기 때문이다. 외부 관찰적 개체를 논할 때 타인이 본 '나'를 분석하는 형국으로 되어 있음을 상기할 것이다. 이는 부파 불교의 설리 방식이어서 나에 대한 나를 자각하여 규정하는 방식과는 다르다.

## 7. 시인과 아라한

「벌레」를 놓고 여기까지 이르게 되면 나는 이제 한 고비에 이른 셈이다. 시와 종교의 갈림길에 이르렀기에 그것은 그러하다. 시로서는 더이상 논의할 수 없다면 남은 것은 종교가 아닐 수 없다.

월하, 그는 과연 '아라한(arhat)'을 지향했던가. 이런 물음은 내가 던져볼 성질의 것이 못 된다. 기껏해야 나는 그가 『산거일기』라는 문학적 표현 속에다 남겨놓은 한 구절을 인용해 보일 수가 있을 뿐이다.

(가) 나는 우선 무지한 무리들의 소승(小乘)이라는 나무람을 달게 받으며 부처님의 본뜻을 몰래 지니리라.(172쪽)

(나) 청정하고 겸손한 복종이 있는 곳에 모든 명령은 신의 예지에서 오는 교시(敎示)로 정화되나니, 나는 또한 프란체스코의 겸손의 미덕을 배우리라.

이것은 속세의 소란함을 가라앉히는 데 도움도 되겠거니와 내 침묵과 집착은 다만 그것으로나마 어떤 누구에의 위안과 행복에 참여하기도 하리라.(172쪽)

(다) 신앙을 구하는 마음은 진(眞)을 구하는 마음이 아니라, 실은 무한한 욕구에 지친 나머지의 생의 나태에 불과한 것이 아닐까?(172쪽)

(라) 방랑이란 곧 탐구의 대명사일 것이다. 인간의 방랑벽! 인생의 모든 창조적 동기의 원천이 아닌가.(173쪽)

(가)~(라) 중 내가 조금 엿본 것은 「벌레」를 통한 (가)라 할 것이다. 나머지는 누군가에 의해 따로 밝혀질 성질의 것이리라. 시적 행위란, 그러니까 시인이 된다는 사실 자체가 벌써 '소승적 행위'인지의 여부도 따로 밝혀질 과제가 아닐 것인가. 작위적 행위가 시작 행위라면, 원리적으로는 그것은 '보살 행위'일 수 없지 않겠는가.

# 유랑민의 상상력과 정주민의 상상력
## ―「서편제」와 「무녀도」

### 1. 『서편제』가 연작소설인 까닭

이청준씨의 연작소설집 『서편제』(열림원, 1993)에는 두 편의 후기가 실려 있다. 하나는 「서편제」(1976)를 포함한 다섯 편의 작품을 수록한 창작집 『남도사람』(1987)의 후기이고, 다른 하나는 연작소설집 『서편제』의 후기로 따로 쓴 것이다. 『서편제』를 내면서 「어머니의 돌」이라는 후기를 쓰지 않을 수 없었던 이유는 누구나 쉽사리 알아낼 수 있다. 창작집 『남도사람』에다 따로 「눈길」 등 세 편을 추가하였기에 이에 대한 해명이 따라야 했던 것이다.

『남도사람』의 후기가 매우 추상적인 작가의 소설관을 드러내 보인 것임은 한눈에 보인다. 소설이란 삶에 대해 말로 꾸며진 일종의 꿈이라는 등, 삶이 존재적 언어와 관계적 언어(정보)와의 질서 위에 있는 만큼 이 둘을 조화롭게 통합하는 총체적 언어의 꿈꾸기가 있을 수 있는데 그것은 나무와 새의 관계로 볼 수 있다든가, 『남도사람』의 경우 주로 나무 쪽에서 바라는 꿈꾸기라든가 등등이 그것. 이러한 비유적 소설관은 너무 그 폭이 큰 것이어서 아무런 설명일 수 없다고 해도 될 것이다. 짐작건대 『남도사람』을 출간할 무렵의 작가는, 특별히 할 말이 없었던 것이 아닐까.

연작소설집 『서편제』를 내면서도 사정은 크게 다르지 않았다. "첫 번 책에 쓴 후기라는 것을 읽어보니, 새삼스레 거기 더하거나 달리하고 싶은 말이 아직은 많지 않아 보인다"라고 한 데에서도 이런 사정은 드러난다. 영화 〈서편제〉가 크게 히트하자 이에 잇대어 창작집을 내게 된 마당이 아니었을까. 위의 인용은 그러니까 작가 이씨의 자의식의 드러냄이라 할 것이다. 후기 「어머니의 돌」은 이 자의식에 대한 해명이 아닐 수 없다.

2.「서편제」를 떠받치고 있는 「어머니의 돌」

「서편제」를 포함한 다섯 편(『남도사람』계)과 「눈길」「살아 있는 늪」 「해변 아리랑」 세 편은 독자의 시선으로 보면 별개의 작품 계열에 속한다고 할 것이다. 무엇보다도 앞의 다섯 편은 한 소리꾼과 그를 둘러싼 얘기로 묶을 수 있는 것이지만, 뒤의 세 편은 소리꾼과 전혀 무관한 얘기인 까닭이다. 그럼에도 이를 함께 묶어 연속성을 부여했기에 이에 대한 해명이 없을 수 없고, 그 해명 역시 장황하지 않을 수 없었으리라.

77년 「눈길」을 썼을 무렵 탐석가들은 좀처럼 자기가 찾아 소장한 돌을 함부로 내어주지 않으려 하는 것으로 되어 있는 터에 「눈길」을 읽고 난 한 수석 전문 친구가 어느 날 나를 그의 소중한 진열실로 인도했다. 그날만은 어느 것이든 내가 원하는 대로 돌을 한 점 지녀가도 좋다는 것이었다. 그리고는 놀랍고 의아스러워 망설이고 있는 나에게 그가 다 그치듯 말했다.
"「눈길」을 읽어보니 이가 소설 쓴 거 다 이가가 아니라 뒤에 계신 제 늙은 어머니가 쓰셨더구먼. 그 돌 자네한테가 아니라 어머니께 드리는 것이니 마음 편히 골라가라고."
그래도 염치가 없어 작은 돌 한 점을 집어들고 돌아오며 생각하니 과연 그랬다. 「눈길」의 이야기는 '나'와 '노인'에 관한 많은 부분이 사실 그대로였고……

「눈길」이 작가 자신과 노모에 관련된 것이며 그것도 많은 부분이 '사실 그대로'라는 점에 주목할 필요가 있다. K시에서 고학으로 중학을 다니고 있던 '나'의 망나니 형이 가출, 집까지 팔아먹은 뒤 노모만 그 동네에서 머물고 있었다는 것, 그 소식을 듣고 옛집으로 찾아간 '나'가 팔린 집에 남아 있던 노모와 하룻밤을 보낸 일을 다룬 「눈길」과 연속선상에 있는 것이 「살아 있는 늪」이다. 노모를 시골 초막집에 버려두고 빠져나와 서울로 돌아오는 '나'의 심경이란 어둠의 수렁에 발목이 깊이 빠져 붙잡힌 경우와 흡사하다는 것. 「해변 아리랑」은 어떠한가. 해변 마을에서 태어난 한 사내가 있었다. 금산댁의 둘째아들. 일찍이 고향을 떠난 그는 중년이 되어서야 고향에 나타나 묘터를 장만했고, 노모와 횡사한 형, 누나의 무덤을 차례로 만들었으나 정작 자기의 무덤은 만들지 않았다. 다만 비석만 남겼는데, 비명은 '노래쟁이 이해조'였다는 것.
「어머니의 돌」에서 작가는, 「눈길」「살아 있는 늪」을 해설하는 방식을 취하지 않고, 엉뚱하게도 임권택 감독의 입을 빌리고 있지 않겠는가.

지난 늦여름 「서편제」와 「소리의 빛」 줄거리로 영화를 찍게 되어 명장 임권택 감독의 의행에 따라 그 제작팀과 함께 작품 무대 현장의 분위기를 살피러 간 일이 있었다. 그런데 그 「해변 아리랑」의 가상 무대이기도 한 내 남녘 고향 고을 일대를 둘러보고 난 임 감독이 농담 삼아 나를 놀리는 한탄의 소리를 해왔다.
 "아하, 내 참! 이런 험한 곳에서 어찌 도회지 공부까지 나가볼 꿈을 꿀 수가 있었을고. 하지만 다행히 앞바다가 넓어서 배는 그리 덜 곯았겠소그려."
 그 소리에 나는 혼자 자답했다. 그래 배가 고픈 게 아니라 마음이 고프고 삶이 더 고팠겠지…… 그리고 실제로 배야 고팠든 안 고팠든 그렇듯 마음과 삶의 고픔을 통해 우리 인간살이와 세상을 배우게 해준 고향 땅에 대해 나는 새삼 고마움을 느끼지 않을 수 없었다.

 어째서 작가는 임 감독을 대신 내세웠을까. 만일 영화 〈서편제〉가 제대로 된다면 이와 꼭 같은 비중으로 「눈길」「살아 있는 늪」을 줄거리로 한 또다른 한 편의 영화를 꿈꾸고 있었던 것이 아닐까. 임 감독에게 작가는 「눈길」을 은근히 읽어주고 있었던 것이 아닐까. 그 결과로 생겨난 것이 영화 〈축제〉라고 볼 것이다. 이러한 추측의 근거로는 먼저 작가도 임 감독도 함께 '명장(名匠)'이란 사실을 지적할 수 있다. 명장이란 무엇인가. 이런저런 설명이 있겠으나, 흔한 말로 바꾸면 프로 정신의 소유자일 터이다. 그들은 프로인지라 고통과 꿈꾸기의 상관관계를 무언 속에서 실천한다. 영화 〈서편제〉와 〈축제〉를 연결하는 고리가 작품 「해변 아리랑」임을 작가도 임 감독도 무언 속에서 알아차리고 있었다. 두 명장이 「해변 아리랑」을 매개항으로 하여 삶의 '축제스런 세계'를 펼쳐 보이는 장면은 예술이 고통 속에서 겨우 탄생한다는 사실을 온몸으로 보여준 것이라는 점에서 90년대 창작계의 한 장관이라 할 수 있을 것이다.

### 3. 「서편제」 3부작과 「눈길」 3부작

　작품 「서편제」의 줄거리는 간단하다. 전라도 보성읍 밖의 한적한 길목 주막의 주모가 창을 제법 한다고 소문이 나 있었다는 것, 그 소문을 듣고 한 중년 나그네가 찾아가 밤을 새워 그 소리를 들었다는 것, 사내는 소리보다 그 소리의 연유에 관심이 있었다는 것. 소설구조상으로 보면 여기까지는 도입부로서 이른바 액자소설의 그 액자에 해당된다. 본이야기는 어떠한가.
　어느 해변가 언덕 밭에 홀어미가 아들을 잔디에 묶어둔 채 밭을 매곤 했다. 어느 날 떠돌이 소리꾼이 겁탈했고 동거했고 딸을 낳고 여인이 죽는다. 소리꾼은 그 아들과 핏덩이를 안고 방랑의 길에 오른다. 아들은 이 의붓아비에 대해 살의를 품고 있었으나 실행치 못하고 아비 곁을 떠난다. 부녀는 어찌 되었는가. 딸에게 노래를 가르치던 아비는 이런저런 곡절을 겪어 딸의 눈을 멀게 한다. 그 아비도 죽었다. 소리꾼 딸은 과연 어찌 되었는가. 아비의 삼년상을 치른 직후 행방을 감추었다는 것.
　액자의 틀이 그 다음에 이어진다. 나그네 사내가 기실은 그 아들이었다는 것. 누이를 찾아 헤매고 있었다는 것. 이 사실을 주막의 소리꾼 여인도 알아차렸다는 것.
　「소리의 빛」은 「서편제」의 후일담이다. 탐진강 물굽이를 돌아드는 장흥읍 한 산모퉁이 한적한 주막. 거기 삼십대의 소리꾼 여자가 십여 년 동안 주모격으로 있었다. 그녀는 장님이었다. 기둥서방격인 주인 천씨도 기묘한 인간. 밤낮 냇가에 나가 천렵을 하는 위인. 가끔 손님 없는 한밤중이면 여자의 놀랍도록 구성진 남도가락이 흘러나올 따름. 어느 늦가을 서울에서 무슨 한약재 수집으로 전국을 헤맨다는 사십대의 사내가 이 주막에 찾아든다. 몽매에도 찾아 헤매던 오누이임을 서로가 직감한다. 그 계기는 물을 것도 없이 노래였다. 하룻밤 누이와 잠자리를 함께한 사내는 날이 밝자 자취없이 사라진다.

장님 여인을 십여 년간 말없이 거두어주던 주인 사내가 떠나간 나그네에 대해 이런저런 곡절을 묻는다. 여인은 그 곡절을 건너뛰지 않고 얘기한다. 여인이 이 주막을 떠날 순간이 왔음을 주인 사내도 알아차린다.
　여기에 막바로 이어진 것이 「선학동 나그네」이다. 「소리의 빛」의 후일담이자 서편제 시리즈의 끝장에 해당된다. 이로 보면 「서편제」시리즈는 삼부작이었음이 판명된다.
　소리꾼 남매의 기묘한 생애를 다룬 이 삼부작에서 흥미를 끄는 것은 결말에 해당되는 「선학동 나그네」가 아닐 수 없다. 우리 모두가 셰헤라자드의 목숨을 노리는 포악한 왕인 만큼 '그래서?'에 관련되기 때문이다. 포악한 독자들을 진정시키며 스스로의 목숨을 지키기 위한 비방이란 과연 무엇이었을까. 「선학동 나그네」속에 그 비방이 고스란히 들어 있기에 작가는 오늘에도 살아남을 수가 있었다.
　이 작품은 여인이 십 년간 있던 천씨 주막을 떠난 지 삼 년 뒤에 시작된다. 장흥읍에서 한 시간 남짓 떨어진 포구 선학동 주막에 중년의 나그네가 찾아든다. 비상학에 얽힌 전설을 믿고 찾아온 것이다. 주인과 사내의 이미지가 서로 엉켜 전설의 진상이 심도 있게 밝혀진다. 요약하면 이러하다.
　삼십 년 전 이곳 주막에 소리꾼 부녀가 찾아들었다. 지금의 주인은 그때 이 주막에서 술심부름하는 아이였다. 부녀가 바닷가를 향해 소리를 하면 선학이 춤을 추며 노닐었다. 부녀가 떠난 뒤 선학은 사라졌다. 그로부터 이십 년이 흘렀다. 여인이 선학동에 나타났다. 궤짝과 소리 장단통을 맨 초로의 사내와 함께. 궤짝은 아비의 유골이었다. 어디엔가 매장한 뒤 여자는 또 떠났다. 주막 주인은 기묘한 방식으로 나그네와 대결을 벌인다. 나그네의 궁금증의 요점을 조금씩 털어놓기가 그것. 그런데 이번에는 그 방식이 일방적일 수 없음이 특징적이다. 나그네 쪽에서도 주인 사내의 궁금증에 대응하는 방식이 그것. 말을 바꾸면 작가 이씨의 비방은 나그네와 주막 주인을 동일인으로 설정한 점에 있었다. 묻는 쪽과 대립하는 쪽이 동일인물이기에 어떤 결말도 무효일 수밖에 없는 노릇이다. 어떤 궁금증도 이 비방 앞에는 무화될 수밖에 없는 것이다.

「서편제」 삼부작이 또다른 삼부작 「눈길」 「살아 있는 늪」 「해변 아리랑」과 쌍을 이룬다는 점을 드러내기 위해 지금껏 장황하게 살펴왔다. 그렇다면 이 두 삼부작을 관통하는 기본축은 무엇일까. '연작소설'이라 하여 함께 묶여 있기에 이를 알아보는 일은 불가피해질 것이다. 「어머니의 돌」이 시금석으로 놓여 있다.


### 4. 「서편제」 연작의 거멀못 「해변 아리랑」

연작소설집 『서편제』는 두 부분으로 나눠져 있다. 「서편제」 「소리의 빛」 「선학동 나그네」계와 「눈길」 「살아 있는 늪」 「해변 아리랑」계가 그것. 앞에서 살펴본 바와 같이 작가 후기 「어머니의 돌」에 따른다면 「눈길」계란 "많은 부분이 사실 그대로"이다. 작가는 어째서 「서편제」계의 소리꾼 남매 얘기와 작가 이씨의 "많은 부분이 사실 그대로"인 「눈길」계가 연작으로 묶여도 된다고 믿었을까. 작가 자신이, (1) 소리꾼의 운명을 타고난, 그래서 그 짓을 위해 어린 딸의 눈까지 멀게 한 그 아비란 뜻일까, (2) 작가 자신이 가장 소중한 육체의 일부를 희생하지 않고는 결코 진짜 소리에 이를 수 없다는 뜻일까, (3) 무엇에 대한 형언할 수 없는 그리움(증오)이 소리의 본질이란 뜻일까. 정확하게 알 수는 없지만 작가 이씨에서 작가 일반, 특정 부녀의 소리에서 소리 일반으로 나아가고자 한 것이 아닐까. 이 경우 소리 일반을 예(藝) 또는 예술로, 작가란 그러니까 예자 또는 예술가로 보아도 좋을 것이다. 그렇다면 작가 이씨의 "많은 부분이 사실 그대로"인 「눈길」계와 소리꾼 남매 얘기인 허구로서의 「서편제」계를 잇는 통로를 작가의 말(후기)에서가 아니라 작품 자체에다 마련해놓지 않았다면 설득력을 얻기 어렵다. 과연 어떠한가. 다행스럽게도 우리는 작가 이씨의 주밀한 솜씨를「해변 아리랑」(맨 끝 작품) 속에서 만난다.

눈부신 여름 햇빛 그 한낮의 볕발 아래 긴 밭이랑이 두루 지열기에 흔들리며 산허리를 빗겨 넘어갔다. 드문드문 수수가 점섞인 더운 콩밭을 아이의 어머니 금산댁은 그 아지랑이 속을 떠도는 작은 쪽배처럼 하루 종일 오고 가며 김을 매었다. 우우우우 노랫가락도 같고 바람 소리도 같은 이상한 소리를 몸에 싣고 오가며 돌을 추리고 김을 매었다.
아이는 날마다 그 금산댁을 기다리며 밭귀퉁이 무덤가에서 해를 보내곤 하였다.
(……)
아이는 그 무덤가 잔디에서 울음을 참으며 어머니를 기다렸다. 이마를 불태우는 햇덩이를 동무 삼아 하염없는 원망 속에 어머니를 기다렸다.(「해변 아리랑」)

바닷가 돌밭, 이마를 불태우는 햇덩이 아래 전면적으로 노출된 소년의 기억이야말로 이 연작소설의 앞부분과 뒷부분을 잇는 거멀못이다. 이를 두고 '원기억'이라 부를 것이다.

(1) 소리를 들을 때마다 그의 머리 위에는 이글이글 불타오르는 뜨거운 여름 햇덩이가 하나 있었다. 어렸을 적부터의 한 숙명의 태양이었다.
파도비늘 반짝이는 바다가 내려다보이는 해변가 언덕밭의 한 모퉁이─그 언덕밭 한 모퉁이에는 누군가 주인을 알 수 없는 해묵은 무덤이 하나 누워 있었고 소년은 언제나 그 무덤가 잔디밭에 허리고삐가 매어져 지내고 있었다. 동백나무 숲가로 뻗어나온 그 길다란 언덕밭은 소년의 죽은 아비가 그의 젊은 아낙에게 남기고 간 거의 유일한 유산이었다. 소년의 어미는 해마다 그 밭뙈기 농사를 거두는 일 한 가지로 여름 한철을 고스란히 넘겨 보내곤 했다.(「서편제」)

(2) 파도비늘 반짝이는 바다가 내려다보이는 해변가 언덕밭의 한 모퉁이―그 언덕밭 한 모퉁이에는 누군가 주인을 알 수 없는 해묵은 무덤이 하나 누워 있었고 소년은 언제나 그 무덤가 잔디밭에 허리고삐가 매어져 지내고 있었다. 동백나무 숲가로 뻗어나온 그 길다란 언덕밭은 소년의 죽은 아비가 그의 젊은 아낙에게 남기고 간 거의 유일한 유산이었다. 소년의 어미는 해마다 그 밭뙈기 농사를 거두는 일 한 가지로 여름 한철을 고스란히 넘겨 보내곤 했다.(「소리의 빛」)

(2)는 (1)의 반복이기에 「서편제」와 「소리의 빛」은 「해변 아리랑」의 그 원기억에 막바로 이어져 있음을 알 수 있다. 작가 후기 「어머니의 돌」이 보증하고 있는 이 소설구조상의 의미는 '원기억'이 작가 개인의 것에서 소설 일반의 것으로, 다시 말해 한 개인의 운명이 인류의 공통된 운명 그것에로 이어지는 데서 찾아질 성질의 것이다. 연작소설 「서편제」를 두고 과일처럼 둥글게 익은 한 작품이라 부르는 것은 이런 문맥에서이다.

그렇다면 개인의 '원기억'을 인류 공통의 원기억에로 전이, 확대해 가는 방법론은 무엇일까. 이 물음의 해명은 이 나라 문학의 새로운 단계를 여는 소설사적 사건의 안쪽으로 다가가는 길찾기에 해당한다.


5. 「무녀도」가 바라본 「서편제」

일찍이 작가 김동리는 창작집 『무녀도』(1947)를 내면서 그 「자서」에 이렇게 쓴 바 있다.

오늘날 우리가 문학을 한다는 것은 저 성탄(聖歎)과 같은 무슨 천재적 소견법도 아니요 일시적 정치적 선전 도구를 목적함도 아니다. 먼저 나 자신이, 나의 생명이 어떤 구경적인 구원과 더불어 교섭하려는 것이다. 넓게 말하여 온 인류가 부하(負荷)한 우리의 공통된 운명을 발견하는 것이며, 이것의 타개를 향하여 우리의 정열을 바치는 것이다.

이를 명제화한 것이 이른바 '구경적 생의 형식'론이다. 김동리에 있어 문학하는 행위란, '구경적 생의 형식'의 탐구이며 그 이상도 이하도 아니었다. 구도(求道)의 문학(예술)이라 불리는 것은 이 까닭이며, 그것이 종교이지 어찌 문학이겠느냐는 날카로운 비판(조연현)을 입은 것도 이 때문이었다. 이에 대한 김동리의 자세한 해명이 수시로 이어졌으며, 그럴 때마다 사람들의 의혹이 증대되어왔음도 사실이다. 그러나 중요한 것은 김동리의 해명이나 사람들의 비판에 있는 것이 아니었음 또한 분명한 사실이다. 소설을 논의하는 마당이라면, 작가 김동리는 응당 작품의 구성 방식으로 그것을 해명하거나 증명해야 했고 김동리의 비판자들은 무엇보다도 이 점에 관심을 기울여야만 하였다. '구경적 생의 형식'이란 무엇인가. 이 물음에 대해 먼저 사람들은 작가 김동리의 소설 방법(구성)상의 대답이 다음처럼 되어 있음에 주목할 것이다.

온종일 흙바람이 불어 한창 후원에 살구꽃이 피고 하는 어느 봄날 어스름 때였다. 이상한 나그네가 대문 앞에 닿았다. 나이 한 오십가량이나 되어 뵈는 동저고릿 바람에 갓을 쓰고 그 위에 명주 수건으로 잘라 맨, 체수가 조그만한 사내가 나귀 고비를 잡고 서고, 나귀에는 열대여섯쯤 되어 뵈는 낯빛이 몹시 파리한 소녀 하나가 안장 위에 앉아 있었다.
 (……)
 "이 여아는 소인의 여식이옵는데 화재(畵才)가 볼만하와 영감의 문전을 찾았삽네다"

  (……)
  "아기의 이름은?"
  (……)
  "여식은 귀가 먹었습니다" 하였다. 주인은 잠자코 고개를 끄덕였다.
(「무녀도」)

  이 서두에서 다음 몇 가지 구성상의 문제점이 지적될 것이다. (1) 나그네(유랑민)가 주인공이라는 것, (2) 부녀가 등장한다는 것, (3) 소녀가 특별한 재능(화재)을 갖고 있다는 점, (4) 그림에 관련되었다는 점. 한 폭의 무녀도를 그려내기 위해 작가 김동리는, 그것이 정주민(농경사회 공동체)의 요청에 의한 산물임을 암시해놓고 있었다. 유랑민만이 갖고 있는 재보를 유랑민은 정주민을 위해 바쳤다고도 볼 것이다. 물론 그에 상응하는 보수를 받게 되어 있었다. 몇 푼의 돈일 수도, 며칠간의 숙식일 수도 있고, 때로는 자기 만족일 수도 있다. 이 경우 중요한 것은 정주민에 의해 유랑민의 재보가 드러날 수 있었다는 점이다. 그 재보가 유랑민의 것이자 동시에 정주민의 것일 수 있다는 대전제가 이 양자의 관계를 가능케 하고 있다. 유랑민의 것이지만 그것이 정주민뿐 아니라 전 인류가 짊어진 공통의 운명에 관련된 것이 아니라면 이러한 양자의 관계가 성립될 이치가 없다. 그 반대의 경우, 가령 정주민이 짊어진 운명이 유랑민의 그것에로 확대되고 나아가 인류의 그것에로 수렴되는 경우도 없으란 법은 없다. 물론 「무녀도」의 경우는 전자에 속한다. 「무녀도」의 밑그림은 그러니까 농경사회가 지닌 잉여 부분에 대응되는 샤머니즘이다. 정주민이 지닌 자기 한계 의식(잉여 부분)을 처리하지 않고는 그 사회는 위험해지기 마련인 만큼, 샤머니즘이라는 장치의 도입은 불가피한 조처가 아니면 안 되었다. 정주민 사회는 그러한 내면적 자기 한계 의식(육체와 혼의 모순성)을 은폐함으로써 삶의 질서관을 창출했던 것이며 이를 문화라 불러 마지않았다. 작품 「무녀도」가 정주민의 요청에 의해 유랑민의 상상력이 창출해낸 정주민의 자기 한계 의식 돌파를 문제삼은 작품이라 함은 이러한 문맥에서이다.

그렇다면 그 방식은 어떠했던가. 극단적인 방식 곧 '구경적 생의 형식'에서 비로소 유랑민의 상상력이 정주민에게로, 나아가 전 인류의 운명에로 연결될 수 있었다. 「무녀도」의 경우 그것은 겉으로는 신체 결함으로 드러난다. '귀머거리'의 설정이 그것이다. 부녀의 관계에서도 이 결함 구조가 이어진다. 원 「무녀도」(1936)의 경우, 낭이와 욱이 남매의 근친상간이 이 점을 잘 말해주고 있다. 통틀어 이러한 결함 현상들은 정주민측에서 바라본 시선에 지나지 않는다. 유랑민측에서 본다면 무녀 모화의 기묘한 삶이라든가 옥이와 낭이의 관계라든가 삶의 이런저런 방식이란 모화의 집을 둘러싼 모기떼나 지렁이떼나 개구리떼나 마당에 난 무성한 풀들과 동질의 자연적 질서에 다름아니었던 것이다. 이러한 현상들이 결함으로 비치는 것은 정주민의 질서관의 작동이 만들어낸 일종의 환각이다. 이러한 환각을 통하지 않고는 정주민 자신의 자기 한계 의식을 돌파하거나 치유할 방도가 없었다. 작가 김동리가 알아낸 것은 바로 이 환각의 구조인 셈이다. 정주민이 이로써 자기 한계 의식을 치유함으로써 자기 정체성(질서)을 확인하고 정주민적 질서 유지가 가능했다면, 유랑민 역시 정주민과의 관련을 통해 자기 정체성을 확보할 수 있었다고 볼 것이다. 이 점에서 보면 양측의 관계는 상보적이다. 그러나 인류사의 중심부가 이른바 문명사회를 향해 흐른다는 것, 그 중심부가 정주민임을 전제로 한다면 사정이 크게 달라진다. 정주민의 사상이 표준으로 되면서 이 잣대를 통해 유랑민의 일거수 일투족이 파악될 따름이다. 가장 극단적인 결함 사상이 아니면 정주민의 자기 한계 의식은 치유될 수 없을 뿐 아니라 확인조차 하기 어려운 형편이라 할 수 있다. '구경적 생의 형식'이란 그러니까 정주민 쪽에서 바라본 유랑민의 결함 형태의 다른 표현에 지나지 않는다. 그렇다면 유랑민측에서 바라본 자기의 결함 형태란 어떠할까. 이 물음에 작가 김동리와 이청준만큼 날카롭게 대응한 경우는 일찍이 없었다.


6. 예(藝)의 존재 방식, 예술의 존재 방식

"경주읍에서 성 밖으로 두어 마장 나가 조그마한 마을이 있었다. (……) 이 마을 한구석에 모화라는 무당이 살고 있었다. 모화서 들어온 사람이라 하여 모화라 부르는 것이었다"에서 보듯 「무녀도」는 천년 고도 경주를 무대로 하고 있음에 비해 「서편제」의 무대는 전남 보성을 중심으로 한 주막과 장흥 근처 선학동으로 되어 있다. 정주민 중에서도 천 년 고도의 정주민촌에 스며든 무녀 모화의 놓인 자리는 어떠했던가.

그것은 한 머리 찌그러져가는 묵은 기와집으로 지붕 위에는 기와 버섯이 퍼렇게 뻗어올라 역한 냄새를 풍기고 집 주위는 앙상한 돌담이 군데군데 헐리인 채 옛 성처럼 꼬불꼬불 에워싸고 있었다. 이 돌담이 에워싼 안의 공지같이 넓은 마당에는, 수채가 막힌 채 빗물이 고이는 대로 일 년 내 시퍼런 물이끼가 뒤덮어 늘쟁이 바랭이 강아지풀 하는 이름도 모를 여러 가지 잡풀들이 사람의 키가 묻힐 만큼 거멓게 엉키어 있었다. 그 아래로 뱀같이 길게 늘어진 지렁이와 두꺼비같이 늙은 개구리 머구리들이 구물거리고 움칠거리며 항시 밤들기만 기다릴 뿐으로 (……) 이 도깨비굴같이 묵고 헐리인 집 속에 무녀 모화와 그의 딸 낭이가 살고 있었다.(「무녀도」)

무녀 모화의 삶의 터전이란, 정주민의 시선에서 보면 영락없는 '도깨비굴'이 아닐 수 없다. 정주민의 삶이 대낮의 논리 속의 세계라면 무녀의 그것은 밤의 논리가 지배하는 세계인 까닭이다. 낮의 논리 속의 삶이란, 이른바 분별심의 세계인 만큼 인간, 동물, 식물, 무생물의 구분이 분명하며 따라서 이를 질서화하는 엄격한 논리 곧 윤리적 규범이 작동하고 있다. 이러한 윤리적 규범은 따지고 보면 생명의 감각을 이성의 힘으로 억누름으로써 비로소 획득된 것이었기에, 틈만 나면 억눌린 생명감각이 분출해나오기 마련이다. 무녀 일가로 대표되는 이들의 생명감각이 제일 자유롭게 그리고 분방하게 살아 있는 곳이 도깨비굴이라면 그곳이야말로 그들의 천국이거나 극락일 것이다. 정주민의 윤리 규범이 섬세한 생명감각을 억누름으로써 성립된 것이기에 이 생명감각은 언제나 그 복원의 기회를 노리고 있어, 이성의 억압이 어떤 이유로 쇠약해지기만 하면 분출해 올라온다고 할 때, 중요한 것은 무엇이겠는가. 분출해 올라오는 생명감각이 정주민의 삶의 위기의식을 확인하는 가장 확실한 징후의 일종이라 할 수 없겠는가. 징후이기에 그것은 확실하긴 하나 아직도 불안정한 상태다. 만일 이 징후가 어떤 방법으로든 그 나름으로 조직화되어 나타나지 않는다면 환각처럼 쉬 사라져버릴 것이리라. 성급히 이 징후에 이름을 붙인다면, 비유의 수준이긴 하나 예(藝)라 부르면 어떠할까. 또 그 징후가 어떤 방법으로 조직화되어 나타난 것의 명칭을 예술(藝術)이라 부르면 어떠할까. 어떤 억압에서도 해방된 생명의 감각적 움직임이 '예'라면, 그리고 거기에 모종의 억압(질서)이 가해진 것이 '예술'이라면, 여기서 잠시 작품「무녀도」를 '예'와 '예술'의 두 시선으로 살펴보면 어떠할까.

「무녀도」에서 주목되는 것은 한두 가지가 아니지만 그중에서도 두드러지는 것은 모화의 아들 살해 사건과 남매간의 근친상간이다. 이 두 사건은 생명감각이 가장 분방하게 표출된 현상으로 파악할 수 있다. 그러나 작가는 이러한 사건들을 샤머니즘이라는 고도의 제의화(祭儀化)된 형식의 통제 속에 놓음으로써 매우 제약시켜놓았다고 볼 것이다. 자유분방한 생명감각이 샤머니즘의 형식 속에 놓여 그 형식의 통제 또는 질서 속에 편입됨으로써 그 날카로움이 일차적으로 제약되는 형국으로 전개되었다. 생명감각이 그만큼 둔화된 대신, 생명감각의 분출로 말미암아 벌어지는 위험성(광기랄까 발작이랄까 걷잡을 수 없는 귀신의 세계)에서 구출될 수 있었다고 볼 것이다. 최후의 장면에서 모화가 예기소에 사라지는 것이 이 사실을 잘 말해준다. 그것은 샤머니즘이 강제한 질서(억압)의 힘에서 말미암은 것이었다.

「무녀도」의 구성력 속에서도 이러한 억압을 읽어낼 수 있음은 물론이다. 정작 한 편의 흐릿한 '무녀도'를 그린 것은 작가 김동리가 아니라 귀머거리 소녀 낭이였다는 사실이 그것이다. 작가는 첫 줄에 이렇게 썼다. "무녀도는 거므스레한 묵화의 일종이었다"라고. 귀머거리 소녀가 한 폭의 그림을 그렸을 뿐이라는 것, 이는 새삼 무엇을 의미하는가. 생명의 감각을 그림이라는 형식 속에 넣어 분절화시켰음을 가리킴이 아닐 수 없다. 모화의 생명감각을 샤머니즘이라는 형식이 질서화 속으로 이끌어들였다면 이를 다시 그림이라는 형식(질서) 속으로 재편성한 것이 작품 「무녀도」의 안정감이자 작품의 소이연이다. 그렇다면 모든 예술은 정주민의 시선으로 바라봄이 아닐 수 없다. 그때 잃는 것은 '예'로 말해지는 생명감각의 생생함이 아닐 수 없다.

한편 「서편제」는 어떠할까.

(1) 여인은 초저녁부터 목이 아픈 줄도 모르고 줄창 소리를 뽑아대고, 사내는 그 여인의 소리로 하여 끊임없는 어떤 예감 같은 것을 견디고 있는 듯한 표정으로 북장단을 잡고 있었다. 소리를 쉬지 않는 여인이나, 묵묵히 장단가락만 잡고 있는 사내나 양쪽 다 이마에 힘든 땀방울이 솟고 있었다.(「서편제」 서두)

(2) 육이오 전화로 뒤숭숭해진 마을 인심이 조금씩 가라앉아가고 있던 1956, 7년 무렵의 어느 해 가을—여인이 아직 잔심부름꾼 노릇으로 끼니를 벌고 있던 읍내 마을의 한 대가집 사랑채에 이상한 식객 두 사람이 들게 되었다. 환갑 진갑 다 지낸 그 댁 어른이 우연히 마을 나들이를 나갔다가 데리고 들어온 소리꾼 부녀였다. 나이 이미 쉰 고개

를 넘은 늙은 아비와 열다섯이 채 될까 말까 한 어린 딸아이 두 부녀가 똑같이 다 주인어른을 반하게 할 만큼 용한 소리꾼들이었다.(「서편제」 앞중간)

(3) 소리는 얼굴이 없었으되, 소년의 기억 속엔 그 머리 위에 이글거리던 햇덩이보다도 분명한 소리의 얼굴이 있을 수 없었다. 그리고 그 언제나 뜨겁게만 불타고 있던 햇덩이야말로 그날의 소년이 숙명처럼 아직 그것을 찾아 헤매다니고 있는 그 자신의 운명의 얼굴이었다.(「서편제」 중간)

(4) 아니, 그 여자가 그럼 앞을 못 보는 장님이었단 말인가? 그리된 내력이 도대체 어떤 것이었던가? 그 여자 아마 태생부터가 장님으로 난 여잔 아니었을 거 아닌가 말이네. (……) 여자의 아비가 잠든 계집 자식 눈 속에다 청강수를 찍어 넣은 것이라 했다.(「서편제」 한중간)

「무녀도」와 비교해볼 때 「서편제」의 특징이 뚜렷해지는 것은 무엇 때문일까. "경주읍에서……"로부터 얘기를 시작함이 「무녀도」라면 위의 (1)에서 보듯 「서편제」는 소리하는 장면에서 시작되고 있다. 얘기의 단초(내력)를 말하는 (2)는 사연이 한참 진행된 뒤에서야 비로소 모습을 드러낸다. 얘기의 핵심에 해당되는 결함 형태가 「무녀도」에서는 첫머리에 덩그렇게 나와 있지만 「서편제」에선 (3)에서 보듯 그것('장님')이 한중간에 가서야 겨우 드러나고 있다. 문자를 쓰자면 「서편제」의 경우 '소리'가 현전(現前)하고 있었다. 소리가 모든 것에 앞섰고, 중심부를 이루었고, 소리 이외의 어떤 것도 소리를 위한 부속품이랄까 소리의 본질을 부각시키기 위해 동원된 장식품의 성격을 띠고 있는 형국이다. 심지어 (4)에서 보듯 아비가 소녀의 눈을 멀게 하는 상식 이하의 기괴한 행위도 소리의 본질 속에서 이루어진 것이어서 그것을 평가하는 잣대도 소리 쪽이 쥐고 있다고 할 것이다. 사정은 여기에 멈추지 않는다.

   (5) 손님과 여인은 새벽녘 동이 틀 무렵에야 간신히 소리를 끝내고 여인의 방에서 함께 잠자리에 들고 있었다. (……) 소리가 끝났을 때 두 사람은 으레 그래야 할 사람들처럼 그러기를 작정해둔 사람들처럼 아무런 말이나 스스럼이 없이 한방에다 나란히 잠자리를 펴고 든 것이었다.(「소리의 빛」후반부)

   남매간의 근친상간조차도 이처럼 소리의 질서 속에서 이루어지고 있는 만큼, 이 불륜을 다스릴 잣대란 오직 소리 쪽이 갖고 있지 않으면 안 되는 것이다. 발표 당시의 「무녀도」에서 근친상간을 다루었던 작가 김동리가 첫 창작집을 낼 때, 이 부분을 수정했고, 그 때문에 감옥에서 나온 아들 욱이를 예수교도로 고치지 않으면 안 되었던 사실과 견주어보면 이청준의 경우가 새삼 선명해진다.(졸저, 『사반과의 대화—김동리와 그의 시대』 제3부, 민음사, 1997 참조)「서편제」작가의 이러한 과감하고도 확고한 사건 처리의 근거가 소리에 대한 신념에서 말미암지 않았다면 대체 어디서 왔다고 볼 것인가. 그렇다면 대체 소리란 무엇일까. 작가 이청준의 이에 대한 대답이 제일 분명하게 드러난 곳은 다음 인용에서이다.

   (6) 여자가 마침내 소리를 시작하고 있었다. 한데 사내(여관주인—인용자)는 그 여자의 오장이 끓어오르는 듯한 목소리 속에서 자신도 문득 그것을 본 것이다. 사립에 기대어 눈을 감고 가만히 여자의 소리를 듣고 있자니 사내의 머릿속에서 오랫동안 잊혀져온 옛날의 비상학이 서서히 날개를 펴고 날아오르기 시작한 것이었다. 그리고 여자의 소리가 길게 이어져 나갈수록 선학동은 다시 옛날의 포구로 바닷물이 차오르고 한 마리 선학이 그곳을 끝없이 노닐기 시작했다.(「선학동 나그네」후반부)

포구 안쪽에 자리잡은 선학동이 있었다. 이런저런 형상으로 바닷물 소리가 법승의 북울림처럼 울리면 바닷물이 서서히 차오르고 학이 날아오른다는 마을. 그러나 지금은 제방이 생기고 물줄기도 끊겨 마을은 지덕(地德)을 잃었고 비상학(飛翔鶴)의 모습은 자취도 없어졌지만, 이러한 황폐한 상황에서도 그 비상학을 볼 수 있다는 것, 어떤 상황에서도 비상학의 그 절대적인 모습을 보아야 한다는 것, 이런 한 묶음의 물음에 해답의 열쇠가 바로 '소리' 속에 있음을 「서편제」 연작의 마무리에 해당되는 「선학동 나그네」가 보여주고 있었다.

### 7. 육체에서 분리된 소리

그렇다면 과연 이 '소리'란 무엇일까. 작가는 그것을 그냥 '소리'라 했고 큰 제목으로 '서편제'라 불렀다. 이 경우 동편제와 맞선 서편제도 아니었고, 계면조를 주축으로 하는 소리의 종류를 가리키는 것도 아니었음에 주목할 필요가 있다. 소리는 다만 '판소리 일반'이었다. 곧 소리는 '육체에서 분리된 목소리'였던 것이다.

'육체에서 분리된 목소리'란 무엇인가. 이런 표현 자체가 모순적임은 새삼 말할 것도 없다. 목소리란 어떤 경우에도 육체의 산물이기에 그것은 그러하다. 만일 '육체에서 분리된 목소리'가 있다면 그것은 혼의 존재 방식과 흡사할 것이다. 육체에서 분리된 혼이 가는 곳은 영혼계라는 저승의 세계이다. 육체에서 분리된 혼이 아직 영혼계로 가지 않고 잠시 육체 부근에서 바자니는 경우도 있으리라. 억울해서 혹은 그리워서 그럴 수도 있으리라. 일찍이 이러한 것에 붙인 명칭이 한(恨)이었고, 이를 다스리는 방식도 고안되었는데, 굿이라는 제의 형식이 그것이다. 육체 부근에 머물면서 육체에 대한 연고권을 아직도 행사하고자 하는 상태를 두고 한이라 할 때 그 한은 삶을 파괴할 만한 폭약을 장전한 위험물이 아닐 수 없다. 생명의 섬세한 감각이란 숨만 크게 쉬어도 망가질 수 있기에 그것은 그러하다. 이러한 한(혼)의 폭력에서 생명의 감각을 지키기 위해 고안해낸 장치가 굿이라면, 그것은 이승과 저승을 가르는 접점을 전제로 한다. 그 접점에다 세운 깃발이 굿이기에 굿은 한(혼)의 위치를 확인시킴으로써 혼으로 하여금 생명의 감각 쪽으로 오지 못하게 하는 몫을 하지 않으면 안 되었다. 이러한 한이 긴 세월에 걸쳐 구조화되어 하나의 양식으로 변한 것이 김동리의 「무녀도」라면 「서편제」의 경우는 어떠할까.

먼저 '육체에서 분리된 목소리'에 주목하기로 하자. 이와 존재 방식이 동일한 것이 '혼'이라 보았다. 혼이 아직도 영혼계에 이르지 못하고 모종의 이유로 말미암아 육체 부근을 배회하고 있는 상황은 목소리의 경우와 흡사하다고 볼 것이다. 그러나 목소리의 존재 방식이 혼과 흡사하다 해서 '목소리 = 혼'이라 하기는 어렵지만 어떤 점이 흡사하고 또 어떤 점이 서로 다른가를 문제삼을 수는 있지 않겠는가. 「서편제」가 이 물음에 대한 해답이 아니었겠는가.

'육체에서 분리된 목소리'가 소리의 존재 방식이라면 그리고 그 소리가 모종의 이유로 소리의 세계 속으로 진입하지 못하고 육체 부근을 바자니고 있다면, 그런 존재 방식은 앞에서 혼이 한으로 말미암아 지상을 배회하며 혹은 해코지(폭력)를 하기도 하고 혹은 장난을 치기도 하는 상황과 흡사하다고 할 것이다.

작가 이청준이 「서편제」 시리즈에서 보여주고자 한 것은 다음 두 가지로 갈라볼 수 있겠다. '육체에서 목소리가 어떻게 분리되는가'에 관한 것이 그 하나. 열 살도 채 못 된 어린 계집아이의 눈에다 청강수를 몰래 찍어 넣기와, 어미를 죽게 만든 원수에 대한 타오르는 복수심을 뜨거운 햇덩이로 머릿속에 간직하기가 그 방법론이었다. 목소리란, 이로써 육체에서 분리될 수 있었다.

다른 하나는, 이 점이 중요한데, 육체에서 분리된 목소리가 한동안 육체 주변을 맴돌다가 마침내 '소리의 세계' 속으로 편입된다는 것이 그것이다. '목소리'가 그냥 '소리'로 승화될 수 있었던 것이다. 선학동을 나는 비상학이 이 사실을 증거한다고 볼 수 있다. 한 개인의 육체적 고통에서 벗어난 목소리가 '소리'의 세계로 나아가는 과정을 보여주는 것이「서편제」연작 삼부작이라 보는 것은 이런 문맥에서이다.

8. 김동리와 이청준의 대화

지금껏 우리는「서편제」연작소설을 중심으로 그것이 어째서 '소리'의 존재 방식인가를 살펴보았다. 말을 바꾸면 소리의 존재 방식을 이야기 형식으로 보여준 것이어서 소리학의 범주에 든 논의였던 것이다. 작가의 의도가 소리의 존재 방식의 탐구에서 빛났던 것은 순전히 이 때문이었다. 그렇다면 작가 이청준은 소설을 쓴 것이 아니라 이야기 형식을 빌려 소설과는 관련없는, 또는 소설보다 훨씬 다른 차원에 속하는 소리의 존재 방식을 탐구했을 따름이라 할 것이다. 이러한 처지에 서서「서편제」연작을 바라본다면 어떠할까.
이런 시선을 가능케 하는 방편의 하나가 김동리의「무녀도」(「을화」)일 터이다.「무녀도」와「서편제」가 마주 보고 서로에게 말을 걸 때 비로소「서편제」는 소설의 형식으로 환원될 수 있을 것이다.

무녀도  육체에서 분리된 그대의 목소리는 너무도 당돌하고도 강렬하여 소설이 감당하기 어려운 것이 아닐까. 내 생각으로는, 유랑민의 상상력에 지나치게 의존한 탓이 아니었겠는가.
서편제  그야, 선생처럼 신라 천 년의 고도에서 태어나지 않았으니까. 정주민의 상상력이 오히려 낯설었다면 낯익은 쪽을 택하는 것이 자연스러움이라 할 수 있겠지요.
무녀도  ……
서편제  알겠소. 그 때문에 '목소리에서 소리에로' 승화되더라도 거기엔 청승이랄까 물신성(物神性)이랄까 뭐 괴기스러움 쪽으로 기울어지고 말기 쉽다는 것.

무녀도  요컨대 문화(문학)의 영분(領分) 쪽으로 가까이 와야 소설이 아니겠는가. 문학의 저편으로 들어간다면 아무리 그것이 혼의 영역이고 심화된 것이라도 문학이라 부르기엔 난점이 생기기 쉽다는 것이오.

서편제  선생의 입에서 이런 말씀이 나오다니, 참으로 감격스럽습니다. 선생이야말로 많은 어리석은 사람들로부터 문학의 영분에서 벗어났다는 경고 및 비판을 입지 않았던가요. 심지어는 빈정댐까지도. 그만큼 제가 위험한 상태에 놓인 모양이지요.

무녀도  문학보다 더 위대한 것이 있다고 믿고 그것을 햇덩이모양 뜨겁게 가슴에 품고 매진한 적이 일찍이 내게도 있었지요. '구경적 생의 형식'으로 표현된 종교가 그것. 그렇지만 나는 여기에서도 문화적 범주에 매달리기를 아주 포기한 것은 아니었소. 샤머니즘이라는 장치를 통해 걷잡을 수 없는 '혼'을 어느 정도 통제하고 있었으니까. 「서편제」에서는 그런 통제 장치조차 없다는 뜻이오. 아마도 소리란 문학이 감당하기엔 무리가 아니겠는가. 이 점을 내게 일깨워준 것은, 지금 생각해보면, 신라 고도의 정주민 의식이었는지도 모릅니다. 선학동에서 그대가 보여준 나는 학의 이미지란 그것이 아무리 대단한 것이라 하더라도 한갓 환각이 아니었겠소. 그것은 예(藝)일지언정 '예술'의 경지라 보기 어렵지요.

서편제  선생의 말뜻이 조금 이해되어 기쁩니다. 선생은 선배로서 지금 후배에게 따뜻한 충고 말씀을 해주고 계십니다. 유랑민의 상상력과 정주민의 상상력 사이의 균형감각에 대한 것. '소설'과 '이야기'의 균형감각 유지에 관한 것.

무녀도  …….

서편제  그렇지 않아도 선생께 한 번 더 번거로움을 끼쳐드리고 싶었습니다. 최근의 졸작 「날개의 집」(『21세기 문학』 1997년 가을호)이 그것입니다. 육체에서 목소리가 분리되는 고통 없이는 어떤 생명의 감각도 온전히 드러나지 않는다는 「서편제」의 주제, 그러니까 예(藝)의 효용성과 예자(藝者)의 관계(자기 구원)라는 기본항엔 변함이 없지만, 「날개의 집」에서는 그것을 정주민(농경사회)의 상상력으로 돌파하고자 했습니다. 한 농촌 출신의 소년이 어떻게 화가의 길을 걸어갔고 끝내 자기 구원에 이르렀는가를 농경사회 속에서, 그러니까 황소를 통해, 땅을 갈고 씨 뿌리고 농사 짓는 그 과정 속에서 보여주고자 한 것이지요. 그 때문에 서편제스런 충격이랄까 예리함은 없지만 안정감은 확보된 셈이라 하겠지요.

무녀도  아직 읽어보지 못했으나, 아마도 「서편제」보다 더 소설스럽고 안정된 것이겠습니다그려. 유마거사(維摩居士)의 말씀대로 그 누구도 혼자 힘으로 구원받거나 해방될 수는 없지 않겠습니까. 얻은 것이 안정감이라면 잃은 것은 예(藝)의 감각이겠는데, 짓눌린 생명의 감각이겠는데.

서편제  선생께선 소설쓰기의 어려움을 말씀하십니다. 노력하겠습니다.

# 농경사회 상상력과 구로공단 상상력
— 쇠스랑 체험 세대로서의 신경숙

## 1. '현전'으로서의 집

산문집 『아름다운 그늘』(문학동네, 1997)의 저자 신경숙씨는 그 첫 줄에 이렇게 썼다. "둘째오빠는 선장이 되고 싶어했다. 하지만 그는 선장이 될 수 있는 해양대학교에 가지 못하고 사관생도가 되어 우리가 어린 시절을 함께 보낸 집을 떠났다. 그렇게 떠난 후 그는 다시 그 집으로 돌아가지 못했다. 얼마 후 나 역시 그 집을 떠났고 나 또한 지금껏 그 집으로 돌아가지 못했다. 그러나 그 집은 우리들이 공유하는 현전(現前)"(12쪽)이라고.

이 대목에서 '현전'이란 낱말에 부딪치고 조금 당황하는 독자도 있지 않을까. 유년기에 자랐던 그 '집'이 '나'와 오빠(들)에 있어서는 늘 '눈앞'에 또는 '눈앞에 있는 일'이라고 쓰지 않고 어째서 이 작가는 '현전'이라 했을까. '눈앞에 있다'와 '눈앞에 있는 일'임을 동시에 드러내고자 했기 때문일까. 그렇지도 않다면 또다른 숨은 뜻이 있다는 것일까.

작가 신씨의 글쓰기에서 그 중심부에 놓인 것이 '집'이라는 사실은 널리 알려져 있다. '가정'도 아니고 '가문'도 아닌 '집'이었던 것. 이 '집'에서 벗어났을 때의 현재 상태가 '방'이었다. 작가 신씨의 글쓰기가 집에서 방에 이르는 도상의 생성물이라 함은 이런 사정에 관여되었음을 가리킴인 것. 현재의 도달점이 방이며 아직도 이 방에서 다른 장소로 이동하지 못한 상태, 그러면서 끊임없이 이동하고자 꿈꾸기로 규정되는 것이 신씨의 글쓰기라면 그 글쓰기의 긴장력이랄까 강도는 무엇에서 연유하는 것일까. 설사 꿈의 실현이 영영 불가능(죽음)할지라도 꿈꾸기가 빚어내는 박빙(薄氷)의 막에 달려 있는지도 모를 일. 이 박빙의 막을 가능케 하는 꿈꾸기의 근원은 과연 무엇일까. 이 물음은 단연 형이상학적이다.

## 2. 서구 형이상학과 '현전'

'현전'이란 말이 일반인에게도 알려지기 시작한 것은 두 사람의 걸출한 사상가로 말미암는다.

먼저 하이데거. 그의 출발점은 '존재란 무엇인가'에 있었다. 존재란 우선 실체를 가리킴이었다. 실체라 했을 땐, 지금 여기 있는 집터, 손을 뻗치기만 하면 닿을 수 있는 범위 내에 있는 항상적 재산을 가리킴이었던 것. '머물고 있는 땅' '재산' '지금 와 있음' 등으로서의 실체가 플라톤, 헤겔, 후설에 이르는 형이상학의 긴 논의 속에서 어떤 방식으로 이해되어왔는가. 곧 존재란, 지금 여기 있다, 항상 불변하는 실체로서의 현전, 곧 항상적 현재이었음에 그는 주목했다. 이는 다름 아닌 어떤 특정한 시간 양태인 현재에 의해 이해된 존재였던 것. 따라서 과거라든가 미래도 현재의 변용으로 이해되었다. 만일 그렇다면 그들이 생각한 존재란 존재자(存在者)에 지나지 않아서 존재자를 결과로서 있게 하는 운동, 생성으로서의 존재(인간만이 이에 해당) 그것을 잊고 있지 않았겠는가. 사물의 존재(있음)란 무엇인가. '내가 있다' '능금이 있다' '내일이 있다' '2 더하기 2는 4이다' 등등은 모두 '있다'에 해당되거니와 그것들은 각각 존재 자격이 다르다. 이러한 여러 존재의 근본, 곧 당초 존재함이란 어떠한 것인가를 사색하는 것이 이른바 존재론이다. 하이데거에 따르면 이 존재의 근본을 사색하기 위해 제일 중요한 것이 순서라 본다. 곧 먼저 '인간이 있다'를 연구해야 한다. 어째서? 사물의 있음은 그것이 인간에 있어 있음이기 때문이다.(사물 그 자체로 있는 것이 아니라 사람이 그것을 인식하는 것이니까.) 그렇다면 인간이 '있다'란 어떤 방식을 가리킴일까. 인간이란 '단지 사물처럼 있음'이 아니라 역사역사하게 '있을 수 있는 있음', 곧 단순한 존재가 아니라 가능적 존재이다. 이처럼 인간존재란 사물존재와 특별히 다른 자격을 가졌다. 이를 하이데거는 실존이라 불렀다. '실존'은 그러니까 사물존재인 '존재자'와 구별되는 것. 하이데거적 실존이란, 말을 바꾸면, '인간은 늘 자기의 존재 가능(그렇게 되고자 함)을 이해하면서 살아가는 존재'로 된다.

　서구 형이상학이 항상적 현전성(bestandige Anwesen)에 근거했다는 것, 그것은 인간의 있음과는 별개라는 것, 따라서 별로 쓸모없다고 봄으로써 하이데거가 서구 형이상학을 비판했다면, 서구 형이상학을 현전의 형이상학이라 부르고, 그 대표격인 후설을 해체론의 대상으로 삼아 비판한 것이 데리다이다. 해체(비판)당하는 현전(성)의 내실은 먼저 로고스 중심주의와 음성 중심주의이다. 신의 말씀, 인간의 이성, 세계의 이법, 구경적 진리, 만물의 근거이자 사물의 제일존재로서의 실체, 또는 지각되는 갖가지 성질, 상태, 작용의 근거에 있어 이들을 제약하는 기본 바탕으로서의 로고스 중심주의는 한편으로는 실체/속성으로서의 일체의 이항대립 도식(이데아/아테리아, 형상/질료, 심/신 등)을 낳음과 동시에 다른 한편으로는 음성의 자기 듣기로서의 음성언어가 자기 현전 또는 의식의 시원성과 일치한다고 생각하는 음성 중심주의를 낳는다. 문자언어(글쓰기)가 음성의 이차적인 대행, 재현물에 지나지 않는다고 보아 멸시되어온 것은 이 때문이었다. 물론 데리다가 겨냥한 것은 단지 음성과 글쓰기(필기)의 우열관계를 뒤집고자 함에 있지 않고 필기 그것의 개념을 변경시켜 음성언어와 문자언어 이전에 존재하는 차이·차연 작용으로서의 '원 필기'에 시선을 돌리고자 함에 있었다. 바로 이 지점이야말로 '현전'을 결과로서가 아닌 다가올 것의 움직임으로 파악하는 하이데거 이론의 발전적 계승에 해당된다. 곧 현전(Anwesen)을 An-wesen으로 분리하고 그 말 가운데에 동사적인 wesen으로서의 움직임을 파악한 하이데거에 있어서는 이미 '현전'은 항상적 현전성을 지닌 존재자가 아니라 사건을 포함한 존재를 표시하는 것이다. 그것은 일체의 이원론적 대립의 밑바닥에 있는 미분절된 생성의 움직임, 곧 '지금 이루어지고 있는 존재'인 것이다.

### 3. 음성과 본능적 이해

위의 논의를 통해 우리가 짐작할 수 있는 것은 과연 무엇일까. 이런저런 지적을 할 수 있겠으나 분명한 것은 다음 한 가지. 곧 서구 형이상학의 본질(근거)이 '현전' 개념에 있었다는 사실이 그것. 금세기에 들어와 하이데거, 데리다 등에 의해 이 개념이 비판당했다 함은 무엇인가. 비판당했다 해서 어떻게 되었단 말인가. (1) 형이상학의 근거인 '현전'이 견고하고도 우람해서 끄떡도 하지 않았음인가, (2) 약간은 흔들렸음인가, (3) 제법 해체된 것인가, (4) 송두리째 결단난 것인가.

유감스럽게도 이런 물음에 대해 나는 별로 아는 바가 없다. 철학은 죽었는가라고 묻자 데리다 왈 "나는 철학적 담론의 임계선(limite)에 위치하려고 노력합니다. 철학의 죽음이라고 불리는 것을 결코 믿지 않기 때문입니다"(「앙리 롱스와의 대담」, 1967. 12)라고. 이 말 속엔 (2)에 가까운 것으로 볼 수 있을지 모르겠으나 그야 그의 자유일 터. 내가 알 수 있는 것은 다음 한 가지. 신경숙씨가 '현전'이란 말을 썩 표나게 사용했다는 점이 그것. 물론 이는 신씨가 막바로 형이상학파 라든가 형이상학의 일등 시민임을 자처하고 있음과는 무관하다. 신씨 가 해체파인지 형이상학파인지 혹은 이도 저도 아닌지에 대해 씨는 아무런 의견 표시도 한 바 없다. 신씨가 말해놓은 것으로 분명한 것은 '집'에 관해서일 뿐. '집'에 관해서만 씨는 '현전'으로 반응함을 선 언했던 것. 다른 것에 대해서도 신씨는 '현전'으로 반응하는가. 고쳐 말해 신씨는 형이상학파인가. '그렇다, 아니다'를 판단할 근거란, 씨 의 발언만으로는 불가능하게 되어 있다. '집'에 대해 현전으로 반응 한다면 다른 사물에 대해서도 그럴 가능성이 있음을 전적으로 배제하 기 어렵지 않을까, 하고 의심해볼 수는 있다.

다시 한번 '집'이란 무엇인가를 살펴보기로 하자. 이 경우 '집'이 란 물을 것도 없이 작가 '신씨의 집'을 가리킴이다. 신씨의 집이 '눈 앞에 있는 것(일)'임은 씨의 글 전체, 구석구석마다 충만해 넘쳐흐른 다. 그 넘쳐흐름이 '아름다움의 그늘'을 이루어내고 있다. 씨의 집이 란, 잘 따져보면 자명한 원리, 곧 근원적인 직관에 의미가 현전함을 전제로 했으며, 이 전제에 대해서는 한 점 의문도 없다.

(가) 꿈은 있다.

내가 살아보려 했으나 마음 붙이지 못한 헤어짐들, 슬픔들, 아름다움 들, 사라져버린 것들, 과학적인 접근으로 닿지 못할 논리들 밖의 세계, 말해질 수 없는 것들, 그런 것들. 이미 삶이 찌그러져버렸거나, 아무도 알아주지 않는 익명의 존재들에게 생기를 불어넣어주고 싶은 욕망, 도 처에 어른거리는 죽음의 그림자나 시간 앞에 무력하기만 한 사랑, 불 가능한 것에 대한 매달림, 여기 없는 것에 대한 그리움…… 이 말해질 수 없는 것들을 내 글쓰기로 재현해내고 싶은 꿈, 이미 사라지고 없는 것들을 불러와 유연하게 본질에 닿게 하고 자연의 냄새에 잠기게 하고 싶은 꿈, 그렇게 해서 이 순간을 영원히 가둬놓고 싶은 실현 불가능한 꿈.(『아름다운 그늘』, 46쪽)

(나) 내 소설은 본능적인 이해가 필요한 것 같아요. 삶을 본능적으로 이해하듯이 말이에요.(같은 책, 47쪽)

씨의 꿈이란, 그러니까 욕망이란 (가)에서 보듯, 순수한 사유에 대한 갈망에 다름아니다. 그것은 서양철학(형이상학) 밑바닥에 깔려 있는 욕망과 흡사하다. 어떠한 매개체에도 의존하지 않는 순수한 사유에 대한 이 욕망은 의식의 자명성 또는 주체의 자기 동일성으로 나타나지만 이는 또한 의식과 목소리를 동일시하는 현상으로도 나타나게 마련. (나)에서 씨는 이를 본능이라고까지 주장하고 있어 인상적이다. 그것은 언어 이전의 상태 곧 음성의 상태를 가리킴이다. 이러한 통념에 의하면 목소리야말로 의식에 주어진 바 의미 행위를 하는 근본인 셈이다.

좀더 설명을 부연하면 이러하다. 음성 중심주의자 후설의 시각부터 보기로 하자. 후설은 기호를 지시적 기호와 표현적 기호로 나누어 생각하고 '의도의 부재'라는 이유로 전자를 버린다. 후자의 사용에 있어서도 실제적 대화 상황에서는 표현적 기호가 지시적 기능을 가질 수밖에 없으나 비대화적인 개인적 사유 속에서는 지시적 기능이 없이 순수 표현적 기능만을 갖는다는 것인 만큼 어떠한 지시 기능에도 의존하지 않는 순수 표현적 언어를 상정한 것이다. 이 경우 언어는 실제 언어가 지닌 감각적 차원에도 의존하지 않는 상상적 언어이다. 침묵 속의 목소리로서의 영혼의 고백이 그것. 표현을 기다리고 있는 표현 이전의 어떤 것, 그러면서도 주체에는 인식 가능한 그 어떤 것이 바로 후설이 말하는 음성이자 형이상학의 근거이다. 후설은 스스로에 자명한 존재가 자신의 자명성을 인식하는 기능으로서의 내면의 목소리로부터 기호를 추방한 것이었다. 데리다의 비판은 이 점에 있었다.

만일 이러한 자명성(목소리)이 이미 기호라는 매개를 떠나서는 스스로에게 떠오르지 않는다면 어떻게 될까. 기호의 일차성을 거부하려 하지만 만일 기호라는 것이 내면의 목소리에 우연적으로 부수하는 것이 아니라 진실로 그 목소리의 근원이 된다면 어떻게 될까. 반복·재생의 가능성이 표상·관념 일반의 특성이라면 기호야말로 그것이 아니겠는가. 그럼에도 기호의 일차성을 부정한다면 난처하지 않겠는가. 현전하는 것의 현전성 또한 반복·재생으로부터 비롯하는 것이지 그 반대가 아니지 않은가.(데리다, 『목소리와 현상』, 다카하시 노부아키 역, 理想社, 1970, 제4장 참조)

데리다의 이러한 음성 중심주의 비판은 많은 쟁점을 포함한 것이며 해체주의를 낳기도 했지만, 중요한 것은 이러한 것을 통해 형이상학을 넘어서서 그 어떤 곳에 다다르게 된다는 것은 아니라는 점이다. 해체란 그러니까 형이상학의 참모습을 보여주는 질문, 곧 형이상학의 임계선 추구인 것이다. 형이상학의 놓인 자리랄까 테두리를 보여주는 질문이요, 사유 행위이며, 그러한 과정 자체에 해당되는 것이다.

목소리로서의 글쓰기, 이 점에서 신경숙씨의 소설은 형이상학적이다. 후설 모양 씨는 진작부터 기호의 지시적 기능(일차성)을 포기하고 기호의 표현적 기능에로 치달은 형국이다.

(다) 소설이 삶의 근본을 변화시켜놓을 수 있다고는 생각하지 않는다. 변화로서의 문학보다는 정서적 환기력으로서의 문학을 생각해왔다. (……) 언제나 생명 있는 것의 내면을 쫓아왔다.(같은 책, 46~47쪽)

씨는 정서적 환기력을 스스로 '내면 추구'라고도 하고 또한 '심미적 체험 속으로 이끌기'라고도 했거니와, 이것들이 씨의 소설로 하여금 서사성의 빈약을 초래한 것이었다. 리듬, 비유, 어휘들의 시적 결합, 언어의 무늬짜기 등이 신씨의 심미성의 방법론이었다. 사건이나 이데올로기란 단지 작중인물의 내적 심리에 투영되어 부차적 몫을 할 뿐 어떤 구체성도 띠지 않는다.

그렇다고 신씨의 그 심미성이 과연 순수한 현전성으로서의 목소리라 할 수 있을까. 다시 말해 후설이 주장한 진짜 목소리, 곧 '침묵 속의 목소리로서의 영혼의 고백'에 육박한 것일까. 『고도를 기다리며』의 저자가 이른 그런 목소리의 경지에까지 이른 것일까.

여기까지 이른 독자라면 응당 신씨가 말하는 '본능적 이해'를 음미하지 않을 수 없게 된다. '삶을 본능적으로 이해하듯' 신씨의 소설은 '본능적 이해'가 요망된다는 것이다. 본능이란 무엇인가. 생리적 조건이 아니었겠는가. 이것만큼 영혼의 목소리와 멀리 떨어진 것이 또 있을까.

### 4. 농경사회 상상력의 허구성

작가 신씨의 작품 세계의 중심점이랄까 심층에 놓인 것이 '집'이라 했을 때 먼저 이것을 분석해볼 필요가 있다. 신씨에 있어 '집'이란 다음 세 가지 층위로 구성되어 있음이 확인된다.

(가) 봄마다 어머니는 마당에 햇병아리를 쉰 마리쯤 놓아 길렀다. 어느 해나 그 집 초봄의 마당 풍경 속엔 어김없이 이리저리 흩어져 종종걸음치는 노란 병아리떼가 있었다.(『아름다운 그늘』, 12쪽)

(나) 벨이 울리고 어머니 목소리를 확인하고 아버지께서 수화기를 건네드렸더니 어머니를 향해 부친의 첫마디는,
"고구마…… 고구마는 캤는가?"
였습니다. 부친은 수화기를 바짝 대고 말씀을 이으셨습니다.

"안 캤으믄 기냥 놔두소. 내가 내려가 캘 테니께는."(「감자먹는 사람들」,『오래 전 집을 떠날 때』, 창작과비평사, 60쪽)

(다) 나는 천천히 하늘을 향해 높다랗게 쌓아져 있는 낟가리 뒤로 가서 스커트를 걷어 올렸다. 동생 생각도 노트 생각도 그만 하고 싶다. 까내린 엉덩이 위로 찬바람이 쿨렁 지나갔다. 그렇게 급하더니 낟가리에서 풍겨나오는 햇곡식의 싸한 냄새를 코가 감지하는 순간 요의가 싹 사라져버린다. 그래도 나는 잠시 그러고 앉아 있었다. 햇곡식의 싸한 냄새. 하늘은 어찌 이런 냄새를 만들어냈을까. 이런 냄새를 맡고 있으면 아직 단 한 번도 발음해보지 못한 말을 하고 싶어진다. 사랑한다, 사랑한다고.(「그는 언제 오는가」, 1997년 동인문학상 수상집 『그는 언제 오는가』, 조선일보사, 41쪽)

신씨의 집이란 (가)에서 보듯, 농경사회에 뿌리를 내린 것. '집'이란, 가정이되 가족과 더불어 있는 '집'에 국한된다. 닭, 개, 소, 고양이 등이 신씨 소설에 주역으로 등장하는 것은 그들 동물이 오빠나 누이동생 또는 양친과 분리되지 않음을 가리킴에 지나지 않는다. 이른바 한 식구여서 도무지 달리 이질적 타자로 인식될 방도가 없었음을 가리킴이 아닐 수 없다. (나)의 경우에도 사정은 같다. 반 고흐의 명화〈감자 먹는 사람들〉에서 제목을 딴 이 작품에서 신씨가 겨냥한 것은 '집'의 중심체인 아버지의 심정의 핵심을 드러낸 작품이다. 지병으로 서울에 와서 수술을 한 아비가 어느 날 문득 '감자캐기'로 스스로의 구원을 꿈꾸고 있었다. 이 농경사회의 원주민에 있어 감자캐기란, 병아리 기르기, 소 키우기란 아이들 키우기와 꼭 마찬가지로 죽음의 완성이자 그 초월에 다름아니었다.

(다)의 경우는 어떠할까. (가)(나)에 근원적으로 이어져 있지만 또한 신씨만의 개별성에 이어져 있어 인상적이다. 지금 작가로 추정되는 '나'가, 죽은 누이동생의 일주기를 맞아 남편, 그러니까 제부(弟

夫)와 함께 무덤(남대천)으로 가고 있다. 제부가 모는 승용차로 강원도를 향하는 도중 차를 세워놓고 들판에 나아가 방뇨하는 장면. 이 장면을 두고 혹자는 심미적 자리에서 감각적 장면으로의 전환이라 부를 수도 있겠고, 또 혹자는 심미에서 에로티시즘에의 전환이라 부를 수도 있겠다. 그렇지만 좀더 주의깊은 독자라면, 농경사회의 상상력이 생리적 차원(요의)을 초월하고 있음에 주목하지 않을까. '햇곡식의 싸한 냄새'란 무엇인가. 어째서 그 '냄새'가 요의를 무화시키는가. 이를 두고 형이상학이 생리적 차원을 정지시켰다고 보면 어떠할까. 햇곡식의 냄새란 과연 무엇이겠는가. 농경사회 상상력의 형이상학적 표상이 아니라면 대체 그 '냄새'란 무엇이겠는가. 그 냄새란, 문자 그대로 천상의 표상이 아닐 수 없다. "하늘은 어찌 이런 냄새를 만들어냈을까", 이런 물음 속엔, 누가 보아도 절망적 목소리가 묻어나고 있다. 이 절망의 목소리 끝에 놓여 있는 것이 무엇이었을까. '사랑'이 그 정답이다. 그렇다면 그 '사랑'이란 무엇인가. 알지 못한다. 다만 작가 신씨가 암시하고 있는 것은 그것이 '죽음'과 동의어라는 사실뿐.

여기까지 이른 독자라면, 신씨가 도달한 이 장면이 얼마나 사치스러운 것인가를 『에로티시즘』의 저자인 바타이유와 더불어 승인하지 않으면 안 될 것이다. 어째서 그러한가.

작가 신씨에 있어 농경사회의 상상력이란, 일종의 호사스러움의 극점에 놓인 그 무엇이었다. (ㄱ) 음식 먹기, (ㄴ) 섹스, 그리고 (ㄷ) 죽음이 인간의 최고의 사치스러움(호사스러움)이라면, 신씨에게 결여된 것, 곧 농경사회에서 결여된 항목은 (ㄱ) 먹기(기껏해야 감자먹기의 수준), (ㄴ) 섹스(이는 당초부터 금기사항이었다. 타자가 없었으니까)였다. (ㄴ)에 대해서는 설명이 없을 수 없다. 작가 신씨에 있어 농경사회란 그 자체가 폐쇄적이었다. 닭, 개, 소 등이 그대로 가족이었으며, 그 속에는 양친과 오빠들이 있었다. 이 가족 구성원 속엔 어떤 타자도 끼어들지 못한 폐쇄공간이었다. 타자가 없기에 섹스는 원초적으로 또한 운명적으로 폐쇄성이 확보된 셈. 타자 없는 집단이란 무엇인가. '근친상간적 지대'가 그 정답이다. 금지된 이 섹슈얼리티의 별명이 이른바 '동성애'이다. 단편 「직녀들」(1992)에서도 그러한 징후가 뚜렷하지만 「배드민턴 치는 여자」(1992)에 이르면 자못 농밀한 동성애의 장면이 연출된다.

타자를 철저히 배제한 농경사회의 상상력이 지닌 문제점은 새삼 무엇인가. 인간 최대의 세 가지 사치스러움 중 (ㄱ) 먹기와 (ㄴ) 섹스라는 금기사항(터부)을 양식으로 하여 비로소 성립된 상상력의 일종이었을 뿐. 동성애란 무엇이뇨. 가짜 섹슈얼리티의 일종이었을 뿐. 따라서 진정한 삶의 시각에서 보면 한갓 기만술이었음이 판명된다.

### 5. 사치스러움의 극점

과연 농경사회 상상력의 귀결점이 철저한 타자 배제에서 말미암은 것이었을까. 이 물음은 참으로 의의 깊다. 어째서 그러한가. 무엇보다도 농경사회가 자급자족 사회임에 주목할 것이다. 문자를 쓰자면 그것은 전근대적 세계, 이른바 훼손되지 않은 가치의 세계(사용가치, 본래가치)에 속해 있다. 이 세계에 타자가 개입함이 바로 근대이고 자본제 생산양식이며, 교환가치(시장가치)의 등장이다. 인간 소외가 상품의 출현(노동가치성의 등장)으로 말미암았다 함은 이 사정에 관여된 철학적 해명 방식에 다름아니다. 농경사회의 상상력이란, 이로 볼진댄 그 자체가 자족적인 것. 일종의 양성생식(兩性生殖)의 범주에 드는 것. 타자 개입은 따라서 자본제 생산양식을 기다려야만 비로소 가능한 영역이었다. 작가 신씨는 이 점에 운명적으로 불운하였다.

(라) 도시로 나와 맨 처음 사 년 가량을 공장지대에서 살았다. 열여섯 후반에서 스물 바로 전까지. 조그만 방에서 오빠들과 외사촌과 살았다. 나는 그때 어려서 아무것도 몰랐지만 노동운동이 공단 구석구석

까지 스며들어 있던 때였다. (……) 그곳에서 가난한 처녀를 만났다. 수많은 방이 있던 집. 그 집에서 그녀는 일층에 살았다. 나는 그녀가 좋았다. (……) 그 동네도 사람 사는 곳이라 그 사 년 동안 수많은 사람들과 만났을 터인데 내겐 그녀만 있다.(『아름다운 그늘』, 60~61쪽)

작가 신씨의 고백에 따른다면, 농경사회의 상상력의 그 연장선상에 도시의 '방'이 있었다고 볼 것이다. 신씨의 장편 『외딴 방』이 이 사실을 제일 크게 또 잘 말해주고 있어 인상적이다. '집'에서 '방'으로 이행되었지만, 본질적 변화란 없을 뿐 아니라, '타자'를 염두에 둔다면 사정은 더욱 악화된 형국이다. 그래도 '집'이 동성애적 상황을 유발할 수 있었다면 '방'은 오히려 이에 대한 심리적 퇴행으로 봄이 원리적으로 타당하다.

(마) 미장원(직장)이 아니면 늘 혼자 있는 언니를 보면 끔찍했어. 창가 쪽 의자에 몸을 깊숙이 파묻고 마치 이 세상과는 아무런 관련이 없다는 듯이 저녁이 되도록 책을 읽는 언니. 일요일이면 커튼을 쳐놓고 오전 내내 낮잠을 자는 언니. 한밤중에 깨어나면 세면장에 들어가 빨래를 빠는 언니. 그런 언니를 보면 나는 소리치고 싶었다구. 주어진 시간을 그렇게 보내면 대가를 치를 거야. 제발 사람 속으로 들어가!(『그는 언제 오는가』, 57쪽)

스스로 택한, 어쩔 수 없이 택한 '외딴 방'의 상황은 이런 것이었다. (ㄱ) 감자먹기와 (ㄴ) 섹스 금기란, 이로써 성립된 것이었다. 인간에 주어진 최대의 사치스러움의 두 가지가 이로써 철저히 봉쇄된 형국이었다.

문제는 무엇인가. 인간에게 주어진 사치스러움의 최후의 것에 이 문제가 걸려 있다. '죽음'이 그것. '죽음'에의 그리움, 죽음의 실현, 이것만이 '타자'의 개입 없이도 행할 수 있는 유일한 선택, 그리고 인간의 위엄에 어울리는 최상의 호사스러움이다. 작가 신씨는 아우의 죽음을 담보로 하여 이렇게 적어놓기를 마지않았다.

　(바) 나는 지금도 이따금 허둥지둥이다. 미장원에서 돌아오면 스타킹도 벗지 않은 채 침대에 몇 시간이고 엎드려 있는 날이 있다. 그러다가 느닷없이 일어나 문단속을 한다. 현관문을 잠그고 안쪽 문을 잠그고 유리창을 일일이 다시 잠그고 때로 냉장고 문도 열리지 않게 노란 테이프를 붙여놓았다. 문단속을 하지 않으면 어느 틈으론가 다시 그가 스며들어올 것만 같았다. (……) 한밤중에 잠이 깨서 텅 빈 간이역을 배회하듯 슬리퍼 끄는 소리를 내며 거실과 부엌을 작은 방과 큰 방 사이를 서성거리는 나를 그는 보고 있을 것이다.(『그는 언제 오는가』, 45~46쪽)

　여기 나오는 '그'란 누구인가. '나'를 한시도 놓치지 않고 노려보고 있는 '그'란 대체 무엇일까. '죽음'이 그 정답이다. 작가 신씨는 주인공 '나'로 하여금 죽음을 인격화시켜놓고 기다리고 있지 않겠는가. 왜? 일목요연한 해답이 주어진다. 그 길만이 구원인 까닭이다.
　인간 최대의 호사스러움, 사치의 극점에 이르기 위한 욕망이 저만치서 휘황하게 빛나고 있었다. 구원에의 길이 죽음이지만 그것이 비록 비자각적이나 호사스러움의 장면으로 인식되는 것은 작가 신씨에겐 불행이자 동시에 다행스러움이라 할 것이다. 불행스러움이란 인간의 호사스러움 중 음식과 섹스라는 두 가지를 건너뛰었음에서 왔고, 다행스러움이란 나머지 호사스러움 그러니까 제일 호사스러운 '죽음'만을 독차지할 수 있었음에서 말미암는다. 이 점에서 작가 신씨는 욕심쟁이라 할 것이다. 그러나 무엇보다 불행하고도 다행스러운 것은 따로 있는바, 곧 이 모두가 작가 신씨에겐 비자각적이라는 점에 있다. 그 증거로 방법론적 미비점을 지적할 수 있다.
　방법론적 자각이란 무엇인가. 그것은 신씨가 다음처럼 말해야 함에 관련된다. 곧 "내 작품은 '병아리떼의 행진'이 아니다"라고. "내 소설은 본능적인 이해가 필요하지 않다"라고. "'현전'에 대한 비판적 이해가 수반한 글쓰기이어야 한다"라고. 그렇지 않으면 이러한 사치스러움의 건너뛰기가 「언덕 위의 빈집」(1993) 모양 악마에게 몸을 던지는 꼴이 될지도 모르지 않겠는가.

끝으로 남는 과제. 죽음 그것이 과연 '타자'일 수 있을까에 관한 것. 여기에서 새로운 형이상학이 열릴지도 모를 일이다. '현전'이란 후설이나 데리다의 독점물일 수는 없는 법이니까. 이 점에서 '빈집에 전화걸기'의 작가 신경숙은 유력하다.

(사) 그녀의 답장을 쓰다 말고 시장통 그녀의 방으로 전화를 걸어본다. 아무도 받지 않을 것이다. 먼지 쌓인 그녀의 빈방에 울려퍼질 벨소리. 양귀비꽃 따윈 마음만 먹으면 얼마든지 만발시킬 수 있는 천진한 그녀가 이젠 시장통 그 방에 없는 줄 알면서도 펜실베이니아에서 이따금 부쳐오는 그녀의 편지를 받으면서도 나는 밤에 오전에 습관처럼 그 방으로 전화를 걸곤 했다. 공허하게 내 귓속으로 잠기는 벨소리…… 벨소리.

수화기를 내려놓고 편지를 이어 쓴다.(『아름다운 그늘』, 164쪽)

목소리가 먼저 있고 그 다음에 글쓰기가 있다는 것. 만일 이것이 생리적인 것이 아니라면 이 형이상학의 열병을 감히 어쩔 것인가. 데리다가 흔들면 과연 흔들릴 것인가.

거울도 없는 골방에서 홀로 앉아 자기의 목소리에 반해 있는 황홀증 환자에게 누가 무슨 조언을 한들 소용이 있겠는가. 그렇지만 문제는, 이러한 농경사회 상상력의 최종점인 자급자족성이 무성생식의 근거임을 확인하는 곳에만 있는 것이 아니라는 점에 있다. 이러한 상상력에 호응하는 독자 계층이 상당한 범위에 걸쳐 두텁게 형성되어 있다는 사실이 그것. 그들은 과연 누구인가.

## 6. 쇠스랑 사건 체험 세대로서의 구로공단 의식

1978년 유신 말기, 열여섯 살의 시골 소녀가 있었다. 세상을 바꿔보려는 거센 바람이 도시 한구석을 휩쓸고 있을 때 고등학교 진학을 못한 열여섯 살의 소녀가 라디오에서 흘러나오는 유행가 〈나 어떡해〉를 듣고 있었다. 미치도록 무르익던 봄이 지나가고 여름이 왔다. 소녀는 노랑 장판이 깔린 방바닥에 엎디어 편지를 무수히 쓴다. 오빠, 어서 여기에서 데려가줘, 라고. 소를 키우며 병아리를 보살피며 사는 길밖에 모르는 부모들이 그럴 수 없이 원망스러웠다. 대문 옆으로 얼굴을 삐죽 내민 채송화도 밉기는 마찬가지. 그렇지만 쉽사리 어깃장을 놓을 수도 없었다. 소녀는 헛간으로 가야 한다. 거기 쇠스랑이 놓여 있다. 두엄자리로 가서 썩고 있는 보릿짚을 뒤적거린다. 이마로 쏟아지는 햇빛이 따갑다. 손질이 사나워진다. 어떻게 된 것인가. 쇠스랑이 햇볕에 번쩍한다 했는데 어느새 소녀의 발바닥에 쇠스랑이 박힌다. 쇠스랑을 뺄 엄두가 나지 않는다. 놀란 발바닥에선 피도 나지 않는다. 열여섯 살의 소녀는 주저앉는다. 아픈 줄도 모른다. 눈물도 나오지 않는다. 발바닥에 쇠스랑을 꽂은 채 썩어가는 보릿짚 위로 드러눕는다. 파란 하늘이 얼굴로 쏟아진다. 얼마나 지났을까. 들에서 돌아온 엄마가 소리친다. 그때야 소녀는 눈물이 흐른다. 그때에야 무섭고 그때서야 아프다.

'독한 것!'

엄마는 쇠스랑을 내던지고 소녀를 일으켜 세운다. 마루에 눕힌다. 발바닥에 쇠똥을 대고 비닐로 꽁꽁 묶는다.

열여섯 살의 소녀는 그후 어떻게 되었던가. 쇠똥을 발바닥에 달고 마루에 엎디어 또 편지를 썼던가. 썼다. 사연은 꼭 같았다. '오빠, 나 좀 이곳에서 빨리 데려가줘' 라고.

쇠스랑을 깊고 어두운 우물 속에 처넣고 소녀가 지옥 같은 시골집을 떠난 것은 1978년. 소녀가 간 곳은 영등포의 직업훈련원. 강사들은 한결같이 외쳐대었다. '그대들은 산업역군이다!'라고. 납땜질을 실습시키면서도 '산업역군으로서!'라고 외쳤다.

훈련원 기숙사 문에는 유치원에서처럼 꽃이름으로 된 방 이름이 각 방문에 붙어 있다. 내가 기숙하던 그 방의 꽃이름은 무엇이었는지? 장미? 백합? 다만 나무 침대에 사물함이 하나씩 달려 있었다는 생각.
(『외딴 방』1권, 문학동네, 1995, 40쪽)

소녀는 끝내 그 누구에게도, 심지어 제일 친한 한방의 외사촌에게도 그 '쇠스랑' 사건을 발설하지 않는다. 어째서? 소녀의 원점이기 때문. 가출의 근원이기 때문. 가출의 근거이자 제2의 생리이기 때문. 이 제2의 생리로서의 쇠스랑 체험은 한편으로는 소녀의 시골 가족의 것이지만 다른 한편으로는 소녀만의 것. 쇠스랑으로 스스로의 발을 찍을 만큼 '독한 소녀', 그녀만의 것이다. 글쓰기의 근원이 여기 있었다.

소녀가 이 쇠스랑 체험을 저도 모르게 발설하는 계기가 찾아온다. 그것은 물이 마침내 고여 마침내 넘쳐흘러 주변 토양을 조금씩 적시는 것과 흡사하다. 밤낮 편지만 쓰는 세 살 위인 외사촌에게, 이젠 편지를 쓸 수 없게 된 이유로 저도 모르게 내세운 것이 쇠스랑 사건이었다. 소녀는 끝내 이 사건을 발설하고 만 것이었다.

이것 봐, 다 아물었어도 오래 걸으면 힘줄이 당기는 것같이 아퍼.
(같은 책, 45쪽)

그것하고 '글쓰겠다는 것'하고 무슨 상관이냐고 외사촌이 물었을 때 소녀는 할말을 잃는다. '마음속에 순결한 무엇을 두지 않으면 다시

내 발바닥에 쇠스랑을 내리꽂고 말 것'을 무슨 수로 타인에게 설명할 수 있을까. 없다.

이 '없다'에 대응되는 것, 그것이 작가 신경숙의 소설이고 수필이고 글쓰기이다. 그러기에 그것은 필사적 도약이 아닐 수 없다. '순수'가 메타포라 함은 이런 문맥에서이다.

여기까지라면, 다만 작가론의 영역이어서 더이상 나아갈 곳은 없다. 그렇다면 무엇이 문제인가. 이 항목에서 우리가 문제삼은 것은 신경숙의 독자에 있었다. 어째서 신경숙의 독자층이 그토록 맹렬하고도 광범위했던가.(『풍금이 있던 자리』의 독자층이 10만 명, 『외딴 방』의 독자도 이 정도로 알려져 있다.) 그들은 대체 누구인가.

이 물음에 대한 해답이 문학사회학의 과제임은 삼척동자도 아는 일. 여기까지 이르면 신경숙의 저 맹렬한 독자층이 바로 '쇠스랑 체험' 세대임을 직감할 수 있다. '쇠스랑으로 그네 발을 찍는 세대'란 누구인가. 왜 그들은 쇠스랑이어야 했던가. 그들이 그 사건을 일으킨 근본 동기란 무엇인가. 그들이 그 사건으로 맨 처음 획득한 심리적 균형감각이 구로공단 직업훈련원이었음은 의심의 여지가 없다. 구로공단을 지배하던 이른바 78년도 전후의 '구로공단 의식'을 떠나서는, 어떤 그럴싸한 설명도 공허해진다는 것은 이런 문맥에서이다.

남은 문제는 무엇인가. '구로공단 의식'의 소멸 혹은 쇠퇴 현상에 신경숙의 글쓰기의 운명이 걸려 있다고 볼 수 없겠는가. 이 경우 운명이란 세속적으로 말해 인기도일 수도 있다. 이를 뛰어넘는 방식도 있는 것일까. 이 물음에 그 누구도 쉽사리 용훼할 수 없다. 제2의 쇠스랑 사건이 준비될 수도 있겠기에 그것은 그러하다. 독한 작가, '순수한' 작가 신경숙도, 그를 아끼는 독자층도 공동의 운명 속에 놓여 있다는 것은 이런 문맥에서이다.

이제 이 글을 다음과 같이 끝내어도 되리라는 예감이 온다. '구로공단 의식'이 체험 세대에겐 아무리 대단하고 절실한 것이었을지라도 그것은 지방성의 일종이었다는 사실의 자각에 이르기가 그것. 이 지방성을 넘어선 곳에 있는 것은 무엇인가. 쇠스랑 체험 세대가 함께 모색해야 할 과제가 아닐 수 없다. 그것이 과연 죽음이라 부르는 인간 최대의 호사스러움의 엿보기일까. 비약이 너무 심한 형국일까. 알 수 없다.

## '소설 계속 쓰기'의 원풍경
### —김소진 마지막 소설집에 부쳐

1. 장난치는 두 소년

　김소진 마지막 소설집 『눈사람 속의 검은 항아리』(강출판사, 1998)를 대하고 있자니 문득 이런 시구가 떠오름은 웬 까닭일까.

　　점박이 눈이 내렸다
　　가늘게 검정테 두르고
　　가운데 흰 반점 박힌 눈송이들
　　머리와 어깨에 쌓였다.

　　그대 세상 뜨고
　　길음聖堂 안팎의 늦추위
　　점박이 눈이 내리고

(……)
종부 聖事가 시작되고
합창이 막을 열었다.
신부님이 종을 흔들자
그대는 하느님의 이상한 아들이 되어 신발 한 짝 끌고
聖歌 속에 잠시잠시
숨었다 나타났다 했다.
몰래 따라 들어가보면
그대는 막 출발하는 버스에 매달렸다.
신문지 말아 감춘 진로병을 가슴에 안고.(『현대문학』 1986. 4)

「북치는 소년」의 시인 김종삼의 영결식에 참석한 시인 황동규씨의 「점박이 눈」의 한 부분.
 서울에 내리는 눈은, 이미 공해에 찌들려 가늘게 검은 테를 둘렀다는 것. 이 점박이 눈이 시인의 죽음을 쓰다듬고 있다는 것. 성당 입구에서 천상병씨 부부를 보았을 뿐 문단인은 한 사람도 없었다는 것. 그러니까 하늘이 그를 조상하고 있었다는 것. 그도 그럴 것이 시인 김종삼은 원래 하늘의 질서에 소속된 존재였던 까닭. 어째서 하필 김종삼 시인만이 하늘의 질서에 속한다고 황동규씨는 단정할 수 있었던가. 길음성당에서 신과 장난치고 있는 김종삼을 황동규씨가 두 눈으로 보았던 까닭이다.
 신과 장난조차 칠 수 있는 시인도 있는 법. 아무리 세월이 흘러도 철들지 않고 장난감 북을 치고 다니는 소년도 있는 법.
 보도에 따르면 김소진은 외롭게 가지 않았다. 많은 친지, 문인들의 안타까움이 줄을 잇고 있었다 한다. 듣건대, 그의 영결식은 길음성당에서가 아니라 모병원 영안실, 스님의 독경 소리도 행해졌다 한다. 아마도 김소진은 부처님과 장난을 치고 있지 않았을까. 소주병을 신문지에 말아서, 독경 소리 사이로 들락날락하지 않았을까. 욕쟁이 함경도 할머니의 흑색 짠지 항아리를 깨뜨려놓고 겁이 덜컥 난 소년이 '장석조네 마당'에 내린 눈으로 눈사람을 만들고 그 속에 감추지 않았던가. 이 장난은 무엇이었을까. 장난이었을까, 아니면 공포에서의 탈출 방식으로서의 독창성이었을까. 소년의 이런 행위를 두고 북소리라 할 수 없을까. 북소리만큼 순화된 텍스트가 아니었겠는가.

2. 세 가지 가능성을 앞에 놓고

김소진과의 만남은 그의 첫 창작집 『열린 사회와 그 적들』(솔, 1993)에서이다. 창작집의 끝에다 붙이는 평론가의 해설문을 별로 탐탁하게 생각하지 않는 평소의 내 생각을 잠시 접어둔 채, 내가 그의 창작집 해설을 쓴 것은 웬 까닭이었을까. 그의 맹렬한 창작 활동 때문이 아니었을까.

지금도 그렇지만 비교적 지속적으로 나는 월평에 매달려왔다. 언젠가 그 지속성의 이유를 질문받은 적이 있었는데, 대략 이러한 대답을 한 것으로 기억된다. 인생, 어떻게 살 것인가, 혹은 삶이란 무엇인가를 몰라, 갈팡질팡하기 때문이라고. 작품이란 그러한 것에 대한 어떤 텍스트로 보였던 것이다. 특히 80년대에서 90년대에로 넘어서는 고비에서 나는 심하게 흔들렸고, 그 흔들림에 비례하여 작품 읽기에 몰두했던 것이다. 그러니까 작품 읽기란 내게 있어서는 일종의 현실이었던 셈. 작품 속의 세계가 '진짜'이고, 진짜 '현실'은 투명하여 눈에 보이지 않는 형국이었다고나 할까. 생활 현실이 보이지 않는 대신, 작품 현실엔 민감해질 수밖에 없는 기묘한 삶을 살아오고 있었다고나 할까.

이 작품 현실 속에서 매력적인 것은 여러 가지이나 그중에서도 신인의 등장만큼 가슴 설레는 것은 많지 않았다. 신인이란 무엇인가. 작품 현실 속에서 그것은 아기의 탄생과 흡사하다. 민첩한 아기도 있고, 지진아도 있고, 보통 아기도, '집안의 바보자식'(사르트르의 용어)도 있는 법. 이 아기들의 성장사를 지켜보는 일은 때로는 안타깝기도, 괴롭기도 했지만, 또한 불안하기도 했다. 특출하면 그 때문에, 그렇지 못하면 또 그 때문에 그러하였다. 요컨대 조마조마함이었다고나 할까. 작가 김소진도 그러한 아기 중의 하나였다.

무엇보다도 이 아기는 맹렬하였다. 데뷔작 「쥐잡기」(경향신문 1991년 신춘문예 당선작) 이래, 놀랄 만한 속도로 작품을 써내고 있었다. 두 해 동안 발표된 작품은 도합 11편. 비교적 긴 단편들이고 보면, 놀라운 분량이 아닐 수 없거니와, 더욱 중요한 것은 작품의 다양성이었다. 다양성이되 거기에는 또 각각 상당한 수준의 밀도를 갖추고 있지 않았겠는가. 거의 월평 때마다 언급된 것은 이런 사정에서 말미암았다. 첫 창작집에 수록된 작품들을 해설하는 마당에서 내가 주목한 것은 다음 세 가지.

(가)「쥐잡기」「키작은 쑥부쟁이」계열, (나)「열린 사회와 그 적들」「수습 일기」계열, (다)「춘하 돌아오다」「그리운 동방」계열 등이 그것. (가) 계가 월남한 아비와 관련된 부자간의 과제이자 그에 멈추지 않는 분단 이데올로기의 간접화라는 점에서, (나)가 지식인의 역사의식의 노출이라는 점에서, 그리고 (다)가 미아리 길음천변 달동네의 사람들, 이른바 '장석조네 사람들'의 삶을 다루었다는 점에서 각각 주목되었다. (가)는 개인의 집안 사정이지만, 그것이 그대로 분단 이데올로기에 걸려 있는 만큼, 이 나라 소설 주류에 이어진 것이었으며, 구소련이 해체되었다고는 하나 아직도 여전히 거세게 소용돌이치는 인류사의 미래에 대한 관심사가 그림자를 드리우고 있는 과제가 (나)였기에 그만큼 현실적이었고, 영원한 고향인 민중의 삶의 터전인 달동네 애기인 (다)는 원초적인 자리였던 것이다. 이 세 가지 과제를 동시에 전개하고 있는 신인 김소진의 존재가 돋보였음은 어디까지나 그 잠재력이랄까 가능성의 차원에서였던 것이다. 이중에서도 (나)에 내 관심이 기울어졌는데, 이 나라 소설판에서는 (가)(다)보다 (나) 쪽이 제일 취약해 보였음에 그 사정이 관여되었다. (나)란 무엇인가. 이데

올로기(마르크스주의)에 관련된 사고 영역이기에 지식인 특유의 논의였던 것. '이성의 힘으로 세계를 바람직한 방향으로 바꿀 수 있다' 라는 명제 아래 인류사가 전개되었음은 틀림없거니와, 문제는 그 방법상의 차이에 있다고 할 것이다. 단시일에 바꾸자는 쪽이 마르크스주의라면, '조금씩 바꾸자(a piecemeal social technology)'는 쪽이 『역사주의의 빈곤』 『열린 사회와 그 적들』의 저자 칼 포퍼였다. 『역사란 무엇인가』(E. H. 카)의 저자는 포퍼의 이런 견해를 30년대 T형 포드 자동차모양 귀엽기는 하나, 답답하다고 결론(제6장)에서 적어 야유한 바 있다. 반증 가능성(falsifiability)이 없는 어떤 진리도 참된 진실일 수 없다는 포퍼의 견해도 그럴듯해 보였지만 국가권력이 특정 계급을 옹호하는 현실을 너무도 생생히 보아온 터여서 마르크스주의 쪽에 더 실감이 느껴졌던 만큼, 이 (나)의 과제가 한동안 내 머리에서 떠나지 않았다.

작품 현실에도 응당 이 과제가 다루어져야 하고, 다루어지되 심도 있게 다루어졌으면 하고 바라고 있었다. 최인훈 이래의 새로운 지식인 소설 계보의 출현이 아쉬웠다고나 할까. 무엇보다 김소진 그는 현직 기자였던 것이다. 노동운동에 희생된 열사의 시신이 안치된 병원을 둘러싼 권력 구조를 현직 기자 김소진의 안목으로 파헤치고자 한 것이 바로 「열린 사회와 그 적들」(『문예중앙』 1991년 가을호)이었다. 이 나라 소설계의 제일 낯선 계보가 거기 반짝이고 있는 것처럼 내겐 보였다. 내가 그 창작집 해설문의 제목을 '새로운 지식인 소설의 한 유형'이라 붙인 것은 이런 사정에 관련된 것이었다.


3. 덫으로서의 '소설 계속 쓰기'

세 가지 잠재력 중 내가 (나)에다 희망을 건 것은 그것이 이 나라 소설 과제 중 제일 취약한 영역으로 보였기 때문이지만, 이러한 내 바람은 보기 좋게도 빗나가고 말았다. 참으로 건방지게도 나는 내 멋대로 한 신진 작가를 재단하고 있지 않았겠는가.

한 작가는 무엇을 위해 작품을 쓸 수도 있으리라. 그때 그 작가는 실패할 수도 불후의 작품을 남길 수도 있을 것이다. 무엇을 위해서 작품을 쓰지 않는 작가도 있으리라. 그때 그는 실패할 수도 불후의 작품을 낳을 수도 있을 것이다. 어느 편이든, 중요한 것은 '작품을 계속 쓰는 일'이 아니겠는가. 김소진은 이 가장 초보적인 상식을 마지막 소설집에서 가르쳐주고 갔다.

'소설 계속 쓰기'란 무엇인가. 계속 쓰기 위해, 직업을 가질 수도, 버릴 수도 있으리라. 계속 쓰기 위해 침묵할 수도 있고, 떠들 수도 있을 것이다. 계속 쓰기 위해 주식 투자를 할 수도 있고, 낚시질을 할 수도 있을 것이다. 어느 쪽이든 문제는 '소설 계속 쓰기'에 있다. 그러니까 '소설 계속 쓰기'란 일단 의식의 문제가 아닐 수 없다. 24시간의 지속에 관련되기 때문에 그것은 그러하다. 주식 투자를 하면서도, 낚시질중에도, 혹은 신문 기사를 쓰면서도 그의 의식을 지배하는 것이 소설쓰기일 때 비로소 그는 '소설 계속 쓰기'에 빠져 있다고 할 것이다. 이를 두고 심리학에서는 편집광이라 부른다. 일종의 광기에 들려 있기 때문이다. 사람들은 왕왕 이 광기에 들린 인물을 두고 천재라 부르곤 했다. 광기에 들린 사람이 천재라면, 여기에는 어쩔 수 없는 요인, 곧 운명적 개입이 불가피해진다. 의식이 그를 지배하면 할수록 그에 비례하여 그는 의식의 노예로 전락, 의식이 이끄는 대로 나아갈 따름이다. 모차르트에겐 보이는 것, 만지는 것 족족 소리로 변해버렸고, 고흐에겐 소리도 맛도, 까마귀 나는 보리밭의 공기조차도 송두리째 색깔로 바뀌어버렸던 것. 그도 어쩔 수 없는 이런 경지란, 다르게 말하면 그에겐 그것이 그대로 현실이었다. 다른 선택의 여지가 없고 보면 그 길로 나아갈 수밖에 없다. 그 의식의 끝에 놓인 것이 죽음이기에 '저마다에 고유한 죽음을'(릴케)이라고 읊조릴 수밖에 별 도리가 없다.

'작품 계속 쓰기'를 의식의 문제와 분리시켜 바라보는 시선은 없는 것일까. 이 물음에 대응해오는 곳에 김소진 소설 쓰기의 본질이 있지 않았을까. '작품 계속 쓰기'란 그에겐 '의식'의 과제이기보다, '온몸'의 과제였다. 온몸으로 글쓰기란 무엇인가. 문득 이 장면에서 후설과 그 제자 사르트르를 비판한 메를로 퐁티의 '신체론'(지각의 현상학)을 떠올림은 웬 까닭일까.

김소진 마지막 소설집에서도 마지막 두 작품은 「신풍근 배커리 약사」와 「눈사람 속의 검은 항아리」이다. 앞의 것은 한 대학생 청년이 학보사 여기자를 대동, 그의 할아버지를 방문한 이야기로 되어 있다. '민초에게 듣는 시리즈' 기획물인 만큼, 할아버지는 그런 민초의 한 전형으로 묘사된다. 따라서 김소진 특유의 기층민 의식과 그것에 상응하는 이문구 스타일의 말솜씨와, 또 많은 사람들의 동정을 자아내게끔 하는 가난한 자에 대한 따뜻한 시선으로 채워나가고 있다. 그러나 이러한 시선은, 잘 따져보면 일종의 센티멘털리즘(어떤 대상에 대한 정서적 과민반응)이라 할 수 없을까. 잘 따져보면 이런 취향이란, 김소진이 처음으로 개척한 영역도 아니며, 그만이 제일 잘 해내는 몫도 아니지 않겠는가. 게다가 철저한 스타일도 아니지 않겠는가. 요컨대 평균적 글쓰기의 범주에 든다고 할 것이다. 다음 한 가지 사실을 뺀다면.

"저 오늘 빵 원없이 먹었어요."(87쪽) 이 말이야말로 작가 김소진의 몫이 아니었을까. "나는 아무것도 모르는 늙은이지만 한 가지 원칙은 있어. 원칙…… 혼찌검을 내더라도 먹여가면서 해야 한다는 게지. 사람 먹는 것 가지고 우롱하면서 집적거리고 닦달하는 놈들을 보면 그저 한심하다 못해 콱 종주먹을 안기고 싶지"(87쪽)라고 호응하는 할아버지의 말 속에 김소진의 몫이 있지 않았을까. 허풍스런 부분만 제하면, 할아버지 말 속의 핵심 단어는 '원칙'에 있다. 먹어야 한다는 것이 그것.

먹어야 한다는 것은 또 무엇인가. 굶주림의 간접화라 할 수 없겠는

가. 그것은 달동네와 직접 간접의 관계에 놓인 개인적 심층이다. 달동네와 관련이 있다는 점에서, 앞에서 보인 (다) 범주에 들지만, 그중에서도 김소진적인 몫이 '먹기'의 원칙이 아니었을까. 달동네의 유년기 체험에 가로놓인 굶주림이란, 그러니까 '의식' 쪽이기보다 육체의 과제였으리라. 온몸으로 체험한 허기이기에 그것은 의식보다 한층 깊고 본질적인 것이다.

이 원칙이 또다른 원칙과 직결되었음은 새삼 말할 것도 없다. 배설하기(똥싸기)가 그것. 먹기와 싸기는, 장·단이라든가 선·악, 진·위 등의 분별심(이분법적 사고)을 넘어선 별개의 차원. 이른바 연기법(緣起法)의 경지가 아닐 수 없다. 일등은 꼴찌가 있기에 가능한 법. 생이란 죽음을 전제할 때 비로소 성립되는 것. 따라서 '인생'이란 표현은 '생사'의 표현에 비하면 한 수 아래의 경지에 속할 것이다. '의식'과는 별개의 경지에 놓인 '먹고 싸기'의 인식이 김소진의 몫이 아니었을까. 마지막 작품 「눈사람 속의 검은 항아리」에서 이 과제가 비로소 선명하게 펼쳐졌다.

## 4. 황금빛 똥이 뜻하는 것

마지막 소설 「눈사람 속의 검은 항아리」는 그 누구의 것도 아닌 오직 작가 김소진만의 것이다. 그로부터 나와서 그에게로 돌아가는 그런 작품이기에 그것은 기념비적이다. 짐승(개)이 되고 싶었던 한 사나이의 개인사이기에 기념비적이다. 달동네 사람들의 것도, 민중의 것도 아닌 김소진 그만의 것이기에 기념비적인 것이다.

앞에서 나는 그의 첫 창작집 『열린 사회와 그 적들』의 특징이 (가)(나)(다) 범주로 나뉠 수 있다고 보고, 그중 (나)를 부각시키고자 했음을 적었다. 그런 짓이 얼마나 부질없었는가도 이로써 분명해진 셈이다. 그렇다면 (가) 쪽은 어떠했던가. 「쥐잡기」류의 작품이란,

그것이 작가의 뿌리인 아비 얘기이자 동시에 분단 이데올로기에 속하며, 이 나라 소설계의 주류에 닿았다 할지라도, 작가 김소진만의 고유한 것은 아니다. 포로 수용소 출신이며, 가족을 북에 둔 아비라든가, 재혼하여 가정을 이룬 철원댁의 문제들도, 아들인 김소진에겐 직접적인 것은 아니다. (가) 범주란 요컨대 아비 세대의 과제였던 것. (나) 역시 인류사의 과제이지 그만의 것은 아니었다. (다)의 경우는 어떠한가. 「춘하 돌아오다」의 세계란 유년기 달동네 얘기이다. 미아리 길음천변 달동네란 김소진이 자란 동네이기에 '그리운 동방'이 아닐 수 없지만, 동시에 그것은 그 달동네에 산 명희, 춘하, 철원댁 등과 공유된 세계가 아닐 수 없다. (가)(나)에 비하면 그래도 (다)가 김소진 고유의 몫에 제일 가까운 세계라 함은 이런 연유에서이다. (다) 역시 명희, 춘하, 철원댁과 공유된 세계이긴 하나, 그래도 제일 그만의 세계 쪽으로 기울어진 영역이다.

회고컨대, 첫 창작집 『열린 사회와 그 적들』에서 제일 중요한 영역은, 이제 보니, (다)였고 그중에서도 「그리운 동방」이었음이 판명되었다. 나로 하여금 그러한 판단을 가능케 한 것이 바로 위에서 언급한 마지막 두 작품이었다.

「그리운 동방」이 김소진의 원점이라고 이제 나는 감히 말해도 되지 않겠는가. 마르코 폴로의 『동방견문록』이 있다. 어찌 마르코 폴로에게만 있겠는가. 누구에게도 '그리운 동방'이 있는 법. 달동네에도 예외는 아니다. 길음천변 달동네에서 자란 소년이 있었다. 소년들만의 비밀 장소도 있지만, 한 소년만의 그런 장소도 있는 법. 저마다의 마음의 '세렝게티'이니까. 그만의 고유한 비밀 장소에서 그는 소년기를 벗어날 것이다. 폐병쟁이의 딸이며 살갗이 흰 명희 누나를 떠올리며 첫 몽정을 겪음으로 비로소 가능한 영역이었다.

여인은 바로 명희 누나임이 분명해졌다. 여인의 촉감 좋은 날개가 온몸을 포근하게 휘감아온다. 그리고 밀려오는 격정의 파고. 빳빳해진

내 꼬랑지는 여인의 우묵한 꼬랑지 속으로 깊숙이 빨려들어간다. 나는 내 몸 안에서 이물질처럼 축축한 뭔가가 맹렬히 빠져나가는 걸 느낀다. 나른하다. 너무나 불쾌한 첫 몽정이었다.(「그리운 동방」,『열린 사회와 그 적들』, 156쪽)

(가)(나)(다)의 가능성을 모두 지닌 것이 작가 김소진의 출발점이었다. (가)에로 크게 뻗어나갈 수도 있었을 것이다. 내 어줍잖은 소망대로 (나)에로 크게 뻗어나갈 수도 있었을 터이다. 달동네의 기억을 통해 (다)의 범주에로 향함으로써 민중의 삶과 그 애환을 따뜻하게 감쌀 수도 있었을 것이다. 적어도 첫 창작집을 낸 그 무렵의 작가 김소진의 가능성은 각각 미지수로 봉인되어 있었던 것. 그는 자신에게 주어진 이 세 가지 가능성을 향해 맹진하였다. 기자직도 버렸다. 작품 쓰기만이 그에겐 삶의 전부로 되었다.

작품 쓰기란 무엇인가. 그는 이 근본적인 물음에 비로소 정면으로 부딪치지 않으면 안 되었으리라. 이 물음은 그러기에 관념적이거나 초월적일 수 없다. 이루 말할 수 없는 구체성으로 다가오는 것이었다. 작품 쓰기란 '작품 계속 쓰기'라는 사실이 그것.

'작품 계속 쓰기'의 명제에 비추어볼 때 (가)(나)(다)는 그에겐 너무 버거운 과제였다. (다)가 제일 힘겨운 것이기에 자주 바라보긴 했지만 역부족임을 깨닫지 않으면 안 되었다. (가)는 어떠했던가. 아비 세대의 과제였을 뿐 아니라, 시대정신상의 밀도 역시 희박한 것이기에 힘을 쏟을 열정이 솟지 않았을 터이다. 남은 것은 (다)뿐. 그러나 이 (다)에도 엄연히 문제가 가로놓여 있었다. 유년기 달동네의 기억이란, 아무리 야금야금 아껴 써먹어도 그것이 화수분일 수는 없는 법. 그만의 영역인 (다)도 언젠가 바닥나고 말지 않겠는가. '소설 계속 쓰기'에서 이 '기억의 바닥나기'야말로 공포의 대상이 아닐 수 없다. 작가 김소진의 위기의식이 바로 이 대목에 있었다고 나는 생각한다. 동시에 작가 김소진의 고유성도 바로 이 대목에서 왔다고 나는 생각한다. 이 '위기의식'에서 그는 그 나름의 특이한 돌파력을 보였기 때문이다. 나는 그 고유성을, 메를로 퐁티를 흉내내어 '신체론'(온몸론)이라 부르고자 한다. '소설 계속 쓰기'의 감행이란, 그에게 주어진 강박관념이었다. 전업 작가로 배수진을 쳤고, 모평론가의 지적에 따르면 가장(家長) 의식도 이 배수진을 증폭시켰으리라.(한기, 「가장 콤플렉스의 잔영, 글쓰기에의 순사」, 『문예중앙』1997년 여름호) (가)(나)에로 나아가기엔 그는 역부족이었다. 가장 의식이 그로 하여금 그런 여유를 주지 않았다. (다)가 제일 만만한 보물창고였다.『장석조네 사람들』(고려원, 1995)이 그 증거이다. 그러나 장편『장석조네 사람들』로 말미암아 (다)도 탕진된 형국에 직면했을 것이다. 아무 데도 나아갈 길은 보이지 않았다. 이 위기의식에서 그는 기적을 보았다. '짐승이 되고 싶다'는 본능적 충동의 솟아오름이 그것. 이를 심리적 퇴행이라 부를 수도 있으리라. 짐승에겐 없는 이 '위기의식'에서 해방되고 싶은 욕망이야말로 작가 김소진의 고유성이 아니었겠는가. 최후작「눈사람 속의 검은 항아리」에서 그는 이 욕망의 기념비적 표현을 낳았다.

이 작품은『장석조네 사람들』의 무대인 그 달동네 방문기라 할 것이다. 유년기의 어느 눈 내린 날 '나'는 욕쟁이 할멈의 짠지 항아리를 깬 바 있었다. 참으로 큰 사건을 저지른 '나'는, 장석조네 마당에 쌓인 눈으로 눈사람을 만들어 그 속에 깨진 항아리를 감추고 하루 종일 도망을 쳤다. 눈은 금방 녹을 것. 항아리가 드러날 것은 시간 문제. 그렇지만 '나'가 그때 임기응변으로 위기를 탈출할 수 있는 길은 그 방법밖에 없었다. 그 아득함, 망망함의 공포감으로 인해 세상은 종잡을 수 없는 어떤 것으로 그에게 느껴졌다. 그러나 날이 저물어 집으로 돌아오자, 모든 것이 탄로났지만, 세상은 전과 조금도 다르지 않았다. 눈물이 솟은 것은 이 조용함에서 왔다. 그가 혼자 느낀 그런 공포감이 "항아리를 깨어 눈 속에 감춘 주제에 사내자식이 울긴 왜 울어"라는 어머니의 핀잔이 있었을 뿐, 실제로는 허상이었음이 판명된다. 눈사람을 만들어 그 속에 공포감을 감추기란 장난(창조)의 일종이 아니었겠는가. 위기의식이 그런 기현상을 창출했던 것. 그렇지만 그것은 근본적으로는 시간 속에 노출되어 소멸되게 마련인 것. 요컨대 위기의식이란 인간만이 지닌 자기 환각의 일종인 것. 만일 짐승이라면, '소설 계속 쓰기'에서 해방될 수도 있지 않았겠는가. '소설 계속 쓰기'의 강박관념에 시달리는 가장이자 작가인 김소진이 '장석조네 마당'에 다시 섰을 때 그는 공포감(위기의식)으로서의 '소설 계속 쓰기'가 자기 의식의 환각임을 통렬히 깨닫고 있지 않았을까. 그는 짐승이고 싶었다. 그는 배설하고 싶었다. 빈집 헛간을 찾았다. 거기 깨진 장독이 있었다. 그 속에 들어가 변을 보았다.

잠시 주첨거리는 새 마침 세로로 절반쯤 깨진 큼직한 항아리가 눈에 띄었다. 그 안에는 아마 그 항아리의 반을 깨고 들어왔을 한 뼘짜리 벽돌이 들어 있었다. 크기로 보아서는 한 열 명쯤 되는 식구를 먹여 살렸을 장독 같았다. 나는 누렇게 마른 소금기 자국이 얼비치는 옹색한 항아리 안으로 엉덩이를 비집고 들어가 벽돌과 깨진 장독 쪼가리를 디디고 서서 허리띠를 풀었다. 귀밑이 달아오르도록 용을 쓰느라 기침이 터졌다. 기침이 끝나자 나는 서러운 아이처럼 입초리가 이죽이죽 위로 치켜져 올라가는 걸 알았다. 울고 싶은 모양이었다. 나는 구린내가 나는 두 가랑이 사이로 고개를 바싹 쑤셔박고 굵은 김이 무럭무럭 오르는 굵은 황금빛 똥을 쳐다보았다. 왠지 모르게 뿌듯했다.(『장석조네 사람들』, 32쪽)

흰 눈사람 속에 감추어둔 검은 항아리의 반복에 주목할 것이다. 이번엔 검은 항아리와 흰 '나' 속에 황금빛 똥이 대응되고 있다. 흰 눈사람과 검은 항아리 속에 위기의식으로서의 소년의 절망이 가로놓여 있었다면 이번엔 검은 항아리와 '소설 계속 쓰기'의 위기의식에 절망한 '나' 사이에 황금빛 똥이 가로놓여 있지 않겠는가. 이 똥은 누구의 몫이겠는가. "똥을 다 누고 난 나는 (……) 뒤를 돌아보니 냄새를 맡은 누렁이 한 마리가 내가 나온 집으로 코를 쑤셔박고 들어가는 모습이 보였다"고 작가는 적었다. 그 모습을 보며 "나는 입술을 굳게 다물었다"고 덧붙이고 있다.

　황금빛 똥이란 무엇인가. 그것은 당연히도 짐승(개)의 몫이 아니었겠는가. 그것은 길음천변 달동네의 육체가 아니었던가. 소설적 기억의 원천인 (다)의 육체가 바야흐로 짐승의 먹이로 되고 있지 않겠는가. '소설 계속 쓰기'의 자의식은 이로써 무화되지 않았겠는가. 이를 '소설 계속 쓰기'의 초극이라 할 수는 없다 해도, 그것의 임계점에 육박한 것이었다. 가능성으로서의 (가)를 포기하기, (나)를 포기하기에 이어, 마지막 보루인 (다)의 포기에까지 그는 힘겹게 이르고 있었다. (다)의 포기에 이르는 과정이 신체론으로 발현되었음이야말로 그 확실성이라 할 것이다. 그는 지금부터 '소설 계속 쓰기'를 포기하든가 새로운 지평을 모색해야 할 시점에 이른 형국이었다. 내가 이 마지막 작품을 기념비적이라 부르는 것은 이런 사정에서 말미암는다. 죽음으로 인해 중단된 그의 작품세계가 깨진 레코드판이 아니라 그 자체가 완결된 것이라고 내가 보는 것도 이 때문이다.


　5. 북치는 소년들

　작가 김소진이 내게 가르치고 간 것은 과연 무엇이었을까. '소설 계속 쓰기'에 대한 한 유형이 아니겠는가. '소설 계속 쓰기'의 일반적 유형이 '의식'에 있다고 나는 생각했고 지금도 그러하기는 마찬가지다. 만일 그 '의식'이 사라지거나 끝장났을 때 작가의 내면 풍경은 어떠할까. 종종 나는 이런 물음을 혼자 던지곤 했는데, 이 물음에 대한 해답의 하나가 「눈사람 속의 검은 항아리」였다. 의식으로서의 검은 항아리와 신체로서의 '나' 사이에 가로놓인 황금빛 '똥'이 그 해답이었다. 더이상 나아갈 지평은 없다.

이 점에서 보면 유고집『입 속의 검은 잎』(1987)을 남기며 만 29세로 백옥루의 가인(佳人)이 된 시인 기형도와 대조적이다. "사랑을 잃고 나는 쓰네"라고 그는 읊었고, "영혼은 검은 페이지가 대부분이다"라고 그는 울부짖었다. 그로테스크할 정도로 그는 자의식에 가득 차 있지 않았던가. 시인 기형도에겐 요컨대 신체가 없는 형국이었다. 그의 죽음이 죽음처럼 인식되지 않음은 이런 사정에서 말미암는다. 기형도와 김소진의 서로 닮은 점이 조금이라도 있다면 검은색으로 상징되는 요절이라고나 할까.

작가 김소진과 제일 닮은 사람은 누구일까. 시인 김종삼이라고 나는 생각한다. 왜냐하면 김소진도 실상은 북치는 소년이었던 까닭이다. 그 제일 확실한 증거가 '소설 계속 쓰기'에 매달리기이다. '소설 계속 쓰기'란 실상 어느 곳에도 없는 환각이다. 작가 스스로가 만들어낸 이 환각을 진실처럼 믿어버리는 것은 소년들뿐이다. 북치는 소년의 이름이 김소진이었다. 버스 토큰을 천원어치 사서, 하루 종일 버스를 타며 북치는 소년. 길음동 길음천변으로 가면 그 소년의 북소리를 들을 수 있다. 맑은 귀 가진 사람은 누구나 들을 수 있다.

상향(尙饗).

# 노벨상의 두 일본문학과 바쇼(芭蕉)
― 오리엔탈리즘을 둘러싸고

1. C시인의 바쇼 공부행

　시인이자 평론가인 C씨가 시업(詩業) 정진을 위해 이웃나라 수도 도쿄에 간 지도 어느덧 수삭이 지났다. 유달리도 이번 겨울엔 눈이 썩 많이 내린 도쿄라고 외신까지 전하고 있다. 분교구(文京區)의 당고(團子) 고갯길 너머에 있는 모리 오가이(森鷗外) 박물관을 에워싸고 도는 동백 울타리에도 지금쯤 짙은 녹색에 새빨간 얼굴을 내민 동백꽃이 선연하지 않을까. 태평양에서 불어오는 해풍이란 조금 차기는 해도 제법 견딜 만한 청량제라 느끼며 그 큰 눈썹으로 큰 걸음을 걷고 있을 C시인을 생각한다. C시인은 아마도 그 짙고 큰 눈썹으로 그곳 동백 울타리를 능히 제어하고 있지 않을까.
　눈썹이란 무엇이겠는가.

내 마음속 우리 님의 고운 눈썹을
즈믄 밤의 꿈으로 맑게 씻어서
하늘에다 옮기어 심어놨더니
동지 섣달 날으는 매서운 새가
그걸 알고 시늉하며 비끼어 가네(「冬天」)

미당 선생에 있어 눈썹은 그냥 눈썹이다. 어찌 그리움의 대상(눈썹이 검은 금녀 동생)만이겠는가. 어찌 눈썹의 탈물질화이겠는가. 눈썹은 그냥 눈썹인 것이, 하늘에다 심을 수조차 있기 때문이다. 하늘이란 무엇이겠는가. 허무일 수 없다. 진흙밭이거나 옥토이거나 좌우간 형이상학적 씨앗을 싹트게 하고 키우는 토양인 것. 무란 그러니까 허공이 아니고 실체이다. 이 경지에까지 이르기 위해서는 무수한 절을 지어보아야 된다. 절이란 무엇이겠는가.

나는 지난밤 꿈속의 내 눈썹이 무거워
그걸로 여기
한 채의 새 절간을 지어두고 가려 하느니(「여행가」)

무로 통하는 입구, 그것이 절간이었다. 그러니까, 무란 본래 있었던 것이 아니라 각자가 만들어낸 것이 아닐 수 없다. 무엇으로 절을 만드는가. 눈썹으로써이다. 육체와 혼, 물질과 정신의 분리 지점, 그것이 절이다. 눈썹이란 그러니까 절간을 짓는 질료이기보다는, 작용하는 힘이었던 것.

C시인이 지닌 짙고 큰 눈썹이란 대체 무엇이었던가. C시인의 외유 풍문이 들렸을 때 먼저 그 눈썹을 떠올린 것은 나만의 편견이었을까. 더구나 바쇼(芭蕉, 1644~1694) 공부라 함에랴. 일본 근세의 특출한 시인이며 인류 서정시의 재산으로 평가되는 하이쿠(俳句)의 완성자가 바쇼이기에 바쇼 공부란 곧 하이쿠 공부이며 하이쿠 공부란 바쇼 공부

라 할 것이다.

    古池や蛙飛こむ水のをと
    (huruike-ya kawazu tobikomu mizu-no-oto)

    오래된 연못이며/ 개구리 뛰어드는/ 물소리
    (old pond : / frog jumping / water-sound)

    閑さや岩にしみ入蟬の聲
    (sizukasa iwa-ni shimi'iru semi-no-koe)

    한적함이여/ 바위에 스며드는/ 매미 소리
    (so still : / into rocks it pierces / the locust-shrill, M. G. Handerson 역)

바쇼 하면 누구나 이 두 구절을 하이쿠와 더불어 떠올리지 않을까. '5·7·5'로 된, 극히 짧은 형식 속에 우주를 담기 위한 미적 발명품이 하이쿠라면 극단적인 생략(침묵, 여백)으로 이루어지지 않을 수 없다. 눈썹을 하늘에다 심는 방식이라 할 수 없을까. 무를 언어로 포착하기란 원래 절망적인 법. 이를 옛 선사들은 전 생애를 두고 추구하여 마지않았다. 이를 선(禪)이라 불렀는지도 모른다.

어째서 C시인은 바쇼에 매료당했을까. 바쇼가 아니라 하이쿠의 그 극소화된 형식미에 매료되었기 때문이었을까. 헤아릴 길이 내겐 없지만 다만 다음 두 가지 사실은 지적해볼 수 있겠다. C시인이 한산시(寒山詩)에 깊은 조예가 있다는 사실이 그 하나. 수년 전 나는 C시인과 함께 '풍교야박(楓橋夜泊)'의 그 종소리를 듣기 위해 소주 땅 한산사(寒山寺)에 들르기도 했거니와 실상 C시인은 한산시의 훌륭한 해설가였던 것이다. 뿐만 아니라 이 나라 서정시의 한 맥이 한산시와 이어져 있음을 논증해낸 장본인이기도 했다.

한산시와 더불어 '달마가 동쪽으로 온 까닭'을 캐기 위한 노력의 헛됨을 읊어버렸음이 그 다른 하나. C시인은 두 개의 한산시를 썼다.

때때로
하늘 편지 구름에게 받아보고
언제나 적적한
마당을 쓴다.

드문드문 빗방울에
지워지다 흐리게 남아 있는
산새들의 야윈 발자국

올올한
바위 틈에 찾아올 길 없는
집 한 채 지어놓고

때때로
이끼 낀 물소리 베개하고
바람 소리 적적한
귀를 씻는다.(「여름 한산시」)

시인 자신이 뭔가 불안하지 않았을까. 정신의 집중력이 없다. 왜? 정신을 집중해보지 못했으니까. '빗방울에 드문드문 지워지는 산새 발자국'으로 족한 것이 아니었을까. '빗방울'로도 넘치지 않았을까. '산새 발자국'으로도 오히려 길지 않았을까. 어찌 산새 발자국이랴. 그냥 발자국이어도 족하지 않았을까. 요컨대 한산시의 시적 사유란 이처럼 형식에 무신경했던 것. 「여름 한산시」가 그러하다면 「겨울 한

「산시」도 그러할까.

> 인적이 끊긴 눈 속에서
> 밤늦도록 몰아치는 쓸쓸한 바람의
> 낯선 목소리를 등불 밑에서 찾으리라
> 눈 그친 산과 들에 쏟아지는 무량한 햇빛을
> 잔잔히 흔들리는 갈대와 함께
> 눈이 시리도록 바라보리라
> (……)
> 내내 잠들지 못하리라(「겨울 한산시」)

「여름 한산시」에서는 흐릿하나마 산새 발자국이 나름대로의 몫을 했다고 볼 수 있지만, 「겨울 한산시」에 이르면, 시인은 오히려 세속인들 수준에도 못 미치고 있지 않겠는가. 형식미도 정신력도 보잘것없는 경지라 할 수 없을까. 동쪽과 서쪽, 무와 유가 당초부터 없는 마당이고 보면 달마의 동쪽행이란 당초 있지도 않은 분별법이 아니었던가.

C시인이 부딪힌 절벽, 그것은 혹시 C시인이 이해한 한산시의 한계가 아니었을까. 그가 바쇼 공부차 동쪽에로 나아간 까닭이 이 부근에 있지 않았을까.

### 2. 오에 씨의 노벨상 수상 연설—애매한 두 일본인

C시인의 바쇼 공부행의 풍문이 들렸을 때 초라한 내 서재 한 귀퉁이에 놓인 문고판 책 한 권이 눈짓을 했다. 오에 겐자부로의 『애매한 일본의 나』(이와나미 신서, 1995. 1. 31)가 그것. 이 책에는 약간의 사연이 있다. 오에 씨의 서명과 내 이름이 적혀 있기 때문. 1994년도 노벨상을 수상하기 전에 오에 씨는 모연구소와의 계약으로 1995년 2월

초에 방한하기로 되어 있었는데, 내가 이 사실을 안 것은 오에 씨와 평소 교분이 짙은 이학수 교수(UCLA)로부터였다. '일본 연구 쿄토 회의'(1994. 10. 17)에 참석한 뒤 귀국한 이 교수가 거기서 오에 씨로부터 직접 들었다는 것. 오에 씨가 이 회의의 주제 발표자였는데, '세계문학은 일본문학일 수 있는가?'라는 제목이었다. 노벨상 수상 이전에 쓴 것이며, 노벨상 수상 직후에 발표된 만큼 씨는 원고 일부를 수정함으로써 만장의 웃음과 박수를 받았다. 그 대목은 이러하여 인상적이다.

일본문학은 다음 셋으로 분류된다.
(1) 세계와 고립된 문학 범주. 타니쟈키 준이치로, 카와바다 야스나리, 미시마 유키오 등.
(2) 세계문학에서 공부한 작가들의 문학 범주. 오오카 쇼헤이, 아베 고보, 오에 겐자부로 등.
(3) 서브 컬쳐(대중문학) 범주. 무라카미 하루키, 요시모토 바나나 등.
이 범주들 중 노벨상이 어째서 (1)에 주어졌는가. 동서구는 물론, 미국, 남미, 심지어 아프리카, 아시아로부터도 고립된 (1)에 노벨상이 주어졌음이란 대체 무엇인가. (3)은 돈이나 벌지만 (2)처럼 세계문학에서 많은 것을 본질적으로 수용하여 독자적인 창작을 해낸 범주는 대체 무엇인가. 이처럼 푸대접해도 좋단 말인가.

이상이 초고였는데, 정작 (2)에도 노벨상이 주어졌다는 것. 초고 수정이 불가피해질 수밖에. 이 강연 원고를 읽으면서 나는 저류에 깔려 있는 오에 씨의 심정이 조금 헤아려졌다. 도대체 세계에서 고립된, 일본인 저들끼리만 아는 문학, 그런 미학도 문학이라든가 예술이라 할 수 있는가. 설사 있다 치더라도(가장 토착적인 것이 세계적이다는 명제의 허위성) 그게 우선할 수 있겠는가. 천재적인 예감으로 씌어진 아베 고보의 『모래의 여인』에 앞서 (1)에다 노벨상을 수여해도 되는 것일까. 『만년 원년의 풋볼』에 앞서도 되는 것일까. 이제 (2)에도 노벨상이 주어져서 다행이긴 하나, 여전히 그 순서가 틀렸다는 울림이 글 전체를 지배하고 있었다.

이러한 오에 씨의 심정이 노골적으로 드러난 것은 '회로를 닮은 일본이 아니다'(1993. 5. 25, 뉴욕 시립도서관 강연)에서이다. 이 강연에서 씨가 비판해 마지않은 것이 바로 노벨상 수상 작가 가와바타 야스나리(川端康成, 1899~1972)이다. 이 강연 첫 줄에서 이 점이 분명해진다.

일본어의 작가로 첫 노벨상을 받은 가와바타는 스톡홀름에서 '아름다운 일본의 나'라는 수상 강연을 했습니다. 이는 실로 아름답습니다. 동시에 참으로 애매한 것이라 하지 않을 수 없지요. 그러나 이 아름다움이 일본적이듯 그 애매함도 분명 일본적이라 생각합니다.

이렇게 운을 뗀 씨는 가와바타의 수상 연설의 첫 줄이 "봄은 꽃이다. 여름은 두견이다. 가을에는 달, 겨울은 눈이 맑아 서늘키도 하더라(春は花夏ほととぎす秋は月冬雪さえて冷しかりけり)"라는 도오겐(道元, 1200~1253) 선사의 「본래면목(本來面目)」이라는 제목의 이른바 선시(禪詩)에서 비롯 기까이(喜海)의 「묘오엔전(明惠傳)」으로 끝냈음을 지적, 그 이유를 이렇게 비판했다.

첫째, 가와바타의 미의식이 그의 전 생애에 걸쳐 일본적 또는 이를 넘어선 동양적 신비주의와 일치하는 곳에까지 깊어졌다는 것.

둘째, 서구의 청중을 향해 연설하면서도 실은 서구, 미국을 향해 말한다는 의식이 없었다는 것. 이 사실은 다르게 말하면 일본의 현대인까지도 염두에 두지 않았다는 것.

이처럼 논조는 정중하지만 카와바다의 연설문이란 저 혼자, 혹은 저와 같은 특수한 부류의 일본인 신비주의자들을 향해 씌어졌다는 것이 오에 씨의 비판이다. 과연 이래도 되는 것일까. 그게 노벨상의 의도의 하나라면 참으로 기괴한 현상이라 할 수 없겠는가.

이 기괴함이 오에 씨에게 얼마나 깊은 상처를 남겼는가는 씨의 스톡홀름에서의 수상 연설(1994. 12. 7)의 제목에서도 확연히 읽을 수 있어 인상적이다.

일본어 작가로서 최초로 이 자리에 섰던 가와바타 야스나리는 '아름다운 일본의 나'라는 강연을 했습니다. 그것은 매우 아름답고 동시에 매우 애매한 것이었지요. 저는 지금 vague라는 말을 사용했습니다. 이는 일본어로 '애매한'이란 뜻을 지닌 형용사에 해당됩니다. 여기서 이 점을 표나게 내세우는 것은 '애매한'이란 일본어를 영어로 번역할 경우 번역어로서 여러 낱말을 떠올릴 수 있기 때문입니다. 가와바타 야스나리가 아마도 의도적으로 선택한 이 애매함은 그 강연의 제목이 말해주고 있지요. 그것은 일본어로 '아름다운 일본의 나'라는 그 조사 '의'의 기능에 의한 것입니다

(1) 우선 '아름다운 일본'에 속하는 '나'를 가리킴인 것.
(2) '아름다운 일본'과 '나'를 동격으로 제시한 것.

가와바타 문학 번역 전문가인 미국인 사이덴스티커의 영역은 Japan, the beautiful and myself로 되어 있음은 이 까닭. 꼭 이런 표현을 쓴 것은 아니나 오에 씨의 글 저류에 흐르는 감정이랄까 의식은 다음과 같은 것이 아니었을까. "가와바타 씨가 자기 자신을 아름답다 하고, 선(禪)을 내세우고 나아가 동양적 신비주의를 외치고, 그런 미학의 완성자라고 세계를 향해 외치는 것은 상관없으나, 또 그런 외침이란 용기 있는 행위이며 자기 자신에 대한 정직함이며 자기 문학에 대한 성실성이겠지만, 그것이 일본 자체라든가 일본문학이나 미학도 그러하다고 한다면 곤란하지 않겠는가. 어찌 오늘의 일본의 문학이나 미

학이 그러할까 보냐. 극히 일부, 그것도 늙은 층의 한 부분이 그러할 따름 아닌가. 사정이 이러함에도 불구하고 가와바타 씨는 오해를 불러일으킬, 납득하기 어려운 말을 농하고 있지 않겠는가"라고.

가와바타가 주장한 독자적 신비주의란, 선(禪)의 맥락 속에 있는 만큼 이를 말하기 위해 일본 중세의 선승들의 와까(和歌)를 인용하고 있다. 오에 씨의 표현을 빌면, 이러한 와까란 '언어에 의한 진리 표현의 불가능성을 주장'하고 있다는 것, 말을 바꾸면 '닫혀진 언어'라는 것. '그 언어가 이쪽으로 전달되어오는 것을 기대할 수 없고 단지 이쪽이 자포자기하여 닫혀진 언어만으로 들어가지 않고서는 그것을 이해하거나 혹은 그것에 공감하는 것이 불가능한 것'에 해당된다는 것.

이러한 와까를, 그것도 일본어 그대로 스톡홀름 청중 앞에 낭독함이란 대체 무엇인가. 가와바타로서는 물론 자기의 정직성, 성실성이겠으나, 그 때문에 그것으로 족하며, 또 그 강연의 결말이 자기의 그러한 미학이나 신념이란 서구의 니힐리즘과는 다르며 따라서 니힐리즘이 아니라고 못박고 있었다는 것도 그의 필연성이며 따라서 신뢰할 가치가 있고 존중되어야 마땅하겠으나, 그것이 막바로 '일본'이라 우긴다면 곤란하지 않겠는가. 적어도 그런 오해를 불러일으킬 '애매한' 표현을 한 것은 곤란하지 않겠는가.

오에 씨가 세계를 향해 전하고 싶은 요점은 무엇인가. 자기의 노벨상 수상이야말로 그 동안 홀대받아온 '세계문학에서 배워(연결된) 창조된 일본문학'의 가치 선양이 아니었을까. 자기의 노벨상 수상이란, 이 사실을 세계 속에 인식시킬 수 있는 계기가 되었다는 것, 따라서 가와바타가 퍼뜨려놓은 일본문학 및 일본인의 미의식의 신비주의를 씻어버릴 수 있는 기틀로 삼겠다는 것으로 요약될 수 없을까. 그렇게 하기 위한 치밀한 방편으로 행해진 것이 역설적이게도 '애매한 일본의 나'였다. 그렇지만 여기서 말하는 '애매한'이란 vague가 아니라 ambiguous라는 것. 영어의 이 낱말의 어떠함은, 영시의 본질을 파헤친 표준적인 시론서로 고명한 저 엠프슨의 『일곱 개의 다의성 *Seven*

*Types of Ambiguity*』에서 잘 엿볼 수 있다. 영시의 본질이 의미 전달에 있다는 것(프랑스 시가 울림, 존재의 드러냄에 본질이 있다면) 따라서 의미 전달의 일곱 가지 유형을 정밀히 분석한 이 이론서의 제목으로 사용된 ambiguity란 '애매모호함'으로 번역되긴 하지만, 실상은 다의성(多義性)이 아닐 수 없어, vague(막연함)와는 구별되지 않을 수 없다. 이 다의성이야말로 근대 일본의 참모습이라는 것. 그가 자기의 문학을 ambiguity라 규정할 때, 그가 지향한 것은 자기 문학이야말로 진짜 일본의 근대문학을 대표한다는 선언이 아닐 수 없다. 그는 이렇게 운을 떼고 있지 않겠는가. "개국 이후 120년 동안 근대화를 계속해온 현재의 일본은 근본적으로 애매함(ambiguity)의 양극으로 갈라져 있으며, 뿐만 아니라 그 애매함에 깊은 상처를 입은 표나게 뚜렷한 작가로 제 자신이 살아가고 있는 곳"이라고. 국가와 인간을 모두 갈라 놓을 정도로 강하고 날카로운 이 '애매함'이란 무엇인가. 서구를 모방하면서도 일본식 전통 지키기, 이 애매한 진행은 급기야 "아시아에서 침략자 역할로 일본을 몰고 갔다는 것", 서구를 향해 전면적으로 개방되어 있으면서도 서구 쪽에게는 언제나 이해 불가능한 어두운 부분을 지켜왔다는 것, 게다가 "아시아에 있어서조차 정치적·사회적·문화적으로 고립되어 있었던 것", 이것이 일본 근대의 실상이라는 것. 이런 것에 '깊은 상처를 입은 표나는 작가'가 바로 자신이라는 것. 과연 노벨상을 타기 위한 자기 선전이랄까 자기 이미지 창출 방식치고는 참으로 집요하고도 적극적이라 할 만하다. 그만큼 끈질긴 노력을 기울인 형국이라 할 것이다.

일본문학이 과연 오에 씨의 자기 주장대로일까. 오에 자신의 일방적인 주장이기에 그 혼자의 생각에 지나지 않는 것이 아닐까. 자기 소설에 대한 해설가라든가, 독서를 열심히 하는 척하고 그것을 자랑삼아 쓴다든가, 순문학이라 자처한다든가, 체제비판적이면서도 고단샤(講談社), 『분게이 슌슈(文藝春秋)』, 이와나미(岩波), 아사히신문(朝日新聞) 등의 제도권 밖으로 한 번도 나서지 않았다는 것 등의 비판도 있으며, 심지어 그의 소설을 펼치기만 하면 졸린다는 비평가의 지적도 나와 있을 정도다.(「오에 겐자부로는 누구인가」, 산이치 신쇼, 1995)

그렇지만 오에 씨에게 계속 귀기울일 필요도 있다. 오에 씨의 이러한 연설문이 내 가슴에도 와 닿는 것은 가와바타 못지않게 씨의 성실성, 정직성의 드러냄인 까닭이다. 우선 이 연설문 속엔 근대 일본의 제국주의적 침략과 그로 인한 이웃나라의 고통이 여러 번 지적되고 있다. "나는 한국의 김지하와 중국의 鄭義(정의), 莫言(모에이) 등과 연결짓기도 했다"고 그는 적었다. 씨의 이러한 발언이란 지식인으로 독서를 열심히 한다는 자랑이겠지만 그의 전 작품에서 어느 정도 증명되는 것이기에 그만큼 확실한 것이라 할 것이다.(졸고, 「오에 문학과의 어떤 만남」 『소설과 사상』 1995년 여름호 참조) 세계의 중심이 동북아시아가 될 것이다라는 김지하씨의 주장에 반대하면서 오에 씨가 세계 온 마을이 저마다 중심이 있을 뿐이라 주장하는 것도(동아일보, 1995. 2. 4, 김지하와 오에의 대담) 이런 문맥에서 설명될 수 있겠다.

근대 일본이란 다양성으로 구성되었다는 것, 보편성과 특수성이 깊은 골짜기를 이루고 있으며, 그 골짜기에 상처입은 문학이 진짜 일본문학이라면 자기 문학이야말로 그러한 유형의 대표적 유형이라는 것으로 오에 씨의 연설문을 요약할 수 있지 않을까. 가와바타가 '일본문학'의 고유성이랄까 전통적 측면을 내세웠다면 오에 씨가 내세운 것은 '일본 근대문학'의 실상이라 할 것이다. 세계 속의 일본(그들은 80년대 이래 '국제화'를 내세웠다)을 목표로 하는 일본의 세계화의 시선에서 보면 "국경의 긴 터널을 빠져나오자 눈고장이었다"(『눈고장』 첫 줄)라는, 폐쇄적인 눈세계의 거울 속보다는, 오에 문학의 다의성이 훨씬 현실적이라 할 것이다. 유력지 아사히신문이 그토록 대대적으로 또 지속적으로 오에 문학에 관심을 표명한 이유도 이로써 조금 설명되지 않겠는가. 서울에서 씨를 잠시 만났을 때(1995. 2. 4) 묻지도 않았는데도 씨는 이렇게 말하는 것이었다. "내 작품에 반한(反韓)적인 대목이 있다는 한국측의 비판이 있었다. 내가 일본인이기에 일본인의 무의식 속에 그러한 요소가 있어 나도 모르는 사이에 그런 현상이 일어났는지도 모르겠다"라고.

### 3. 가와바타 문학과 바쇼 문학

가와바타의 예술이 훌륭하듯 그의 노벨상 수상 연설문 또한 훌륭한 것이라고 나는 생각한다. 이와 꼭 같은 의미로 오에 씨의 문학과 씨의 연설이 훌륭한 것이라고 나는 생각한다. 그렇다면 무엇이 문제인가. 두 문학(미의식)의 차이가 아닐 수 없다. 차이의 확인에서 만일 조금 나아갈 수 있다면 하고 나는 바랄 뿐. 어느 쪽 미학이 좀더 현대적일까(오늘날의 우리의 삶에 한층 접근해오는 것일까)를 묻는 단계가 그것이리라. 나는 아직도 그런 수준에 이른 바 없다. 다만 그런 경지가 열리기를 바랄 뿐. 바쇼를 공부하러 간 C시인에게 내가 유독 관심을 갖는 것도 이 사정에 관여되어 있다.

가와바타의 문학과 오에의 문학을 동시에 이해하고 또 비판할 수 있는 유자격자는 누구일까. 그런 사람에게 이 과제를 조금 풀어달라고 물어보면 어떠할까. 우선 내 머리에 떠오르는 것이 일본 고전문학과 근대문학 양쪽을 동시에 전공한 비평가이거나 학자가 아니겠는가. 야마모토 겐기치(山本健吉, 1907~1988) 씨가 아닐 수 없다. 게이오대학 국문과에서 오리구치 노부오(折口信夫)에게서 배웠고, 잡지『하이쿠 연구』를 편집했으며, 또한『비평』(1939) 동인이고『고전과 현대문학』(1955)의 저자인 까닭이다.『시의 자각의 역사』『바쇼』등의 명저로 알려진 야마모토 씨라면 이러한 내 물음에 어떤 암시를 던져줄지도 모르지 않겠는가.

가와바타 씨가 가스관을 입에 대고 자살한 것은 노벨상을 받은 지 사 년 뒤인 1972년이었다. 이 사건이 일본에 얼마나 충격적이었는가는 바둑인 오청원을 비롯한 27인의 견해와 그의 친구인 곤 도꼬오(今

東光)의 「진짜 자살한 사나이」라는 『문예춘추』의 특집으로 능히 짐작할 수 있다. 가와바타의 자살과 관련, 문인들의 반응도 여러 가지였음은 당연한 일이었으리라. 창작력의 고갈 때문이라든가 인생 달관이라든가 환각과 현실의 넘나듦이 빚은 행위라든가, 등등이 그것. 그렇다면 야마모토 씨의 견해는 어떠했을까. '가와바타 야스나리의 죽음과 그의 문학'이란 부제를 단 「'그리움'과 '쓸쓸함'과」(『新潮』, 1972. 6)에서 야마모토 씨는 이렇게 말문을 열고 있었다.

"가와바타 씨로부터 언젠가 받은 그 편지, 지금은 어디 두었던가? 지금 이 급한 판에, 그것 찾기를 단념한 채 나는 그 내용을 떠올리고자 한다."

그 내용이란 이러했다. 바쇼의 다음과 같은 시구의 해석에 관한 것.

가을 깊어라
이웃은 무엇을
하는 사람일까
秋深き隣は何をする人ぞ
(aki hukaki tonari-wa nani-o suru hito-zo)

바쇼 만년의 이 하이쿠에 대해 세계적인 수학자이자 일본 수필의 대가급인 오카 키요시(岡潔, 1901~1978)의 해석이 모잡지에 실려 있는 바, 이를 읽은 가와바타가 느낀 바 있어, 야마모토 씨에게 편지를 한 것이었다. 그 느낌이란 어떤 것이었을까. 야마모토 씨의 전하는 바에 따르면, 위의 시구를 아쿠타카와(芥川龍之介, 1892~1927)는 '쓸쓸함'이라 했는데, 오카 씨는 '쓸쓸함'이 아니라 '사람 그리움'이라 했다. 그대의 견해는 어떠한가라는 내용이었다. 물론 가와바타 씨는 그 시구에 대한 자기의 느낌이나 견해를 내비친 것은 아니었다.

이 시구에 대한 야마모토 씨의 견해는 그의 명저 『바쇼』 속에 표명되어 있다. 곧 자기와 이웃 사이의, 저마다가 고독함 속에서도 어울릴 수 있는 어떤 연대의식이 있다는 것, 다시 말해 마음속에서는 자기 자신에게 말하면서 동시에 타인에게 말을 거는 목소리가 있다는 것. 이 시구는 그러니까 고독 저 밑바닥에 있는 적요감을 통한 사람 그리움이라는 것. 결과적으로 보면 오카 씨의 견해와 같은 해석이었다. 만일 가와바타 씨가 야마모토의 『바쇼』의 이 평석 대목을 읽었더라면 그러한 편지를 썼을 이치가 없다.('미의 존재와 발견'〔하와이 대학 강연, 1969. 5. 22〕에서 가와바타 씨는 야마모토 씨의 저서 『바쇼』속의 평석 한 대목을 인용하고 있었음에 비추어보아 씨가 이 책을 갖고 있었으나, 위의 인용된 '가을 깊어라……' 부분 평석에까지는 눈을 돌리고 있지 못했던 모양.)

대체 가와바타는 어떤 이유로 야마모토 씨에게 의견을 구했을까. 이 물음은 영영 풀 길 없는데, 당사자가 자살했기 때문이다. 야마모토 씨의 안타까움도 여기 있거니와 또한 야마모토 씨 나름의 추측의 소중함도 이로 말미암는다. 다름아닌 일본에서 고전문학과 근대문학을 동시에 파악할 수 있는 자질을 가진 최고의 비평가 야마모토 씨가 추측해본 가와바타의 내면 풍경은 과연 어떠했을까.

"가을 깊어라……"의 시구에 아쿠타카와와 꼭 같이 가와바타 씨도 '쓸쓸함'으로 읽고 있었다. 그런 씨가 오카 씨의 '사람 그리움'으로 읽는 견해에 접하고, 깜짝 놀랐고, 공감했고, 그러나 약간의 의문이 없지 않아 내 의견을 물었다고 나는 생각한다. (……) 그렇지만 나는 "가을 깊어라……"의 시구에 '사람 그리움'(차라리 그리움 일반, 그러니까 대인적(對人的) 감정뿐이 아니다)을 보는 견해에 대해 가와바타 씨의 마음이 움직인 점에서 씨의 마음의 한 경향, 혹은 원망(願望)을 읽어내고 어떤 감동을 받았던 기억을 떠올렸다.

이를 계기로 야마모토 씨가 읽어낸 가와바타의 마음의 흐름이랄까 마음의 어떤 경사란 과연 어떤 것일까. 먼저 야마모토 씨가 문제삼은 것은 바쇼의 그 시구가 아니라 "눈, 달, 꽃에 벗을 생각한다"라는 시구이다. 스톡홀름의 수상 기념 강연중에 나오는 이 시구는 대체 누구의 것인가. 가와바타는 다만 고금동서의 미술에 박식한 야시로 유키오(矢代幸雄) 박사의 저서『일본 미술의 특질』에서 인용했다고 그 강연에서 밝히고 있다. "눈, 달, 꽃에 벗을 생각한다(雪月花時最思友)"를 두고 이것이 일본인의 미의식, 이른바 풍아(風雅)의 사상의 근저를 가장 잘 말해주는 것 중의 하나로 거론한 것까지는 좋으나, 대체 그 시구가 누구의 작인가라고 누군가가 묻자 "그런 것 따위 알게 뭐냐"라는 가와바타 씨의 냉담한 대답이었음에 야마모토 씨는 주목하고 있었다. 문제의 야시로의 저작『일본 미술의 특질』을 펼쳐보면 그 시구의 출처가 당나라 시인 백낙천의「협률랑의 은모에 부쳐(寄殷協律)」임이 밝혀졌을 뿐 아니라 일본인의 손으로 된『화한낭영집(和漢朗詠集)』과 수필 고전『마구라노조시(枕草子)』에도 나오는 널리 알려진 시구임이 드러났다. 곧 琴詩酒伴皆抛我 雪月花時最憶君(「思友」라 제목을 단 이 시구의 뜻은, 거문고, 시, 술, 벗 등으로 이루어졌던 인간적인 교우가 나를 버렸을 때, 그러니까 그러한 것이 불가능해졌을 때, 제일 그리워지는 적은 언제인가? 눈과 달과 꽃이 바야흐로 피는 그때라는 것, 곧 5년간의 소주·항주 자사시설이라는 것.) 정작 백낙천의 원시의 뜻을 옮기면 이 점이 분명하게 드러난다.「협률랑의 은모에 부쳐(寄殷協律)」가 그것.

　　다섯 해 함께 즐겨 놀며 날을 보냈으나
　　하루 아침 흩어져 뜬구름 같고나.
　　거문고와 시와 술이 더불어 모두 나를 버렸으니
　　눈과 달과 꽃의 시절 제일 그대 그립도다.
　　몇 번인가 닭울음 듣고 백 일을 읊었던가
　　또한 일찍이 말탄 기생들을 읊었던가
　　그 무렵 기생 오가 부른 저녁비 소슬함의 곡조

강남에서 헤어지니 다시 들을 수 없도다.

五歲優遊同過日
一朝消散似浮雲
琴詩酒伴皆抛我
雪月花時最憶君
幾度聽雞歌白日
亦曾騎馬詠紅裙
吳娘暮雨蕭蕭曲
自別江南更不聞

거문고, 시, 술과 눈, 달, 꽃이 짝으로 숙어화된 이 백낙천의 시구를 굳이 해석하자면 어떠할까. 눈, 달, 꽃이란 사계의 자연 속에서 대표적인 좋은 경치가 아니겠는가. 거문고, 시, 술을 이와 함께 마주함이야말로 즐거움이 아니겠는가. 그렇지만 이 경치와 멋을 혼자 즐기기란 과연 인생 최고의 즐기기일까. 아니다. 벗이 있어, '벗과 함께' 즐기어야 최고의 즐기기라 하지 않겠는가. 혼자 즐기기, 쓸쓸함, 현실 도피의 즐거움을 두고 어찌 최고의 즐기기라 할까. 마음 통하는 벗과 더불어 그러니까 타자와 함께 즐기기야말로 참된 즐기기의 경지라는 것.

가와바타가 이 시구를 인용한 것은, 그러니까 그가 이 정도의 뜻까지 파악했음에 틀림없었다고 볼 것이다. 문인 최고의 영예의 순간 그의 이 즐기기도, 문학관에서 함께 고뇌하며 뒹군 벗들과 함께 해야 진짜 즐기기였을 터이다. 요코미츠 리이치(橫光利一)라든가 기타 고우들. 그들은 지금 이 땅에 없다. 이 고우들에 대한 그리움이 '무의식 속에서' 이 시구를 통해 드러났는지도 모를 일이다.

그렇게 좋게 평할 수도 있겠지만 그렇다면 어째서 그는 이 시구의 출처도 알아보고자 하지 않았으며 출처를 묻는 사람에게 냉담한 반응을 보였을까. 더욱 이상한 것은 어째서 그가 바쇼의 저 "가을 깊어라……"에 대한 의견을 야마모토 씨에게 물었을까에 대한 점이다. 만일 "가을 깊어라……" 구절을 '쓸쓸함'으로 파악하고 있지 않았더라면 어째서 그것이 '사람 그리움'이라는 오카 씨의 견해에 그가 그토록 충격을 받았겠는가. 앞에서 '무의식 속에서'라고 한 것은 이 사정에 관여된다.


### 4. 오카 씨의 가와바타 비판

가와바타와 오카, 두 거장의 두번째 대결이란 무엇이던가. 야마모토 씨가 정작 파헤쳐보고 싶었던 것이 바로 이 장면이 아니었을까. 1971년 야마모토 씨가 『바쇼』(카도가와 서점)을 내기 위해 쿄토에 있는 오카 씨를 찾아가 대담을 한 바 있었다는 것. 그때 오카 씨는 진아(眞我, 無私)를 설명하기 위해 도오겐(道元)의 「본래면목」이라는 작품 "봄은 꽃이라 여름은 두견이라 가을에는 달, 겨울은 눈이 맑아 서늘하기도 하더라"를 들었다는 것.

이 시구는 앞에서 보인 대로 가와바타 씨가 스톡홀름에서 행한 강연의 첫 줄에 인용된 것이다. 일본인의 미의식의 정수랄까 본질을 보이는 사례로 들었던 것. 야마모토 씨가 이 점을 지적하고자 할 때 오카 씨는 말머리를 뺏다시피하면서 이렇게 내뱉었다는 것이다. "가와바타 씨는, 그러나(그 시구의 뜻을) 진아의 무(無)라는 경지라고 보는 것에까지는 이르지 못했다"라고. 가와바타 문학의 근저에는 인간다움이랄까 친근미 같은 것을 찾기 어려움을 오카 씨가 말하고 있었던 것이 아니었겠는가. 이 장면에 와서야 오카 씨에게, 바쇼의 "가을 깊어라……"의 시구에 대한 가와바타 씨의 반응을 비로소 실토했다고 야마모토 씨가 말하고 있어 인상적이다. 야마모토 씨는 오카 씨가 한 말의 뜻을 짐작하고 있었던 것이다. 오카 씨의 말을 전하는 대목을 보이면 다음과 같다.

바쇼가 쓸쓸하다고 하는 것은 사람 그리움이라는 것이다. 또한 쓸쓸함이란 사람의 쓸쓸함도 쓸쓸하지 않으면 참된 쓸쓸함이 아니다. 사람 그리움이 되고 마는 것이다. 거기까지 이르지 않으면 인생이란 것을 알지 못하지요. 단순한 에고이즘에 지나지 못하지요. 실로 추악한 꿈이지요.

오카 씨의 이러한 발언의 저류에 흐르는 느낌은 무엇이었을까. 가와바타 씨는 '자기의 쓸쓸함은 다른 사람들과는 다른 특별한 것'이라고 알고 있는 모양인데, 이런 생각이야말로 구제할 수 없는 에고이즘이라는 것. 게다가 추악한 망상이기조차 하다는 것. 이 점을 야마모토 씨는 알아차릴 수 있었다는 것이다. 근대 작가나 예술가는 누구나 자기 개성에 절대적인 자부심을 갖고 있지 않으면 안 되었을 것이다. 이 오만함, 이 미망에서 가와바타도 예외는 아니었을 터이다. 자살이 그런 증거의 하나로 볼 수 없겠는가. 자기라는 존재가 특별히 슬프거나 쓸쓸하다고 느끼지 않으면 자살 따위가 생길 이치가 없다. 물론 가와바타는 천재이기에 범속한 인간이나 예술가와 구별되겠지만 바로 그렇기 때문에 죽음에 대한 인간적인 상식을 묻지 않을 수 없다. 가와바타 씨도 자기의 쓸쓸함을 특별한 것이라 여기지 않고, 자기의 적막함을 보통 사람의 그것과 다르지 않다고 생각했다면 자살까지는 하지 않았을지도 모른다. 그런 천재를 범인과 혼동하지 말라든가 천재를 범인의 눈으로 재는 어리석음이라 비난받을 수도 있지만, 이러한 비난을 어느 정도 막아내거나 조금 묽게 하기 위해 나는 지금껏 논의해온 것이다. 어째서 그러한가. 바쇼의 시구 "가을 깊어라……"에 대한 가와바타의 마음의 흔들림이 그 증거였다. 이 증거는 스톡홀름의 강연에서도 발견해낼 수 있음은 물론이다. 이 수상 강연에서 그는 자살한 아쿠타카와의 유서의 한 구절을 인용하고 있었다.

내가 지금 살고 있는 곳은 얼음같이 맑디맑은 병적인 신경의 세계다. (……) 내가 언제 감연히 자살할 수 있을지는 의문이다. 다만 자연은 이같은 나에게는 여느 때보다도 한층 아름답다. 자네는 자연의 아름다움을 사랑하면서도 자살하려는 나의 모순을 웃으리라. 그러나 자연이 아름다운 것은 나의 마지막 눈길에 비쳐지기 때문이다.(수상 연설문에서 재인용)

아쿠타카와의 이 유서의 대목에 나오는 '마지막 눈길'에 착목하여 가와바타가 쓴 수필이 유명한 「마지막 눈길」이거니와, 이 수필에서 그는 이렇게 결론짓고 있지 않았던가. "제 아무리 현세를 혐오한다 하더라도 자살은 오도(悟道)의 자태는 아니다. 제 아무리 덕행이 높다 하더라도 자살은 대성(大聖)의 경지에는 멀다"라고. 가와바타 씨는 이 말을 세계인들 앞에서 해놓고 있다.
여기까지 이르면, 가와바타의 마음의 흐름을 다음처럼 읽어볼 수 없을까. 「마지막 눈길」에서 보듯, 미와 죽음의 등가사상을 비판하면서도 한편 그것에 대한 마음의 경사를 금하기 어려웠다는 것. 이러한 마음의 혼돈에 있을 때 바쇼의 "가을 깊어라……"의 구절에 대한 오카 씨의 평석을 읽었다는 것. 그 순간 그의 마음의 혼돈이 더욱 심해졌다는 것. 그만의 쓸쓸함이냐, 사람 그리움이냐, 이 갈림길에서 그의 마음은 혼돈 상태였다. "가을 깊어라……"에서 '쓸쓸함'이라는 근대적 개인주의의 추악스러움을 그는 아쿠타카와와 공유하고 있었으나 오카 씨의 평석을 접하고 충격을 받았다. 『잠자는 미녀』계통의 비록 아름다우나 뭔가 추악스러운 것(근대적인 개인주의)에서 벗어나야 했을 것이었다. 그러기 위해 그는 여러 가지 노력을 했을 것이다. 펜클럽 회장직을 비롯, 근대문학관 창립, 하와이대 세미나 참가, 아시아 작가회의, 서울 펜대회 참가, 뿐만 아니라 도쿄 도지사 선거 유세에까지 나아가고 있었는데, 이런 사회적 활동은 무엇이었을까. 사람 그리움의 마음의 경사라 할 수 없을까. 벗에 대한 그리움에 연결되는 것이 아니었을까.

 그렇지만 이러한 일들은 창작 행위와는 무관하다. 이런 행위를 하는 동안 그는 작품을 쓰지 못했던 것이다. 작품을 통해서 삶의 충실감이랄까 생명의 고양을 얻는 것이 작가라면 가와바타는 불행했는지도 모른다. 사후적인 판단이긴 하나 만년의 바쇼의 "가을 깊어라……"의 경지에 결국 이르지 못한 것처럼 보이기 때문이다. 바로 여기에 가와바타의 불행이 있고, 죽음이 스며들 마음의 틈이 생겼던 것이 아닐까. 정중하게 수면제에 의한 사고사로도 알려져 있는 그의 죽음을 일종의 자살로 바라보는 것은 이런 사정을 말해주는 것이 아닐까.

### 5. 오리엔탈리즘과 그 주변

 1994년도 노벨상이 오에 씨에게 주어졌음은 매우 상징적이었다. 세계로 하여금 일본문학이 두 가지로 크게 분류된다는 사실을 새삼 확인케 한 계기를 만들었기 때문이다. '아름다운 일본의 나'로 대표되는 '일본문학'과 '애매한 일본의 나'로 대표되는 '일본 근대문학'이 그것. vague와 ambiguous로 비유되는 이 두 가지 문학 범주의 동시적 인정을 강요하고 있음이 노벨상 위원회의 겨냥한 곳이었는지도 모를 일이다. 일본 및 일본문학을 일면적으로만 보아서는 안 된다는 것, 가와바타류의 문학이 일본문학의 주류도 아니며, 다만 한 유형에 지나지 않는다는 것을 오에의 문학을 내세워 그들은 정정하고자 시도했는지도 모를 일이다.

 좀더 순리적으로 말해본다면 국제화 속에서 서구와 더불어 치열하게 경쟁하고 있는 전후 일본인의 자신감이 vague 쪽이 아닌 ambiguous 쪽으로 기울어지게끔 노력하지 않으면 안 되었을 것이다. E. 사이드의 『오리엔탈리즘』(1976)에 촉발된 것으로 보이는 한 비평가의 다음과 같은 견해가 이 사정을 잘 말해준다고 볼 수 없을까.

전후『눈고장』은 미국의 일본문학자들에 의해 특권적으로 선호되었고 마침내 노벨상까지에 이르렀다. 그러나 그것은 그들이 참으로 점령 하의 일본을 '눈고장'으로 본 결과이다. 4년간 미국과 싸운, 군사력과 기술력을 가진 일본, 아시아를 침략하고, 거기에서 서양 제국주의 국가 들을 쫓아낸 제국주의의 일본, 그러한 일본 따위는 잊자. 그러한 일본 의 처리는 점령군에 맡겨버리자. 그들이 본 것은『눈고장』의 가난한 기생들과 같은 무력하고 아름다운 일본, 혹은 그런 일본문화이다. 그들 은 '국경의 긴 터널'을 지나, '눈고장'을 찾고, 그것을 '타자'로 알고 감탄한다. 그러나 거기의 일본은 그들의 자기 의식이 투사하는 '거울' 에 지나지 않는다.(가라타니 고진,「일본근대문학의 기원 재고」,『비평 공간』제1호, 1991)

　미국과 4년 동안이나 군사력으로도 기술력으로도 겨눌 수 있었던 근대 일본의 위엄에 어울리는 그러한 일본문화 및 문학이란 무엇이겠 는가. 이 물음에 대답하는 책무를 일본문학이 짊어지고 있지 않았을 까. 이러한 열망이 오에의 노벨상 수상으로 어느 정도 달성되었는지 도 모른다. 비록 오에 씨가 일본 제국주의를 비판하고, 김지하, 정의 (鄭義), 모에이(莫言) 등을 내세웠을지라도 120년에 걸친 일본 근대 를 그대로 수용한 점에서 보면 그러한 판단을 가능케 한다. 이러한 시 선에서 보면 오에의 수상은 씨의 자기 선전 및 성실성과 더불어 썩 현실적이라 할 것이다.

　이로써 일본은 '일본문학'과 '일본 근대문학'을 세계 속에서 주장 할 수 있게 되었다고 대범하게 말해볼 수 있을지 모른다. 그렇지만 나 는 마지막으로 남는 다음과 같은 의문을 끝내 떨치기 어려웠다. 바쇼 의 "가을 깊어라……"의 시구가 그것.『궤 일기』(1694)에 실려 있는 이 작품은 그의 죽던 해에 쓴 작품이다. 이 작품의 경지가 어느 수준 인지 알지는 못하나, 이 방면의 전문가인 오카 씨나 야마모토 씨의 평

석을 빌리면, 가와바타가 이른 경지보다는 한층 윗수로 이해된다. 개인주의가 아니라 '사람 그리움'의 경지라는 것. 도오겐이나 바쇼는, 오카 씨의 표현을 빌린다면, 진아(眞我)의, 무(無)의 경지까지 이르렀으나, 가와바타는 여기까지 이르지 못한 것으로 말해진다. 만일 이 점을 믿는다면, 세계에 소개된 가와바타의 문학이란, 특출하긴 해도 뭔가 조금 어색한 '일본문학'이라 할 수 없겠는가. 내가 좀더 알아보고 싶은 곳이 바로 이 점에 있었다. 바쇼에 관심이 간 것은 이 때문이었다. C시인이 도일한다는 풍문이 들렸을 때 내가 갖고 있던 바쇼의 기행시집 『오쿠노호소미치(奧の細道)』(영역판)를 C시인에게 우송한 것도 이 때문이었다. C시인이 만일 바쇼를 깊이 공부해서 귀국한다면 나는 "가을 깊어라……"의 그 시구에 대한 C시인의 해설을 잘만 하면 경청할 수 있을지도 모르지 않겠는가. 정작 오에의 저러한 자기 선전의 문구라든가, 그의 지속적인 가와바타 문학 비판의 허실도 조금은 엿볼 수 있지 않을까. 오에 문학을 옹호하는 일본 지성계의 어떤 취향도 엿볼 수 있지 않을까.

이러한 내 세속적인 얄팍한 공리주의를 비웃듯, 그로부터 반 년이 지난 어느 눈 오는 날, 내 서재에 C시인의 엽서가 날아들었다. 거기엔 내 이름과 함께 이런 C시인의 자작시가 적혀 있을 뿐이었다.

    어둠이 묵정밭 갈아 염주알 만들었나
    닭벼슬 꼭대기에 올라서는 새벽빛
    쪽배 같은 책상에 홀로 받을 때
    소란한 물보라 일으키는 마당 빗방울

# 송충이와 나비의 몸짓
## —노천명 소묘

1. 『산호림』과 「오감도」

　『산호림』(1938)의 시인 노천명(1912~1957)은 「오감도」(1934)의 이상(1910~1937)보다 두 살 아래다. 진명여학교를 거쳐, 이화여전 문과(1934)를 나온 스물세 살의 노천명이 첫번째로 취직한 곳이 조선중앙일보 학예부였다. 「오감도」가 발표되는 장면을 노천명은 훗날 이렇게 적었다. "그때 학예부에 새로 등장된 문제의 인물이 이상(李箱)씨였다"(「피해야 했던 남성」)라고. 무엇이 어째서 '문제'인지에 대해 한마디 언급도 없다. 관심 밖의 일이기에 이로써 족한 것. 그녀의 신문사 내에서의 별명이 '찬바람 불다'였다.
　황해도 장연군의 한 농촌에서 자란 노천명의 유년기를 복원할 만한 자료가 없어 뭐라 하긴 어려우나, (1) 아들 없는 집의 차녀였다는 것, (2) 남장을 시켜 키웠다는 것, (3) 아버지의 사망으로 어머니의 친정

쪽인 서울로 옮겨온 것이 여남은 살 적이었고, (4) 서울서 소학교와 중학 과정을 마쳤다는 것, (5) 이화여전 문과에 다녔다는 것 등을 그녀의 글에서 알아볼 수 있을 따름이다. 스스로 말한 '찬바람 불다'라는 이 기질적 측면이 그녀의 문학과 어떤 관련을 갖는가에 관심을 둔 독자라면 처녀 시집 『산호림』 첫 장에 비석처럼 버티고 있는 「자화상」에 주목할 것이다. "구리처럼 휘어지며 구부러지기가 어려운 성격"이라 했고, "몹시 차 보여서 좀체로 가까이하기 어렵다"고도 했다. 이것으로도 부족했던지 다음처럼 좀더 심도 있게 덧붙여 마지않았다.

    도무지 길들일 수 없는 내 나귀일레
    오늘도 등을 쓸어주며
    노여운 눈물이 핑 돌았다.
    그래도 너와 함께 가야 한다지……

    밤이면 우는 네 울음을 듣는다
    내 마음을 받을 수 없는
    네 슬픈 성격을 나도 운다.(「반려」 전문)

강렬한 자기 의식이 아닐 수 없다. 이 자기 의식이란 점에서 보면 「오감도」의 시인과 흡사하다. 그렇지만 전자가 기질적인 자기 의식이란 점에서 후자의 방법론적 자기 의식과 결정적으로 구분된다. 「날개」의 작가는 기하학적 상상력을 배운 근대인이었다. 근대인의 비극이 방법론(기교)이란 이름의 '의식의 과잉'에서 비롯되었음을 「날개」의 작가는 알고 있었다.

실로 나는 울창한 삼림 속을 진종일 헤매고(도) 끝끝내 한 나무의 인상을 훔쳐오지 못한 환각의 인(人)이다. 무수한 표정의 말뚝이 공동 묘지처럼 내게는 똑같아 보이기만 하니 멀리 이 분주한 초조(함)을 어떻게 점잔을 빼어서 구하느냐.(「동해」)

　이상에게 있어 자기 의식이란 이처럼 철저한 헤겔주의였음이 판명된다. '회색의 세계' '관념의 세계'가 진짜이고, '생명의 황금 나무의 녹색'이란 얼마나 황당스러운 것인가. 유클리드 기하학에서 비유클리드 기하학으로 나아가면 갈수록 '황금빛 녹색'이 사라지고 저 '회색의 세계'가 아득히 전개되지 않겠는가. 식민지 수탈을 위해 세워진 경성고등공업학교에서 근대 교육(측량술)을 배운 「오감도」의 작가가 어느 날 문득 자기도 모르게 어떤 함정에 빠졌음을 깨달았을 때의 그 형언할 수 없는 놀라움이 위의 인용 속에 역력하다. 근대인이란, 그러니까 '환각의 인'이 아닐 수 없다는 사실, 이것이 방법론에 집착할 때 몰아닥친 충격적인 현실이었다. 이상은 이를 '공포'라 불러 마지않고 이 공포에서의 탈출이 「오감도」로 표상되는 이상 문학의 비극적 표정이다.
　이와 견주어볼 때 노천명의 경우는 어떠한가. 점박이 당나귀라 자처하지 않았겠는가. 당나귀에게 비유클리드 기하학이란 무엇이겠는가. 당나귀에게 그 누가 감히 방법론을 가르칠 수 있겠는가. 타고난 기질이기에 당나귀 스스로도 어쩔 수 없는 노릇. 이 사실을 알아차린 기묘한 당나귀. 이른바 족보에도 없는 자기 의식을 칠보관(七寶冠)처럼 머리에 인 점박이 당나귀. 그가 노천명이다.


### 2. 메이늘과 로랑생

　이상과 노천명, 자기 의식의 이 두 유형을 두고 당대의 비평적 시선은 어떠했을까. 이른바 근대적 방법론을 체득함으로써 「날개」와 「기상도」를 유려하게 해독해낸 당대의 비평가 최재서는 『산호림』을 읽으며 앨리스 메이늘(A. Meynell, 1847~1929)을 연상한다고 했다. 영국의 상류층 출신인 메이늘에 대해 아는 바 없으나, 최재서의 지적에 기대면 '정서를 감추고 아껴서 미화하고 순화하려는 점'에서 두 사람이 닮았다 한다.(『문학과 지성』, 인문사, 1938) '정서를 솔직하게 토로하는 것이 시인의 몫'이라 생각하던 풍토에서 바야흐로 '정서를 감추고자 함'으로 방향 전환하는 시점에 비평적 기준을 삼은 신고전주의자(주지주의자)로 자처한 최재서이고 보면, 동향(황해도) 출신이라는 사실과는 관계없이, 이처럼 『산호림』에다 후한 점수를 주었을 터이다. 방법론상에서 보면 「날개」와 『산호림』은 더불어 같은 범주에 든다. 그럼에도 자신이 없었던지 최재서는 메이늘과 노천명의 유사성을 '기질적으로 비슷한 점'이라 해놓았다. 소네트를 즐겨 쓴 메이늘을 흄이나 파운드 혹은 로웰과 같은 방법론상의 무리들과 연결시키기 어려웠던 까닭이 아니었을까.

시집 이름을 '산호림'으로 짓게 하고 이를 기린 측에게 노천명은 어떻게 비쳤을까. 안국동 107의 2호인 노천명 집 방 두 개를 빌려 살았던 시인 김광섭에게 노천명은 저 프랑스의 여류 화가이자 시인인 마리 로랑생(1883~1956)을 연상시켰다. "불란서에서도 보기 드문 이 애상의 여류 시화가(詩畵家)의 뺨에는 그지없는 눈물이 흐르고 있었다. 그것은 눈물의 자화상에 눈물의 시였다. 나는 두 권을 사서 한 권은 천명에게 드렸다"(김광섭, 「시인 천명과의 교우와 회상」, 『자유문학』, 1958. 7)라고 김광섭이 적었거니와, 일찍이 야수파의 시대, 로댕이 "적어도 여기 작은 암야수라고밖에 표현할 길이 없는 여성이 있다"라고 평한 바 있는 로랑생과 노천명은 어떤 점에서 닮았을까. 혹시 이 근엄한 영문학자이자 교사인 시인의 눈에 노천명은 단순한 '여류 시인'이 아니라, 여자의 자화상으로 비치지 않았을까. 저 『산호림』의 서시격인 「자화상」은 그러니까 김광섭으로부터 선물받은 로랑생 화집 속의 「자화상」(1904) 바로 그것의 복제가 아니었을까.

『산호림』의 시인은 이로써 메이늘과 로랑생으로 표상되는 두 개의 향기로운 관을 쓸 수 있었다. 그것은 '여류'로 표상되는 최상의 경지,

곧 '여왕'의 관으로 나아가는 길목의 몫을 했을 터이다. 사슴이 고귀
한 것은 머리 위의 관 때문이다. 사슴이라 자처하면 할수록 귀족의 핏
줄에 연연하게 마련이며, 그럴수록 자제와 고고함을 내면에서 키워내
야 했을 터이다. 송충이를 싫어하면서도 나비의 귀족적인 성향에 기
울기와 같은 것.

    모가지가 길어서 슬픈 짐승이여
    언제나 점잖은 편 말이 없구나
    관이 향기로운 너는
    무척 높은 족속이었나 보다(「사슴」 1연)

이는 서시「자화상」의 변형이 아닐 수 없다. 메이늘과 로랑생을 관
처럼 머리 위에 쓴 『산호림』의 시인의 운명은 이로써 결정되었을까.
이런 물음은 그녀의 기질과 분리될 땐 무의미하거나 위험할 것이다.
만일 기질과 분리된다면 방법론으로 극복해야 할 과제이며, 이 방법
론 추구 쪽으로 나아갔다면 「날개」의 작가모양 공포에 직면하여 절망
하기 십상이었으리라. 매우 다행스럽게도, 노천명의 향기로운 관 쓰기
는 기질 쪽에 지평이 열려 있었다. 이처럼 자연스런 관 쓰기는 달리
없지 않았을까. 기질의 내면화로 치닫기가 그것.


### 3. 기질의 수사학

방법론이냐 기질이냐의 물음이 「날개」의 작가와 『산호림』의 시인
사이에 걸려 있다는 명제 자체는 벌써 문학사적 개입에 해당된다. 이
개입을 선명히 하기 위해 일단 두 시인이 쓴 산문에 논의를 모아보는
길이 있다. 이 경우 중요한 것은 '글쓰기'란 무엇인가에 대한 물음과
그 점검이다.

두루 아는 바와 같이 이상은 시인도 작가도 그렇다고 수필가도 아니고, 그 어느 범주에도 들지 않지만 동시에 어느 범주에도 들어 있는 형국이다. 이 점은 강조되어야 하는데, 왜냐하면 「선에 관한 각서」를 비롯한 첫번째 시 작품 및 「오감도」를 태연히 일어로 쓸 수조차 있었던 까닭이다. 그에게 있어 시란, 단지 기하학적 도식이거나 건축 설계도의 일종이기에, 일어든, 조선어든 상관없는 일이었다. 문제는 기호였던 것. 이와 꼭 마찬가지로 시라든가 소설, 수필 따위의 장르도 무의미한 것이었다. 문제는 '글쓰기'(기호 놀이)에 있었던 것. 이 경우 또 중요한 것은 무엇인가. 다음 셋이 문제점으로 떠오른다.

(가) 기호론의 범주가 그 자체로 성립되는 세계. 소쉬르 이후 구조주의라 부르는 것이 이 범주이다. 언어란, 상대적인 자의성으로 성립된다는 것. 또 기의와 기표의 이분법으로 성립된다는 것. 이 구조적 도식으로 세계의 의미를 파악하고자 하는 것. 이러한 언어 기호의 구조를 통해 세계를 처음 보았을 때, 그는 얼마나 큰 충격을 받았던가. 한글 「오감도」의 공포는 이로써 설명된다. 총천연색의 세계가 까마귀 색깔로 변했던 것이다. 흰색 위에 회색을 칠해도 생명의 녹색은 되살아나지 않는 법. 이러한 공포의 세계에서 벗어나고자 몸부림친 첫번째 순종 한국인이 이상이었다.

(나) 기호론을 전달의 범주에 국한시키는 세계. 야콥슨이 서 있는 자리이기에, 어떤 기호도 전달에 기여하지 않는다면 무의미한 것으로 되는 영역. 기호의 존재 의의가 의미 전달에 있기에 「날개」도 「오감도」도 의미 전달에 걸리고 마는 범주.

(다) 기호론을 의미 생성의 범주로 보는 세계. 라캉, 크리스테바가 선 자리. 이것이 프로이트의 이론과 결정적으로 구분되는 것은, 기표·기의의 결합을 통한 의미 전달, 또는 무의식의 세계를 현실 속의 의미로 환원하기를 거부함에 있다. 라캉이 기표의 연쇄를 내세우며 이에 대응되는 기의를 제거한 것은 이런 사정에서 말미암는다. 무의식 속에서 언어 기호가 어떻게 생성되는 것일까. 연사관계와 연합관

계로 드러나는 언어 기호론이지만 과연 인간 심층에서도 그러할까. 이 범주는 아직도 여전히 미지의 베일 속에 가려 있다고 할 것이다.

「오감도」의 작가를 (가) (나) (다)의 각 범주에서 접근해갈 수 있다고 할 때 그 근거는 '글쓰기'에서 찾을 것이다. 이상의 시, 소설, 수필 등을 관습적 분류를 떠나 글쓰기의 일종으로 바라볼 때 특히 주목되는 것은 (다) 범주이다. 여기서는 전문적인 논의를 피하기로 하거니와(졸고, 「이상 문학 연구의 어떤 방향성」, 『문예중앙』 1996년 가을호 참조), 이상이 구사한 수사법 하나만을 문제삼기로 한다.

이상의 수필 중에 「성천 기행」이 있다. 친구가 있는 평안남도 성천에서 한여름을 보낸 이 글에서 그가 사용한 기호 생산(수사법)은 다음처럼 정리된다.

(1) 향기로운 MJB의 미각을 잊어버린 지도 이십여 일이나 됩니다.
(2) 객줏집 방에는 석유 등잔을 켜놓습니다. 그 도화지의 석간과 같은 그윽한 내음새가 소년 시대의 꿈을 부릅니다.
(3) 배짱이가 한 마리 등잔에 올라앉아서 그 연둣빛 색채로 혼곤한 내 꿈에 마치 영어 'T' 차를 쓰고 건너 긋듯이 유다른 기억에다는 군데군데 언더라인을 하여놓습니다. 슬퍼하는 것처럼 고개를 숙이고 도회의 여차장이 차표 찍는 소리 같은 그 성악을 가만히 듣습니다.
(4) 수수깡 울타리에 오렌지빛 유자가 열렸습니다. 그 소박하면서도 대담한 호박꽃에 스파르타식 꿀벌이 한 마리 앉아 있습니다. 담황색에 반영되어 세실 B. 데밀의 영화처럼 화려하여 황금색으로 사치합니다. 귀를 기울이면 르네상스 응접실에서 들리는 선풍기 소리가 납니다.
(5) 야채 샐러드에 놓이는 아스파라거스 잎사귀 같은 또 무슨 화초가 있습니다.(윗점 강조─인용자)

이른바 원 관념과 보조 관념(매개어)으로 구성된 이상의 비유법 사용 방식은 너무도 단순한 이분법이라 할 것이다. 매개어가 한결같이 도시적이며 이 도시적인 것의 동원 없이는 그는 한 줄도 쓰지 못하는 형국이다. 시골 풍물이, 서울서 태어나고 자란 이상에게 너무도 생소하였던 증거이다. 시골 풍경은, 그에겐 오직 도시 풍경을 통해서만 존재했기 때문이다. 호박을 갖고 가는 시골 소년을 두고 "럭비공을 안고 뛴다"라고밖에 표현할 방도가 없었다. 만일 그가 도시에서 럭비공을 못 보았다면 호박도 소년도 존재하지 못했을 것이다. 도시와의 대비 없는 곳에 그의 글쓰기는 없다.

여기까지 이르면 누구나 이렇게 묻지 않을 수 없다. 도대체 그가 얼마나 도시적이고 근대적이고 이십세기적이며, 또한 모더니스트인가. 그가 태어나고 자란 도시란 기껏해야 식민지의 한 도시 '경성(京城)'이 아니었던가.

그가 배운 기하학이란 것도 기껏해야 '노가다' 용(用)의 것이 아니었던가. 훗날 진짜 도시(모더니즘)를 찾아 제국의 수도 동경을 찾아갔을 때 그가 얼마나 절망했던가를 알기까지는 누구나 위의 물음에서 자유로울 수 없을 터이다. 동경에서 그는 거꾸로 서 있었다. 동경의 네온 사인을 구성하는 철골들을 "부지깽이 같다"라고 적음으로써 식민지의 수도 서울의 풍물로 매개어를 삼았다.

이상의 이러한 수사법이 만약 방법론(문학사적)이라면, 그 의미는 노천명의 기질적 수사법과 대비될 때 한층 문제적인 것으로 떠오를 것이다.

모두가 아는 바와 같이 '사슴'의 시인 노천명은 시보다 수필의 분량이 월등히 많고 또 자연스럽다. 정지용의 지적대로 노천명의 시란 '억지'인지도 모른다. 그렇지만 아무리 정지용일지라도 노천명의 수필을 억지라 부르지는 못할 것이다. 그만큼 그녀의 수필은 본격적이다. 수필에도 정서의 억제가 뚜렷하지만 그 역시 시에 비할 바가 아니다. 실상 기자로 직장 생활을 해온 독신녀의 글쓰기의 한 방식이 수필이었음을 새삼 증거하고 있다고도 할 것이다.

노천명의 글쓰기가 이상의 그것과 어째서 정반대인가를 보이면 다음과 같다.

 (1) 비 온 뒤 개구리 소리처럼 여기서도 거기서도 외치는 것은 신문(「신문배달」)
 (2) 산나물 같은 사람(「산나물」)
 (3) 도라지꽃 같은 마담의 얼굴(「서울 체류기」)
 (4) 도롱이를 입고 논에 들어선 양들이 흡사 왜가리떼들 같다 (「여중기」)
 (5) 박쥐같이 구성졌던 날들(「새해」) (윗점 강조—인용자)

매개어를 시골 풍물로 하지 않으면 도시의 어떤 인물이나 현상도 표현할 수 없는 수사법이 노천명식 글쓰기의 방법론이다. 노천명의 우수한 수필일수록 이 원칙이 지켜져 있음에 주목할 필요가 있다. "앞벌 논가에선 개구리들이 소낙비 소리처럼 울어대고"(「여름밤 얘기」)라고 첫 줄에 적어야 명수필이 된다. "달 아래 호박꽃이 환한 저녁"(「여름밤 얘기」)이라 표현함으로써만 호박꽃만큼 화사한 것이 없는 세계가 드러난다. 이는 호박을 갖고 가는 시골 소년을 두고 "럭비공을 갖고 뛴다"고 한 이상의 방법론과 정면으로 맞선 장면이라 할 것이다.

이상의 글쓰기와 노천명의 글쓰기의 차이점이 이로써 조금 드러났거니와, 전자가 근대적 방법론에 쉽사리 연결될 수 있었다면(적어도 그러한 연관성에서 인식될 수 있었다면), 후자는 그러한 연결고리가 결여되었다고 볼 것이다. 토착적이자 자연적(기질적)이라 부르는 것은 이런 문맥에서이다. 따라서 문학사적 개입이 이상 쪽에게로 기울어지는 것은 어쩔 수 없다 해도 글쓰기의 원론적 범주에서 보면 서로 등가라 할 것이다.

동경에 간 이상이 오히려 토종들이 사는 도시 서울을 두고 "얼마나 인심 좋고 살기 좋은 한적한 농촌인지 모르겠습니다"(「사신 7」)라고 했듯이, 노천명 역시 그토록 '억지' 없고 친근한 개구리 울음소리로 자연스럽게 달려가던 시절을 벗어나는 계기가 찾아오게 됨을 보고 놀랄 필요는 없다.

그 계기는 6·25에서 왔다. 서울이 온통 폐허가 되었을 때 노천명은 형언할 수 없는 도시 서울에 대한 그리움에 몸부림친다.

> 어느 틈에 빈터에 심겨진 옥수수들이 제법 수염이 누래 쩌먹게 되었다. 명동 한복판에 옥수수밭이 웬일이며 중국 대사관 옆 빈터에는 쑥대같이 희한한데 들어서보지는 않았지만 오 척이 넘는 내 키보다 크면 컸지 결코 작지는 않을 성싶다.(「서울에 와서」)

황해도 시골뜨기 소녀가 그토록 큰 저항감으로 조금씩 조금씩 익혀간 도시 서울의 생활 감각이 한국전쟁의 폐허 앞에서 역전되는 장면이 아닐 수 없다. 이 점에서 노천명은 서울 토박이 이상과 등가이다.

도시와 시골, 근대와 전근대, 모더니티와 전통 등의 이항대립을 문제삼는 동안은, 이상과 노천명이 개입해온다는 문학사적 문맥 하나가 이로써 조금은 드러나지 않았을까.

### 4. 기자·시인·여류

노천명은 글쓰기의 기질적 측면을 문제삼았다 해도 「반려」에서 보듯 그 나름의 뚜렷한 방법론이 있었다. 자기 의식이 그것.

한편으로는 시골에서 자란 황금시대가 바위처럼 굳게 놓여 있었다. 도시 서울은 이 황금시대와 정면으로 맞서는 낯섦이자 괴물이었다. 자동차는 '신작로 망나니'였고, 관현악보다는 국악이 마음에 와 닿았다. 『죄와 벌』과 『테스』에 눈물을 흘리기도 했지만, 어릴 적 어머니가 즐겨 읽던 고대소설의 목소리에 앞설 수는 없었다. 그럼에도 노천명은 기숙사 생활에 조금씩 감각을 마모시키고 적응해갔고, 마침내 서양문학으로 나아갔고, 졸업도 했고, 직장여성으로 자기를 세워갔다. 황금시대의 시선과 근대 도시 생활 속의 감각 획득이 언제나 그녀에겐 자각적이었다. 한쪽 시선이 다른 한쪽 시선을 응시하고 있다고나 할까. 이 자기 의식은 너무도 견고해서 체질적이라 하지 않을 수 없는데, 그러한 측면의 드러냄이 '집' 콤플렉스이다.

일찍이 아버지를 여의고, 어머니의 친정인 서울에 올라온 과부집 차녀인 노천명에게 혈육이라고는 언니(및 조카)뿐이었다. 어머니조차 여의게 되었을 때 그녀는 천애 고아와 다름없었다. 이 고아 의식이 기숙사 생활과 그 연장선상의 기자 생활로 이어졌다. 말을 바꾸면 이 고아 의식이 그대로 그녀에겐 문학 자체였다. 고립무원의 상태를 의식하는 일과 문학은 등가였다. 정신대를 피하기 위해 매일신문사에 취직하여 출근하던 날, 신문사 문간에서 만난 월탄이 한 말은 이러하였다. "시인이 신문사에 취직을 하다니 무슨 소리냐"(「인간 월탄」)라고.

기자이자 시인이 여류라는 사실은 강조되어도 지나침이 없다. 기자·시인·여류는 각각 등가이며, 이 삼박자의 증폭이 그대로 문학이라면 어떠할까. 문학사적 개입이 불가피했음은 이 삼박자 구도에서 말미암았다.

문인극 〈앵화원〉(체홉)의 배우로 등장한 그녀가 관객인 모교수와 연애 사건으로 발전한 것(「나의 이십대」)도, 그 빌미는 여기에서 왔지 않았던가. 서울에 있던 일본 작가 타나카 에이코(田中英光)의 소설 「취한 배」(1948)에 등장하는 조선 여류 시인 노천심(盧天心)이 노천명을 연상케 하는 것도, 이 점에서 어느 정도 설명할 수 있다. 요컨대 고립무원에서 빚어지는 정신적 공황 상태를 극복하는 방식이 기자·시인·여류의 삼각구도였다.

이 삼각구도는 한편으로는 그녀를 구원해주는 지향성이지만 동시에 언제 그녀를 파멸시킬지 모르는 지향성이기도 했다. 이러한 위험한 곡예에서 그녀를 완강하게 지켜주고 있는 거멀못이 바로 황금시대의 기억이었다. 이를 심리적 퇴행이라 부를 것이다.

이러한 황금시대의 기억을 낯선 땅 서울 한복판에서 구축하기. 문학(수필)을 통해 그녀가 지속적으로 이 기억을 환기시켰다면. 일상적 삶 속에서는 집을 장만하고 그 집에 병적으로 집착함으로써 이 기억에 뿌리를 내리고자 혼심을 기울였다. 그녀의 수필이 '억지'가 없고 자연스러우며 기품조차 띨 수 있었던 것도 이로써 어느 정도 설명된다.

집에 대한 집착은 수필의 이러한 자연스러움의 연장선상에 놓여 있다고 볼 것이다. "집이란 실없이 정이 드는 물건이다. 정이 들고 보면 숭(흉)도 없어지고 보다 더 좋은 것이 있어도 좀체 마음이 가지지 않는 법"(「집 얘기」)이라고 그녀는 썼다. 이 범상한 수필 「집 얘기」(1948)가 노천명론의 원점이라 보는 것은 이런 연유에서이다.

졸업과 더불어 기숙사에서 나와 직장을 구한 그녀가 하숙방을 전전하다가 시골에서 올라온 언니와 더불어 장만한 집은 경기여고 근방이었다.(김광섭의 기록에 따른다면 한동안 안국동 근처에도 살았던 모양.) 집 장수가 지은 것이기에 이런저런 결함이 많았으나 정이 들었다는 것. 여학교의 피아노 소리도 들려왔고 신문사도 가까웠다는 것. 조카들과 함께 살았다는 것. 복덕방에 내놓았다가도 얼른 취소하고 눌러앉곤 했다는 것. 그러다 이 집에도 수난시대가 닥쳤다는 것. 일제 말기였다. 여고 강당엔 폭격 위험이 있기에 주변의 집 십여 채가 소개로 헐리게 되었던 것. 그토록 좋았던 경기여고 강당의 피아노 소리가 이제와서는 마치 마물(魔物)처럼 무서웠다는 것.

　　모두들 남편들이 끌고 가는 대로 따라들만 가면 될 다행한 여인네들 틈에서 나는 마음이 슬프고 외로웠다. 나는 말이 없이 별이 쏟아질 것 같은 하늘만 쳐다봤다.(「집 얘기」)

고립무원의 상태에서 그녀를 구해준 것은 무엇이었던가. 8·15해방이 그것. 해방 뒤에도 이 집을 지켰다. 친구들에게 "죽을 때까지 그

집에 있을려는데 어때요"라고 말하곤 했다. 큰조카딸이 죽은 뒤엔 이 결심이 더욱 굳어졌다.

이 집이 빚어낸 것이 노천명의 수필 세계이다. 그녀의 수필 세계가 다른 어떤 영역보다 노천명다움은 이런 사정에서 말미암는다. 적어도 정치적 폭력이 이 집에 스며들기 전까지는.

5. 북경을 나는 나비 — '집'의 의미

노천명의 문학에서 '집'은 주택이자 그 이상이다. 그녀에 있어 집은 기숙사와 그 연장선상에 있는 피아노 소리에 둘러싸여 있었다. 이 기숙사스런 소녀 취향을 언젠가 기필코 돌파해야 했을 것이다. 여인이 되기 위한 절대적 고비였던 것이다. 많은 여인들이 이 정석을 따랐다. 처녀성을 버리면 되는 것이다. 노천명은 이 길을 걷지 않았다.

어떻게 하면 이 처녀성을 유지하면서도 여인으로 변신할 수 있을까. 노천명은 저도 모르게 이 모순(길)을 택하고 있지 않았을까. '저도 모르게'이기에 기질적이며, 비정상적이기에 '억지스러운' 현상이 아닐 수 없다. '찬바람 불다'를 별명으로 얻은 것도 이 억지스러움에서 왔다. 이 억지스러움을 자각했기에 얼룩 당나귀라 스스로 읊었다. 처녀성 고집하기와 이를 언젠가 넘어서야 함 사이에서 갈팡질팡하기, 여기 노천명의 기묘한 매력이 깃들어 있지 않았을까.

기질이 빚어낸 이러한 매력(내면화)이라면 그것이 아무리 대단하더라도 어디까지나 개인사의 과제일 뿐, 거기서 그칠 것이다.

문제는 노천명이 시인이라는 사실에서 온다. 시인이란 무엇인가. 이 물음은 막바로 '근대 시인'이란 뜻으로 이어진다. 이 경우 문제되는 것이 '근대성'이다. 이화여전 영문과에서 공부하기, 그것은 근대 교육을 가리킴인 것. 거기서 문학 공부하기란, 근대 서양 문학을 가리킴인 것.(W. 레츠의 「악스포드의 첨탑」, T. 하디의 「늙은 말을 데리고」

등의 시 번역 및 「백년제가 돌아오는 시인 찰스 램」 등.) 그리고 1930년대 이 나라 시단에 데뷔함이란 근대시의 세계에 나아감인 것. 그렇다면 이 모든 것은 근대성에 걸리는 과제로 요약될 수밖에 없다.

식민지의 수도 서울에서 태어나고 자란 이상은 처음엔 막바로 이 근대성으로 달려갔다. 방법론적 과제로 그는 기하학을 내세우고 있었다. 배운 기술이 그것뿐이었으니까. 그 기술의 기원을 탐구하는 다음 단계가 온다. 기술은 정신이 낳은 산물이니까. 이상의 동경행은 기원 탐구의 길이었다. 불행히도 동경은 그의 눈엔 가짜로 보여 마지않았다. 진짜는 거기 없었다. 뉴욕이나 파리나 런던으로 가야 했을 것이다. 헤겔이나 마르크스 또는 아인슈타인 쪽으로 가야 했을 것이다. 이상의 비극(죽음)이 상징적인 것은 이 때문이다.

노천명의 경우는 어떠할까. 그녀의 시단 등단은 근대시의 영역을 가리킴이지만 그녀는 근대성에 대한 기질적 저항에 부딪히고 있지 않았을까. 시골의 유년기에 대한 강한 집착이 근대성의 덜미를 잡고 있는 형국이었을 터이다. '근대성으로 나아가지 않으면 안 되지만 동시에 나아갈 수 없음'에 그녀의 문학이 엉거주춤하게 놓여 있었다. '억지다'라고 정지용이 지적한 것은 이를 가리킴이 아니었겠는가. 노천명의 정신 구조를 '처녀성을 지키면서도 여인 되기'와 '근대성 추구에 몸을 담고 있으면서도 이를 거부하기'가 등가를 이룬 곳에서 찾아야 되는 것은 이 때문이다. 기질적 측면과 문학적 측면이 이처럼 모순성으로 일사불란하였고, 또 지속적이었다.

이러한 지속성을 보장한 곳이 '집'이 아니었을까. 처녀이면서도 여인일 수 있는 곳이 바로 집이었다. 그것은 가정도 아니지만 하숙집도 아니었다. 이 어중간하고 억지스런 곳이 그녀에겐 제일 마음 놓이는 장소였다. 근대시를 쓰면서도 산딸기, 산나물에 뒷덜미가 잡혀 있었다. 이는 근대문학이지만 동시에 근대문학이 아니었다. 이 기묘한 지대에서 발생하는 미학이 노천명 문학이 아니었을까. 이 기묘한 미학에 당황한 것이 당대의 남성 문사들이 아니었을까. 신문 기자로서의

근대성과 산딸기로서의 전근대성의 중간 항에 놓인 자리, 그것이 '집'
이었다. 요컨대 이 집은 근대성이 보장하고 있었던 것. 그녀를 둘러싼
근대성으로서의 '정치'가 그 집을 저만치 에워싸고 있지 않았을까.
「취한 배」속에 등장하는 조선의 시인 '노천심'을 에워싸고 있는 것도
이 정치였다. 연안으로 탈출하는 김사량(金史良, 1914~1950)과 더불
어 북경에 머물며 김사량의 마지막 심부름을 한 것도 이 정치였다. 김
사량은 유서와 진배없는 한 기록에서 이렇게 적었다.

    육국반점(六國飯店)에 묵고 있는 시인 R여사를 만났더니 돌아가는
길에 평양에 하차하여 전해주겠다는 고마운 말이 있었기 때문이다. 어
쩌면 애들에 대한 마지막 선물이 될지도 모르겠다는 생각에 정성스럽
게 고르고 또 고르며 한 가지라도 더 많이 사 보내고 싶어 하루 종일
쏘다녔다. (……) 기차가 움직이기 시작했을 때 나는 R여사에게 짐을
맡기고 따라가며 귓속말로 이렇게 부탁하였다. "나도 오늘 차로 남쪽
으로 떠나오마는 우리집에 들르시거든 아무런 일이 있어도 놀라지 말
도록. 그리고 오늘 나도 떠나더라고 일러주시오." 여사는 눈을 깜빡거
리며 "되도록 빨리 귀국하세요". 기차는 차츰 속력이 빨라졌다.(김사량,
「노마만리」)

    김사량은 1945년 5월 8일 이후 총력연맹 병사후원부 파견으로 약
일 개월 반 예정으로 노천명과 동행하여 조선 출신 재중국 학병 위문
을 떠났던 것. 이 무렵 북경의 조선인을 위한 사설 영사 노릇을 한 문
인이 매일신보 특파원인 평론가 백철이었다. "노천명은 당시 매일신
보 문화부에 근무하던 기자 자격으로 휴가를 받아 들어왔다가 삼 주
간의 휴가 기간이 지나고 나서도 돌아갈 생각은 않고 노상 머물러 있
다. 아마 삼 개월이나 가까이 처져 있는 것을 내가 여비까지 마련해
주고 가까스로 귀국시킨 일이 있다"(『문학자서전』 후편)라고 백철은
적었다. 일본군이 위세를 떨치던 시절, 어떤 일본인은 백철, 김사량,

노천명이 북경반점(北京飯店)에서 택시 타는 장면을 이렇게 묘사한 바 있다.

시방(1988년 현재) 차에서 내려 북경반점 구관의 현관 앞에 섰을 때 제일 먼저 떠오르는 것이 해방구로 탈출하기로 작정한 그(김사량) 자신보다도 그의 전언과 평양에 보내기로 한 짐을 들고 돌아가려는 노천명의 나비같이 요염한 자태였다.(나카조노 에이스케,「북경반점 구관에서」)

6. 송충이와 나비

집이라는 이름의 노천명을 에워싸고 있는 이들 남성의 메타포가 '정치'이다. 이 정치가 그녀를 에워싸고 있는 동안은 그 '집'은 안정감을 얻는다. 집의 안정감이란, 다르게 말하면 정치가 만들어낸 안정감이기에 일종의 허구가 아닐 수 없다. 이 허구가 오산이었음을 노천명이 깨달은 것은 과연 언제였을까.
"이날도 나는 문학가동맹 회관에 나왔다. 날마다 나는 여기를 나오지 않고는 못 배겼다"라고「오산이었다」의 글 첫머리에 노천명은 썼다. 이 글은「사월이」같은 허구와는 성격이 다른 체험기이다.
인민군이 지배한 6·25 이후의 서울 삼 개월 동안 노천명은 문학가동맹에 나가고 있었다. 이 단체의 초기 멤버이기에 여기에 나가는 것이 자연스러울 수도 있었을 터이다. 날마다 나가지 않고는 못 배길 만큼 절박했던 것이다. 이 절박함이란 어디서 말미암은 것일까.

한밤에 집에 와서 총을 놓고 가고, 어떤 사람들은 와서 또 책을 온통 뒤집어놓고 가고 인민의 피를 빨아먹는 자라고 규정을 내리고 간 뒤로부터는 이사를 온 뒤에 그렇게 마음에 들고 예쁘던 내 집이 구석구석

무서워만 지는 것이었다.(「오산이었다」)

"그들의 손이 닿던 곳은 다 싫고 수돗가에 뚫린 총알 자국은 아침 세수를 할 적마다 나를 괴롭혔다"(윗글)라고 노천명이 적었을 때 그녀의 의식은 어떤 상태에 놓여 있었을까. 바야흐로 처녀성이 겁탈당한 그런 형국이 아니었을까. 정치(이데올로기)가 마침내 그녀가 그토록 고고하게 간직해온 처녀성을 여지없이 무너뜨리는 장면에 봉착한 형국이었다. 집 곧 처녀성이 바야흐로 겁탈당하는 이 절체절명의 장면에서 그녀를 구해줄 기사는 과연 누구였을까.

나는 혼자 있다가 아무도 모르게 죽을 것만 같은 예감이 들고 또 이렇게 죽는 것은 무서웠다. 밤중에 총을 멘 사람들이 우르르 달려드는 것을 겪고 또 새벽 한시에 가택 수색을 당하고, 낮에는 수차에 걸쳐 보위부 정보원들이 무시로 와서 불쾌하게 집을 뒤지고 간 뒤로는 대문만 흔들면 그리 가슴에서 방망이질을 하는 것이 싫었다. (……) 나는 죽어도 아는 사람들이 많은 데 가서 죽고 싶었다. 그뿐 아니라 잡혀가는 경우에도 내가 잡혀간 줄이라도 동지들이 알면 내 맘이 든든할 것 같다.(「오산이었다」)

문학가동맹은 이름 그대로 문인들의 집단. 그것은 그래도 아는 얼굴들의 집단. 백철도 거기 있었다. 소좌 계급장을 단 김사량도 거기 있지 않겠는가. 어느 날 문학가동맹에 나온 노천명은 간첩을 다루는 모처의 기관으로 연행된다. "염라대왕 같은 남전회관에서 횡하니 벗어나와 쏜살같이 문학가동맹으로 향했다"고 노천명은 적었다. "회관으로 들어가는 어귀에서 나는 이북에서 온 종군 작가 김사량을 만났다"라고도 적었다. 그렇지만 그 대단한 김사량도 벽처럼 냉담한 장면이 벌어졌다면 어떠할까.

사량은 이전 일제 시대에 북지로 같이 문화사절단으로 파견이 되어 북경이며 남경을 같이 여행했던 일도 있고, 또 그는 착한 사람같이 당시 인상이 됐던 사람이라 나는 사량을 붙들고 내 어려운 사정을 대강 얘기한 후 나를 좀 보장해달라고 애원했다. 정말 나는 이때 애원을 했다.(「오산이었다」)

김사량은 지극히 냉정한 태도로 "글쎄 난 거기 대해선 어쩔 수 없는데요. 나는 지금 바빠서 올라가봐야겠어요"라고 말하며 뒤도 안 돌아보더라고 노천명은 적었다.

이 절체절명의 장면에서 할 수 있는 길은 오직 하나. '집'을 버리기. 집의 처녀성은 이미 겁탈당했던 것. '집'은 이미 집이 아니었다. "나는 보퉁이를 이고 가만히 집을 나섰다"라고 노천명은 적었다. 비로소 노천명은 여인이 될 수 있었다. '억지'스러움이 이로써 극복될 수 있지 않았을까. 처녀성이 송충이였다면 여인은 나비의 모습이었을까. 혹은 정반대였을까. 어느 쪽이든 중요한 것은 송충이와 나비를 동시에 바라보는 안목이 아니겠는가.

## 우주의 넋과 마주한 사람의 무지개 두 편
―김동리 유작시 30편에 부쳐

### 1. 3주기와 유작 30편

　김동리 선생의 3주기(1998)를 맞아 유작시 30편이 『문학사상』(1998년 7월호)에 발표되어 있다. 미망인 서영은씨가 간수하고 있었던 것이라 한다. 3주기쯤이면 유고라는 어감이 지닌 모종의 비문학적 요소도 가실 만한 시점이라고 서씨가 판단한 까닭이 아닐까. 다름아닌「먼 그대」(1983)의 작가 서영은씨이기에 씨는 미망인이기에 앞서 작가였을 터이다. 이 경우 작가란 무엇이겠는가. 때로는 목마름이고 그리움이고, 아득함의 대명사라 할 수 없겠는가. 「먼 그대」의 주인공 문자의 몸부림이 이 사실을 잘 말해준다고 할 수 없겠는가.
　우연히도 1982년 나는 서씨와 마그레브(Maghreb)라 불리는 나라 중의 하나인, 가다피가 통치하는 리비아의 수도 트리폴리에까지 함께 여행한 적이 있다. 인민의 복지사회를 지향하는 가다피 대통령의 염원이 두 가지 모습으로 나그네들 눈에도 선명했는데, 그 하나는 녹색으로만 칠해진 국기였다. 사막의 땅. 그 녹색화의 염원이 얼마나 절실했기에 국기조차 녹색 일변도로 삼았을까. 다른 하나는 시내 외곽 곳곳에 세워진 고층 아파트들. 자세히 말해, 그 고층 아파트 주변에 여기저기 흩어져 있는 초라한 헝겊 텐트들. 들은 바에 의하면 사람답게 살기 위한 정부의 노력이 아파트로 상징되는 근대적 삶을 지향한 것이었으나, 정작 원주민들은 시멘트 구조물인 아파트에 살기를 원치 않았다는 것. 그들은 사막 속으로 몰래 도망치거나 공터에 천막을 치고 살기를 원했다는 사실. 바로 여기에 원주민의 상상력이 빛나고 있었다. 그들의 두뇌 속에는 사막이 그냥 사막은 아니었다. 사막을 이리저리 가로지르는 푸른 강물이 엄연히 존재하는 그런 곳이었다. 강물이 풍요로이 흐르고 있는 사막이기에 그 시퍼런 물줄기를 밟고 다닐 수조차 있었다. 아파트에 강제로 살라고 하지만, 이 사막의 푸른 지적도를 생래적으로 알고 있는 원주민들이 도망칠 수밖에 없음은 너무도 자연스러운 일이 아니었을까. 문학이란 이 원주민의 생리와 비슷하다.「먼 그대」의 문자는 바로 이 원주민이 아니었던가. 1983년도 이상문학상 심사의 말석에 있던 나는「먼 그대」가 어째서 절실한가를 리비아 사막을 사례로 들어 자신있게 떠들었다. 심사위원 백철 선생도, 어떤 작품이든 장단점을 상세히 따지기로 소문난 김동리 선생도, 그리고 주간 이어령씨도 별로 토를 달지 않았다. 요컨대「먼 그대」의 문자는 사막에만 살 수 있는 원주민이었다는 것이 내 판단이었다. 원주민이 지닌 그 신선한 생명력의 물줄기에 이상문학상이 한 번쯤 주어지지 않는다면 대체 이상문학상이란 무엇이겠는가.

이 원주민의 상상력, 그러니까 '사막을 건너는 법'을 익힌 정신이 아니라면 이처럼 3주기의 여유가 가능했을까. 30편의 시편들이 유고의 형식에서 벗어나 그냥 작품으로 우리 앞에 놓이게 된 경위가 조금 서툴긴 하나 이로써 한층 뚜렷해지지 않았을까. 작품이란 그것이 만일 작품이라면, 릴케의 말을 빌리지 않더라도 기념비적이라 하지 않을 수 없는 법이니까.

## 2. 큰 욕심꾸러기 주변

 지난 6월 중순 작가 이문구씨로부터 한 통의 전화를 받았다. 동리 선생 3주기를 맞아 문인들 일단이 묘사 참배에 나아가기로 했다는 것. 낄 의사가 없는가였다. 이씨의 이러한 제언은 실상 내 요청사항이었다. 어느 자리에서 지나가는 말투로, 동리 선생 묘소에 한번 가보고 싶다는 말을 이문구씨 앞에서 한 바 있었던 것. 하필 그날 개인 사정으로 나는 갈 수 없었다.
 어째서 나는 그 묘소를 보고 싶었을까. 그 이유 중의 하나는, 막연한 것. 『김동리와 그의 시대』삼부작(1995~1997)을 쓴 바 있는 나로서는 이를 쓰는 약 5년간 머릿속에 온통 김동리로 가득 차 있지 않았던가. 내가 집필을 시도할 무렵 비록 의식불명이긴 해도 그는 엄연히 살아 숨쉬고 있지 않았던가. 그가 땅속에 묻혔더라도 이 살아 있다는 강박관념에서 나는 쉽사리 자유로울 수 없었다. 그가 묻힌 무덤을 직접 확인한다면 이런 강박관념에서 헤어나기 쉬울 것 같았다. 다른 하나는, 실상 이 점이 중요하거니와, 비석에 새겨진 미당 선생의 글이 그것.
 미당 직계이자 동리 직계로 자타가 공인하는 시인 이근배씨의 전언에 따른다면, 크지도 작지도 않은 김동리 비석의 글은 미당이 지었고 일중 김충현 선생이 글씨를 썼다.(「문학동네 이야기」, 『월간조선』 1996년 8월호) 글씨에 문외한인 내게는 미당의 글에 관심이 갈 수밖에 무슨 도리가 있었을까. 천하의 미당이고 천하의 김동리가 아니었던가. 천하의 미당이 천하의 동리를 두고, 무슨 최종적인 언어로 표현할 수 있었을까. 이것만큼 굉장한 사건이 있을 수 있겠는가. 문학사적 사건인 까닭에 그것은 그러하다. 미당은 썼다. 그것도 거침없이.

무슨 일에서건 지고는 못 견디던 한국 문인 중의 가장 큰 욕심꾸러기, 어여쁜 것 앞에서는 매일 몸살을 앓던 탐미파, 신라 망한 뒤의 폐도(廢都)에 떠오른 기묘하게는 아름다운 무지개여.

김동리를 땅에 묻어놓은 이 마당에 미당의 머릿속을 스쳐가는 첫번째 이미지가 '큰 욕심꾸러기'라는 점. 『김동리와 그의 시대』를 쓰면서 나는 많은 지면을 통해 미당과의 관계를 밝히고자 했다. 서로를 바라볼 수 있는 두 개의 거울이기에 잘만 하면 김동리의 평전이 미당의 평전을 겸할 수 있으리라는 얕은 계산에서였다.

김동리가 미당을 처음 만난 것은 그의 기록에 기댄다면 1933년이다. 신춘문예의 시 부문 입선(조선일보, 1934)이 있기 한 해 먼저이기에 그야말로 무명 시절. 경신중학 4년 중퇴의 학력밖에 없던 김동리가 경주에서 상경하여 의지한 곳은 맏형 범보 김정설(기봉)뿐이었다. 범보의 제자 가운데, 미사(眉史)라는 기인이 있었는데, 그를 통해 미당을 알게 되었으니까 따지고 보면 두 사람의 인연이 범보에 의해 맺어졌음을 알 수 있다.(「자전기」참조) 한편 미당의 기록은 어떠할까. 중앙고보를 중퇴한 미당은 톨스토이, 니체를 흉내내기 위해 멋삼아 넝마주이통을 메고 헤매다 그것도 집어치우고 가야금꾼인 친구 미사와 범보를 찾아갔다.

그만큼 해봤으면 됐다고 하시고 미사와 같이 나를 어느 선술집으로 이끌어 내가 취하는 걸 말리지 않았다. 선생은 겉으로는 웃으셨지만 쓰레기통 옆의 내 모양을 상상하곤 거기서 막다른 길에 든 한국 사람의 한 상징을 느끼고 있는 것 같아 내 마음은 마음이 아니었다. 그는 그의 그런 느낌을 얼마 뒤 한 수의 시로써 미사를 통해 내게 보여주었다.(「천지유정」)

경상도 민족 자본가 백산 안희제의 장학금으로 전진한(초대 노동부 장관)과 더불어 제1차 유학생으로 뽑혀 일본에 나아간 청년 범보는 경주 일원의 신동으로 알려진 인물. 정규 대학을 포기한 그가 일본의 각 대학에서 청강, 자기 나름의 사상가·철학가로 일가견을 이루었으며, 사람들은 그를 두고 '거리의 철인(哲人)'이라 불렀다. 맏형인 범보(불교 용어라면 법화경의 표현대로 범보이겠고 '父'의 용법으로 보면 범보로 읽어야 할 것이다)를 두고 김동리는 평생 동안 '범보 선생'이라 불러 마지않았다. 도스토예프스키와 G. M. 몰턴, 그리고 범보 이것만이 동리에겐 존경의 대상일 뿐, 그 누구도 김동리의 안중에 없었다는 사실은 아무리 강조해도 지나침이 없다. 해방공간의 좌우익 소용돌이에서 청년문학가협회 회장 김동리의 위치가 얼마나 굉장했는가도 범보의 존재로 확인될 정도다. 우익 단체인 전조선문필가협회 450명 명단 첫번째 자리가 범보 김정설이었음이 이 사실을 암시한다. 김동리의 논리를 꺾고자 하는 자는 먼저 범보의 철학사상을 꺾어야 했던 것이다. 내가 『김동리와 그의 시대』 제2부를 『해방공간 문단의 내면 풍경』이라 제목을 단 것도, 또 이들을 해인사파라 부른 것도 이와 관련이 있다.

　미당과 동리를 맺어준 매개항이 범보였음은 그 자체가 하나의 정신사이다. 둘은 그럴 수 없이 가까웠지만 또 그럴 수 없이 맞수이기도 했다. 다음 삽화가 이 맞수 개념의 어떠함을 보여주고 있어 인상적이다. 때는 50년대. 전남여고 강당. 문학 강연회 장면. 세 분의 문인(미당, 동리, 조연현)이 연단에 앉아 있었다. 문학 담당 교사인 사회자가 맨 먼저 미당을 소개했다. 다음은 동리를 소개할 차례. 그러나 동리는 의자에서 일어나지도 않았고, 연단으로 나가지도 않았다.(김현승, 「내가 아는 인간 김동리」, 1973) 찬물을 마시는 데도 위아래가 있는 법. 생리적 연령으로 보나(미당은 호적이 늦었다고 하나) 문단적 연조로 보나 동리가 먼저 소개되어 마땅한 법. 이것이 어찌 문인의 도량에 관한 문제일까 보냐. 자부심, 자존심에 관한 것이다. 자부심, 자존심이란 맞수끼리에게만 통용되는 법도인 것이다. 미당이 맞수 동리를 추모하는 자리에서 머리를 스쳐가는 첫번째 이미지가 큰 욕심꾸러기였다. "무슨 일에서건 지고는 못 견디던 가장 큰 욕심꾸러기"가 이제 땅에 누운 것이다.

### 3. 지독한 탐미주의자의 생리

미당의 머리를 스쳐 지나가는 두번째 이미지는 한마디로 탐미파. 탐미파이되 편향된 탐미파라 미당은 썼다. 이 나라 모국어 사용의 고수 중의 고수인 미당은 또 이렇게도 썼다. "어여쁜 것 앞에서는 매양 몸살을 앓던"이라고. 대체 '어여쁜 것'이란 무엇일까. '예쁜 것'의 예스러운 말이라고 사전은 말하리라. 그러나 '어여쁜 것'이란 밝고 작고 명랑한 울림이 뚜렷이 감지되는 것. 이를 동리 자신은 "남자친구는 손가락 한 마디쯤 가슴이 뛴다면 여자친구는 손가락 두 마디가 뛰지"라고 말한 바 있다. 영남 지방으로 여행했을 때 동행한 한 여류 문인의 증언에 따른다면 여자이되 그냥 여자가 아니라는 것이다. 때마침 일행이 곡마단을 구경하게 되었는데, 곡마단 여자 배우들이 선을 보였다. 모여류 왈, 30세쯤 돼 보이는 여배우를 아름답다고 하자 동리는 훼훼 손을 내저으며 "뭐? 그건 못써. 그 다음 다음의 것이 제일 좋아"라고 했다. 그 다음 다음의 여인이란, 닭으로 친다면 병아리를 금방 벗어난 영계라고나 할까. 십칠팔 세의 소녀였다.(최정희, 「동리의 취미」)

이 여류 작가의 지적에 내가 조금 공감하는 것은 나름대로의 이유가 따로 있다. 『김동리와 그의 시대』를 집필하면서 나는 당연히도 내가 찾을 수 있는 김동리의 모든 기록을 검토하지 않으면 안 되었다.

김동리의 소설 중, 신문 연재 장편으로 스스로 인정한 것이 『해방』(동아일보, 1949. 9~1950. 2)이다. 단편 「윤회설」(서울신문, 1946. 6.

6~26)을 버린 것과 『해방』은 대조적이라 할 것인데, 훗날 그가 이를 '자유의 역사'라 개제, 개고하여 『사반의 십자가』 옆에 수록함에서 이 점이 엿보인다.(『한국대표문학전집』 제5권, 삼중당, 1982) 민족주의자의 후손이며 신문 기자인 주인공 김인식이 해방공간에서 혼란상을 겪는 과정을 그린 『해방』에서 제일 선명한 인물이 소녀 영옥이다. 미경이라는 약혼자를 가진 김인식이 전차에 치인 외톨이 어린 여학생을 사랑하고, 그녀를 범하려 온갖 수단방법을 동원하는 이 소설을 어떻게 이해해야 적절할까.

김인식 : 미경이를 사랑하고 있어. 그건 너도 알 거야. 그리고 결혼도 해야 돼. 너보단 나이도 많으니까. 나하고 어울릴 거야. 그렇잖니?
영옥 : 그럼 왜 저를?……
김인식 : 그러니까 용서하라잖나? 난…… 접때도 이런 일이 있었어. 꼭 내 자신이 미친 것 같애.

이 장면을 어떻게 이해해야 하느냐에 앞서, 이 소녀로 말미암아 작품이 살아 있다는 점이 지적될 터이다. 이는 중요한 점이라 할 만하다. 이어서 김동리는 부제를 '부릅뜬 눈'이라 단, 유명한 「인간동의」 (1950. 5)를 썼다. 소녀 이지애와의 불륜으로 말미암아 조강지처와 결별하려다 결국 자결로 끝나는 이 작품에서 강렬한 탐미파의 열정을 선명히 볼 수 있다. 이러한 열정의 분출이 「송추에서」(1966)에서 되풀이되었음은 얼마나 이 주제가 그에게 생리적이었는가를 새삼 증거함이 아닐까. 시인의 직감이기에 앞서 미당은 그의 맞수이자 친구의 처지에서 "어여쁜 것 앞에서는 매양 몸살을 앓던 사나이"라 적었던 것이 아닐까.

김동리 평전을 쓰면서 나를 몹시 당혹케 한 것 중의 하나가 「인간동의」였다. 6·25가 나기 한 달 전에 발표된 이 작품에서 작가는 아주 낯선 몸짓을 하고 있었다. 제목 바로 밑에 에피그램처럼 시 두 줄을 표나게 내세운 것이 그것.

　　황혼이 될 때까지 소녀들은
　　마을 어구에 서 있었다.(장익)

　여기에 나오는 장익은 실상 작가이자 교수이며, 그 제자 지애와의 불륜에 시달리다 자결하는 주인공의 이름이다. 김동리에 있어 소녀란 대체 무엇인가. 나는 이 점에 대해 아쉬움을 금하기 어렵다. 그것은 김동리 자신도 어쩌지 못한 시대와의 관련성이 거기 입을 벌리고 있기 때문이다. 일제 말기 암흑기를 앞둔 김동리는 단편 「소년」(일명 「물소리」, 『문장』 1941년 2월호)을 발표한 바 있다. 소년이 연못에서 물오리를 잡아 구워먹는 사건을 다룬 소품. 이 작품의 바른 의미는 「소녀」(『인문평론』 1940년 7월호)에 맞설 때에 비로소 드러날 성질의 것이다. 불행히도 「소녀」는 발표되지 못했다. 『인문평론』지는 목차의 창작란에도 대문짝만하게 박았고 편집후기에서 이 작품의 중요성까지 지적해놓고도 정작 이 작품은 실리지 못한 것이다. 156~174쪽에 걸치는 작품인 만큼, 「소년」보다도 본격적인 약 75매 분량의 작품으로 추정된다. 훗날 김동리는 이뿐 아니라 「하현」(『문장』)도 「두꺼비」(『조광』)도 그렇다는 것. 원고마저 돌아오지 않았다는 것.(현존하는 「두꺼비」는 새로 쓴 것.) 그는 미발표 유고에서, 이런 현상은 그가 조선문인협회에 가입하지 않았음에서 말미암았다고 적었다. 「인간동의」란, 그러니까 소녀에 대한 김동리의 내면을 엿볼 수 있는 지옥행의 일종이 아니었을까.

　　황혼이 될 때까지 소녀들은
　　마을 어구에 서 있었다.

　　꿈과 그리움은

피곤한 날개를 접고

　　하늘 높이 우는 생명
　　노을을 쓰는 종소리

　　소녀들은 어디서나 다 듣는다
　　얼마나 꼭 같은 저희들의 목소리뇨

　　한 줄〔絃〕에 우는 가냘픈 선율
　　어디서나 들리는 저희들의 목소리

　　황혼이 될 때까지 소녀들은
　　눈보라 속에 서 있었다.(「소녀행」 전문)

　이 장면에서 나는 김동리의 잃어버린 작품 「소녀」를 떠올리고자 했다. 조강지처와 자식들을 송두리째 버리고 제자인 소녀를 향해 달려가는 중년의 지식인 장익이란 사나이란 대체 무엇인가. 죽음으로 향한 지름길이 거기 있었다. 미당이 직감적으로 알아차린 지독한 탐미주의가 아니었던가. 죽음과 맞바꿀 만한 것이 탐미주의가 아니라면 대체 그것이 무슨 소용에 들 수 있으랴. 김동리가 그의 대표작 선집 어느 곳에나 「인간동의」를 꼭 끼워넣은 것도 이 때문이 아니었을까.

### 4. 폐도(廢都)와 고도(古都)의 시학

　김동리를 조상함에 있어 맞수 미당이 마지막으로 문제삼은 이미지란 과연 무엇이었던가. 욕심꾸러기와 탐미파를 한순간 초극하는 놀랍고도 기묘한 이미지가 그것. 바로 '폐도의 무지개'이다.

대체 폐도란 무엇인가. 천금의 무게가 아닐 것인가. 미당과 동리를 금긋는 이 폐도의 이미지란 무엇인가.
"그야 신라 천 년의 고도(古都)이지"라고 김동리는 입버릇처럼 거침없이 내뱉었다.

나는 언제나 내 고향이 경주란 것을 자랑스럽게 생각하고 있다. 그것은 신라 천 년의 고도이기 때문이다. 신라가 천 년 동안이나 그곳을 서울로 삼았다는 명목(名目)에서가 아니라 신라 천 년이 고스란히 그곳에 지금도 실려 있다고 믿기 때문이다. 적어도 나에게는 그렇게 느껴지는 것이다.(「고향을 그린다」)

정지용의 시적 재능을 재빨리 인정한 것은 거리의 철인 범보였다. 김동리, 정지용의 관계('형제와 같은 사이'라고 김동리는 거침없이 말했다)가 이루어진 것도 이런 사연에서 말미암았다. 충청도 옥천 태생인 정지용이 바야흐로 벌어지는 석류알의 아름다움을 두고 "아아 석류알을 알알이 비추어 보며/신라 천 년의 푸른 하늘을 꿈꾸노니"(「석류」 끝연)라 읊은 바 있거니와, 이 언어의 천재도 이 장면에서 언어를 접고 고도 경주를 내세웠던 것이다.
백제 유민 미당의 이 고도에 대한 감각은 어떠했을까. 다음처럼 간단 명쾌했다. 고도 = 폐도였음이 그것. "신라 망한 뒤의 폐도"였던 것이다. 고도와 폐도 사이의 아득한 거리감이 거기 가로놓여 있지 않겠는가. 그렇다고 해서 이 나라 언어를 갈고 닦기에 평생을 보낸 미당이 옥천의 시인이 본 '석류'의 그 감각을 어찌 쉽게 잊었다고 할 수 있으랴. 폐도일지라도 그것은 고도이어서 '석류'가 두 시인 한가운데 등불처럼 걸려 있었다.

아무도 이것을 주저앉힐 힘이 없는 때문이겠지,
왕릉들은 노란 송아지들을 얹은 채 애드발룬처럼 모조리 하늘에 둥

둥 떠 돌아다니고
　사람들은 아랫도리를 벗은 어린아이 모양이 되어
　그 끈 밑에 매어달려 위험하게 부유하고 있었다.

　토함산에 올라서니
　선덕여왕릉이지 아마
　그게 시월 상달 석류 벙그러지듯 열리며
　웬일인지 소리내어 깔깔거리고 웃으며
　산 가슴에 만발하는 철쭉꽃 밭이 돼 뒹굴기 시작했다.

　누구 그러는가 했더니
　석굴암에 기어들어가 보니까
　역시 그것은 우리의 제일 큰 어른 대불(大佛)이었다.

　선덕여왕의 식지(食指)의 손톱께를 지긋이 그 응뎅이로 깔고
　자츠라지게 웃기고,
　또 저 뭇 왕릉들이 즈이 하늘로 가버리는 것을
　그 삶의 중력으로 말리고 있는 것은……(「경주소견」 전문)

미당의 눈에 들어오는 경주엔 사람들이 보이지 않는다. 아랫도리를 벗은 어린아이들뿐. 그것도 왕릉의 끈에 매달려 위험스럽다. 그렇다면 무엇이 있었던가. 선덕여왕과 석굴암 대불 둘뿐. 그런데 이 둘은 서로 장난을 치고 있지 않겠는가. 여왕의 식지의 손톱께를 응뎅이로 지그시 깔고 있는 대불의 권능이 여왕은 물론, 뭇 왕릉들을 애드벌룬처럼 떠 있게 하고 있지 않겠는가. 역사가 자연의 넋을 획득한 장면이 미당 앞에 펼쳐져 있었다. 기묘한 힘의 균형이 미당 눈에 X선모양 뚜렷했던 것이다. 경주란 그러니까 미당에겐 이미 역사와 무관한 것. 불교와도 무관한 것. 이른바 '자연'이었다. 역사의 개입조차도 자연 속

에 녹아버린 형국이었다. 미당의 자연이 간접화되었다 함은 이런 문맥에서이다. 선덕여왕릉이 "시월 상달 석류 벙그러지듯" 열리고 있지 않았던가. 입춘 때 장미처럼 곱게 피어나는 숲불 옆에서 석류를 쪼개던 옥천 시인의 '신라 천 년을 꿈꾸기'와 미당의 선덕여왕릉은 얼마나 다른 시선인가. 미당에게 있어 경주란 꿈꾸기가 아니라 자연 곧 현실이었던 것이니까. 고도 경주를 '자연'으로 파악한 미당의 세계란, 따지고 보면 김동리의 시에 대한 견해와 그 근본에 있어 그리 멀리 떨어져 있지 않다고 나는 생각한다. 비록 폐도라 부르긴 했어도 그 폐도에 떠오른 "기묘하게는 아름다운 무지개"도 미당에겐 자연이었던 것. 김동리와 다른 점이 있다면 자연(영혼)이 김동리에겐 직접적이지만 미당에겐 거리감을 두고 바라보는 대상이라고나 할까.

이 장면에까지 이르면 다음 사실이 드러나야 할 것이라고 나는 생각한다. 모두가 아는 바와 같이 김동리가 회갑(1973)을 맞으면서 시집 『바위』(일지사)를 펴낸 바 있었다. 「이무기」를 머리에 인 이 시집에는 『시인부락』(1936) 동인 시절 이래 그 동안 써온 작품 61편이 실려 있다. "나는 시도 안다"(백인빈, 「가신 뒤에 더욱 커지신 동리 선생님」, 『한국문학』 1995년 가을호)라는 김동리이고 보면, 그러니까 특출한 시론인 「청산과의 거리 — 김소월론」(『야담』 1948년 4월호)을 쓴 바 있는 김동리이기에 그는 분명한 문학관 및 시에 관한 이론을 갖추고 있었다. 그것은 너무도 확고하고도 선명한 이분법적 사고의 소산이었다. 이 점에서 그는 서구 형이상학의 적자라 할 것이다.

　　같은 언어의 예술이라 해도 소설과 시가가 그 성질을 달리하는 것은 전자가 보다 더 언어의 태양면을 구사한다면 후자는 보다 더 무주면(巫呪面)에 의존하는 데 중요한 이유가 있다. 전자는 형상이요 후자는 영상이다. 전자는 육체를 갖춘 생명이요 후자는 육체를 거세한 영혼이다.(『바위』 후기)

그러기에 "시는 영혼을 노래해야 한다. 사람의 혼을, 산천의 혼을 우주의 혼을"이라고 그는 덧붙여 마지않았다. 여기에서 벗어나도 시가 될 수는 있겠으나 제2의적일 뿐. 또 언어의 곡예(연금술)로도 시가 성립될 수 있겠으나 역시 제2의적일 뿐.

영혼을 노래함이란 구체적으로 무엇인가. '신과 내가 마주 앉음'으로 이 사정이 요약된다. 이 '마주함' 이야말로 거리감을 두고 관찰하는 미당과의 결정적 구별점이다. 그것은 신과 맞서는 이른바 직접성이다. 이 직접성이 시적 밀도(언어 조작)를 떨어뜨린 근본 이유이기도 했던 것이 아니었던가. 미당과 비교할 때 이 점이 선명해진다. 그는 또 이를 달리 '구경적 생의 형식'이라 정식화하기도 했다. 김동리의 이러한 명제화는 그가 본질적으로 소설가에서 벗어난 시인임을 저도 모르게 주장한 형국이 아닐 수 없다.

이러한 시관을 제일 충실히 실천해 보인 시인이 있다면 그 으뜸 자리에 미당이 놓인다고 김동리가 생각하지 않았을까. 만일 김동리가 미당의 그 많은 시편 중 딱 한 편만 고른다면 혹시 「동천」을 들지 않았을까.

> 내 마음속 우리 님의 고은 눈썹을
> 즈믄 밤의 꿈으로 맑게 씻어서
> 하늘에다 옮기어 심어놨더니
> 동지 섣달 날으는 매서운 새가
> 그걸 알고 시늉하며 비끼어 가네 (「동천」 전문)

이마 위에 얹힌 이슬에 맺힌 피 한 방울에서 출발, 인고의 나날을 견디어 마침내 그 피가 루비로 응고되고, 이슬이 수증기로 구름이 되어 제 갈 길을 찾아갔을 때 남은 것은 마침내 이슬과 피를 잇는 '넋' 이었던 것. 미당도 김동리도 이를 알고 실천했던 것. 최종적으로 요약하여 "폐도에 떠오른 기묘하게는 아름다운 무지개여"라고 미당이 읊어 마지않은 것은 이런 문맥에서이다.

### 5. 이승과 저승 사이에 걸린 무지개

 무지개란 과연 무엇일까. 그것은 자연이지만 별난 자연일까. 하늘과 땅, 이승과 저승, 인간과 신을 잇는 매개항의 상징일까. 김동리 유고 30편을 접하면서 내 가슴이 두근거린 것은 웬 까닭이었을까. 틀림없이 그 유고 속엔 무지개가 들어 있으리라는 예감 때문이 아니라면 어떤 예감이 따로 있었겠는가. 누구보다 앞장서서 그가 무지개를 스스로 읊고 있었다고 내가 믿지 않았다면 대체 예감이란 무엇에 쓴단 말일까.
 일찍이 자연 시인 워즈워드는 이렇게 읊은 바 있다. "하늘의 무지개 보면 내 마음 뛰놀아/인생 초년에도 그러했고 어른 된 이제도 그러하고/늙은 뒤에도 그러하리"라고. 이어서 "아이는 어른의 아버지"라고. 중학 영어 시간에 외운 이 시구의 바른 뜻은 무엇일까. 아이가 커서 어른이 된다는 것일까. 한동안 나는 이렇게 자문한 적이 있다. 그렇다면 어찌 그게 시일까 보냐. 성공 여부에 관련없이, 어릴 적의 꿈을 가슴에 품고, 그 실현을 위해 노력하여 나아가는 삶을 읊은 시가 아니었던가. 워즈워드의 작품「행복한 전사」속에 그 해답이 있다고 내게 가르쳐준 것은 영문학자 최재서였다. 성공 여부와는 관계없이, 어릴 적 가슴 울렁이는 삶의 목표 설정, 바로 그것이 무지개였다. 이를 평생 지속, 실천해가는 과정, 그것이 무지개가 아니었던가. 그렇지 않다면 가슴이 뛸 이유가 없다.
 『김동리와 그의 시대』 삼부작을 쓰면서 내 머리를 오르내린 것 중의 하나가 개구리 울음소리와 더불어 이 무지개 이미지였다. 경주의 한 몰락한 서생 가문의 셋째아들로 태어난 김동리는 스스로 큰 사상가 되기를 운명적으로 타고났다고 믿었다. 하나의 생애가 그 과정을 운영함이란 생명의 유년기에 이미 그 본질에서 유감없이 드러나지 않았다면, 희랍 신화나 구약성서 속에 나오는 신전의 무녀들이나 예언자들의 존재란 대체 무엇이겠는가. 강보에 싸인 아기 때부터 사람의 운명이 결정되어, 아무리 앙탈해보았자 그의 생애란 이 신탁의 수행에 지나지 않는 것이다. 이것이 운명론자들의 주장에 그칠까. 그런 것은 없다. 자기의 노력에 따라 운명을 바꿀 수 있다는 식의 주장이란 얼마나 설득력이 있단 말인가. 운명을 기록한 저 희랍 신화나 구약성서의 대목이 그토록 사람들을 야기시키는 이유란 따지고 보면 명백하다고 할 수 없겠는가. 김동리의 경우도 이와 같지 않았던가. 적어도 그 자신이 그렇게 믿지 않았을까. 조선일보, 동아일보, 중외일보 등 3대 민간신문 신춘문예를 연속적으로 돌파한 이 고도 경주 출신의 어린이가 품은 무지개란 너무도 뚜렷하지 않았을까. 그는 이를 어른이 된 뒤에도 늙어서도 실현해갔다. 성공 여부야 대체 무엇이겠는가. 삶을 마감하는 장면에서 필시 그는 이 '무지개'를 운명의 표정으로 읊었을 것이다. 이 사실을 미리 보여준 것이 위에서 든 미당의 "폐도에 떠오른 기묘하게는 아름다운 무지개"가 아니었던가.

김동리의 유고 30편을 대하면서 내가 찾고자 한 것이 그의 무지개였음은 이로써 한층 뚜렷해지지 않았을까. 시집 『바위』에서 「이무기」를 두 편이나 쓴 김동리가 유고 30편 속에서 「무지개」를 두 편이나 썼음은 그러기에 이에 대한 나의 놀라움이자 당연한 사실에 대한 놀라움이 아니면 안 된다. 앞에 나온 「무지개」를 편의상 「무지개 1」이라 하여 「무지개 2」와 구별해서 조금 엿보기로 한다.

> 내 어려서부터 술 많이 마시고
> 까닭 없이 자꾸 잘 울던 아이
> 울다 지쳐 어디서고 쓰러져 잠들면
> 꿈속은 언제나 무지개였네

어느 산 너머선지 아련히 들려오는
그 어느 오랜 절의 먼 먼 종소리
그 소리 타고 오는 수풀 위 하늘엔
지금도 옛날의 그 무지개 보이리(「무지개 1」 전문)

인생의 유년기에 이미 운명이 점쳐졌다는 것이 이토록 선명히 드러나 있다. 유년기에서부터 이 꿈꾸는 아이는 어른이 된 지금에도, 죽음을 앞둔 노경에도 변함없이 지속되고 있다는 것. 이처럼 전 생애를 두고 지속되는 꿈이란 대체 그에겐 무엇이었을까. 일목요연한 해답이 주어진다. 자연, 우주, 신, 법(法)과 마주함이 그것. 우주의 넋(法)과 마주함이란 또 무엇인가. 그것은 '나'와 우주와의 무언의 대화가 아닐 수 없다. '나'가 우주 속에 융해되어서는 절대로 이 경지에 이를 수 없다. 우주가 '나' 속에 들어와도 '나'가 우주 속에 녹아들어도 결코 이 '마주함'의 경지일 수 없다. '나'가 바로 '신'이 될 수 있거나 신이라고 믿는 자리에 서지 않는다면 결코 가능한 노릇이 아니다. 인간이 신으로도 될 수 있다면 저 서구 낭만주의자들의 오만한 신념과 이 점에서 김동리는 서로 통하고 있었다고 볼 것이다. 이런 경지는 절대적 주체성을 세워야 한다는 인간 중심주의적 논법과는 크게 다른데, 왜냐면 인간의 한계성을 인정한 자리에서 지키는 주체성이 아닌 까닭이다. 우주 속의 한갓 파편에 불과한 '나'가 그 우주와 맞설 수 있음은 '우주의 넋'과 '나의 넋'이 동격(같은 원리, 질료)으로 구성되었다는 신념 위에서 비로소 가능한 세계 인식, 김동리가 선 자리란 바로 여기였다. '우주의 넋'과 '나의 넋'이 합일되는 순간을 두고 그는 '무지개'라 불렀던 것. 그 순간의 징표가 무지개였던 것. 따라서 그것은 매개항이 아니라 직접성이라 하는 것은 이 때문이다.

靑山을 바라보면, 나는
이내 목이 마르다

靑山 속에 샘물이 솟고 있기 때문일까

靑山을 바라보며, 나는
우선 오늘을 참는다
靑山이 나에게 내일을 주기 때문일까

靑山을 보는 나는
언제나 한껏 가멸하다
靑山이 그 많은 보물 묻고 있기 때문일까

내 비록 혼탁한 도시 속에 있어도
나에게 힘과 위로를 주는 친구
靑山은 언제나 내 맘속에 있다(「靑山」 전문)

  청산이란 무엇이겠는가. 김소월론의 제목을 '청산과의 거리'라 붙인 바로 그 청산이 아닐 수 없다. 소월의 「산유화」란, 그러니까 그것이 절창일 수밖에 없는 까닭은 소월과 청산, 소월의 넋과 청산의 넋의 거리감이 한순간 사라진 장면인 까닭이다.
  그렇다면 '나'와 우주가 마주하게 될 때, 그것을 가시적으로 지시해 보여주는 징표란 무엇인가. 무지개가 그 정답이다. 여기에는 다음 사실이 무엇보다 우선 지적될 수 있다. 곧 '나'와 '우주'의 마주하기이기에 매개항이 불필요하다는 것. 당초 김동리는 그 매개항으로 무당을 내세웠다. 그러나 이런 방식으로는 '나'와 '우주'가 마주할 수 없지 않은가.

숲속 물 솟는 소리
물 괴는 소리

青山에 물 솟는 소리
물 괴는 소리

내 사랑은 사철
가슴속 피는 꽃

가슴속에 무지개 솟는 소리
무지개 괴는 소리

하늘과 땅 사이엔
사랑의 무지개
이승과 저승 사이
다리 놓은 무지개(「무지개 2」 전문)

'솟는 소리와 괴는 소리'란 무엇인가. 우주의 여율(呂律, 리듬)이 아닐 수 없다. 우주의 넋이 숨쉬고 있는 것이었다. 이와 마주하고 있는 '나'의 넋, '나'의 리듬이란 어떤 모습을 하고 있을까. 자연(하늘, 땅)의 넋의 직접적 모습이 무지개의 모양이 아니었겠는가. 나(남자와 여자, 나와 타자)의 넋의 직접적 모습이 무지개와 같은 것. 자연(우주)의 무지개와 '나'의 무지개가 동격이 아닐 수 없다는 것. 이 두 개의 무지개가 하나로 인식되는 순간 놀라운 사실이 일어난다. '나'가 죽을 수밖에 없는 존재임을 자각하기와 이를 초극하기가 그것. 마주함의 바른 뜻이 여기에서 말미암는다. 우주와 '나'가 마주함이란, 그 사이에 등불이랄까 연꽃을 놓아두는 일이 아닐 수 없는데, 왜냐면 청산(우주)과의 거리감이 그 한계점으로 직면되기 때문이다. 김동리가 무지개라 했을 때 그것이 수사학일 수 없음도 이로써 분명해진다. 왜냐면 사랑이란 육체를 가진 '나'의 한계 인식이니까. 이 육체를 뛰어넘기에 마지막 걸림돌이 사랑이었으니까. 사랑이란 그러니까 우주와

'나' 사이의 거리감을 감지케 하는 제일 민감한 측도에 다름아니다. 「무녀도」「을화」 그리고 「황토기」『사반의 십자가』가 이승과 저승 사이에 놓인 등불이거나 연꽃인 것은 이런 문맥에서이다.

 그러나 정작 놀라운 것은 이러한 무지개 꿈꾸기를 전 생애를 두고 실천해왔다는 사실이다. 성취 여부란 대체 무엇이겠는가. 천 년에 한 번 오면 족한 것. 문제는 그것이 "일곱 빛깔 눈부시게 날개치는 새"라는 것. 무지개 꿈꾸기란 그러니까 태양의 넋과의 단호한 마주함이었다.

  해바라기는 아침 해돋이
  조수(潮水) 소리 들리는
  마을 앞에 핀다

  해바라기는 목마른 한낮
  칠백리 굽이치는
  강물 위에 핀다

  천 년에 한 번 오는
  새

  일곱 빛깔 눈부시게
  날개치며, 오는가
  오오 새여!

  해일 같은
  사막 같은 광음 속에
  해바라기는 핀다

오는가 오는가, 해의 넋
오오, 새여!

해바라기는 해 없는
하늘 아래 핀다.(「해바라기」 전문)

이 무지개 꿈꾸기를 단호하게 에워싼 곳에 인간 김동리의 비극과 작가 김동리의 영광이 함께 있었다.

# 3. 주변부의 표정 읽기

# 이광수와 더불어 바이칼 호에 가다
### —이르쿠츠크에서의 『유정』 읽기

1. 어째서 울란우데인가

 1997년 7월 25일(금) 울란우데 중앙역에서 이르쿠츠크(Irkutsk)행 밤차를 탔다. 오후 9시 45분. 하늘엔 노을과 더불어 날갯짓 연습하는 제비떼의 군무가 어지럽게 벌어져 있었다.
 어째서 울란우데인가. 여기에는 설명이 없을 수 없다. 울란우데는 러시아령. 울란바토르에서 MIAT 전세기로 한 시간 거리의 북쪽에 있었다. 인구 10여 만의, 강을 낀 아름다운 도시. 상공에서 내려다본 이 도시에는 거대한 공항이 있었으나, 우리의 전세기가 내린 곳은 초라한 국제공항이었다. 그렇다면 상공에서 본 그것은 무엇이었을까.
 원래 이곳은 항공산업으로 번창한 도시. 그 잔해였다. 지금은 모두 정지된 폐허였던 것. 이 도시에도 시청 광장이 있고 거기엔 어김없이 레닌 동상이 있게 마련. 어이없게도 이 광장의 그것은 레닌 선생의

울란우데 광장 앞의 레닌 두상

두상이 아니겠는가. 두상이되 엄청나게 큰 두상이었다. 구소련 전역에서 제일 큰 두상이라 소문난 것. 두상일수록, 또 클수록 그것은 그로테스크한 느낌을 주는 법. 이젠 그 경지도 넘어서 유머러스한 것이었다.

이 지역의 주민 삼십 퍼센트가 몽고족이라 했다. 이름하여 부랴트(Buryat) 족. 바이칼 호 유역과 아무르 유역에 걸쳐 살고 있는 이 종족은 약 25만 명. 동시베리아의 이르쿠츠크 주와 바이칼 주에 각각 소속되어 있는 이 종족의 내력이 어떻다든가, 그들이 샤머니즘을 믿고 있다든가(샤머니즘은 아프리카 토종들도 인디언들도 믿는 것. 애니미즘의 일종이니까), 그것이 혹시 우리의 샤머니즘의 원조일지 모른다든가에 관해 아무런 흥미도 느끼지 못하는 사람이라면 이곳까지 와야 할 이유는 없다. 그럼에도 여기까지 전세기까지 내어 온 까닭은 무엇인가.

울림 때문. '울란'이란 울림이 '우데' 위에 붙어 있기 때문이었다.

그것은 몽골 수도 '울란바토르'로 나를 이끌었던 바로 그 울림이었다. 울란(Ulan) 바토르(Bator)로 구성된 이것은 '붉은' '영웅'이라는 의미와는 아무 관련 없는 것. 울림만이 내겐 문제적이었다. 몽골 수도를 찾아간 것이 아니라 이 울림을 따라나서자 그 울림 끝에 몽골 수도가 있었을 따름. '울란우데'의 경우도 사정은 마찬가지. 우데가 설령 문(gate)을 가리킴이라 할지라도 역시 마찬가지. 고통받는 민중을 구출할 미륵불의 화신이 '붉은 영웅'이라는 믿음은 공산주의자들이 창출한 이미지와는 무관한 것. 몽고족의 오랜 민간 신앙에 바탕을 둔 것. 그러니까 전설에서 온 것이었다. '우데'의 경우도 사정은 마찬가지. '붉은 문'이란 그러니까, 붉은 영웅이 드나드는 문이 아닐 수 없는 것. 붉은 영웅이 거처하는 성채의 대문이 아닐 수 없는 것. 그야 어쨌든 문제는 울림에 있었다. 울란우데, 울란바토르. 시베리아 상공을 가로지르는 유럽 여로에서 나는 이 울림에 마주칠 적마다 뭔가 아득하였고, 신비로웠고, 요컨대 형언할 수 없는 영혼의 떨림에 마주치곤 했다.

이러한 울림에의 그리움이란, 잘 따져보면 여로에서 빠지기 쉬운 일종의 센티멘털리즘이 아니었을까. 그도 그럴 것이 막상 이곳에 와 보니, 문득 허망하였다. 거대한 레닌 선생의 두상이 맞이할 뿐이었다. 지나가는 승용차를 세워보았다. 타보았다. 기사도 나도 벙어리이기는 마찬가지.

"아카데미!"

이것이 내 입에서 나온 첫마디였다. 내가 아는 러시아어는 이것뿐. 이 말만은 통하리라 믿었던 것. 기사의 눈빛이 순간 빛났다. 낡은 소련제 라다였으나 맹렬한 속도로 달리는 것이었다. 과연 이곳 아카데미(사회과학원)의 낡았으나 큰 건물에 닿은 것이었다. 기다리라 손짓하자 고개를 끄덕이는 것이었다.

샤머니즘에 대한 세미나가 열리고 있었다. H교수가 즉석에서 유창한 영어로 한국 샤머니즘과 부랴트 샤머니즘과의 관계에 대해 열변을 토하고 있었고 몽골의 학자 남질 교수의 발표문 「몽골과 한국의 전통

가정교육의 공통점과 차이점」이 이어졌다.

밖으로 나오니 택시 아닌 승용차는 그대로 서 있었다.

"바자르(시장)!"

아는 러시아어는 또 이것뿐이었다. 넓은 공터에 세워진 시장 바닥엔 이런저런 물건이 널려 있었다. 제일 많은 것이 식품들, 과일 종류들, 그리고 여름옷들이었다. 대낮인데도 보드카에 취해 고래고래 외치는 덩치 큰 사내도, 쓰러져 있는 사람도 눈에 들어왔다.

이제 이곳을 떠날 시간이 된 것이다.


## 2. 밤열차 속의 『흙』

이르쿠츠크행 야간열차. 밤새도록 달려 새벽 6시에 닿게 되어 있었다.

야간열차를 타본 것이 얼마 만일까. 맨 처음 사회주의 국가의 야간열차를 타본 것은 장춘(長春)에서 연길(延吉)까지. 아직 국교가 열리기 전인 1993년 8월이었다. 연길시에 세워진 '민족문학원' 낙성식 참석이 이 여로의 목적이었다. 기업체 및 정부 보조 50만 달러(약 4억 4천만원)로 세워진 대지 757평, 연건평 606평의 5층 건물 '민족문학원'에 들른 것은 이곳 조선족 문학자들을 격려하기 위함이었음은 새삼 말할 것도 없었다. 장백산 천지행은 그 다음의 과제였다. 베이징에서 비행기로 장춘까지밖에 가지 못한 것은 연길비행장이 수리중이었던 탓. 일행이 70여 명이었으니 장대한 규모라고나 할까. 침대차 한 칸 전부를 차지할 수밖에.

장춘역에는 밤비가 내리고 있었다. '도문강 2호'란 명찰을 단 이 열차는 밤 열시에 덜커덕하는 소리와 함께 출발했고, 한두 시간쯤 뒤에 나는 작가 이문구씨와 마주 앉아 고량주를 겁도 없이 마시고 있었다. 고명한 『관촌수필』(1977)의 그 작가.

"제가 작가가 됐으면 하기 이전부터 막연하나마 '문학가'가 되는 것이 꿈이었지요."

'도문강 2호'의 덜커덕거리는 바퀴 저편으로 들려오는 이씨의 목소리는 일종의 속삭임. 속삭임이기에 쇠바퀴 소리조차 저만치 물리쳤던 것. 어느새 우리는 아득한 유년기를 헤매고 있었다.

"무슨 문학적 포부가 있어서가 아니었지요. 시를 쓰건 시조를 쓰건 무엇을 쓰건 그저 '문학가'란 이름만 나면 된다는 생각이었지요. 제가 그런 꿈을 꾸게 된 데는 어린 생각에도 말 못 할 이유가 한 가지 있었지요. 중학교 이학년 여름, 한번은 여러 문인들 글을 한 권에 모은 책에서 참으로 고전적인 수필 한 편을 읽게 되었지요. 그 내용인즉 경북 지방의 한 시인이 난리 속에 부역을 했다가 검거되어 내일을 모르는 신세가 되었더니 대구 일원의 문인들이 일어나서 대통령에게 구명을 탄원하였고, 마침내 경무대에서 비서관으로 있던 문인 모씨가 적극 힘써 다 죽게 된 목숨이 쉽게 풀려나게 됐다는 것이었지요."

'말 못 할 이유'가 그로 하여금 문학으로 내몰았다는 것. '말 못 할 이유'는 이씨의 작품 『유자소전』(1991년)에 소상하다. 그렇지만 이런 속삭임 속엔 어째서 하필 시인이나 시조시인 아닌 소설가로 스스로를 추슬렀는가에 대한 설명이 들어 있지 않았다. 어째서 『관촌수필』인가. 내 표정에서 이 뜻을 읽어낸 이씨의 말은 이렇게 거침없었다.

"춘원 때문. 『흙』(1933년) 때문이었지요."

중학 3학년 적 『흙』을 읽었다. 이만한 것쯤이면 나도 하는 심사였다. 그러나 점점 공부를 해본즉 '이만한 것쯤'이 아니었다. 가령, 주인공 허숭이 살여울에 내려와 맹한갑의 집에서 저녁 대접을 받는 장면이 그것. "된장에 있던 구더기가 뜨거운 것을 피해서 잎사귀의 가장자리로 기어나오기 때문"에 호박잎 두 장으로 된장찌개를 끓인 대목. 춘원 아니고는 할 수 없는 장면이었던 것. 『흙』의 다음 장면은 어떠할까.

"늙은이도 젊은이도 여편네도 처녀도 한 손에 모춤을 쥐고 한 손으로 두 대씩 석 대씩 넉 대씩 갈라서는 하늘과 구름 비친 물을 헤치고 말랑말랑한 흙에 꽂는다. 꽂은 볏모는 바람에 하느작하느작 어린 잎을 흔든다. 인제 그들은 며칠 동안 뿌리를 앓고 노랗게 빈혈이 되었다가 생명의 새 뿌리를 애써 박고는 기운차게 자랄 것이다."

『관촌수필』의 작가 이씨는 말했다. "이만한 표현을 해 보일 능력은 아직도 제겐 없습니다"라고. 씨는 또 다음처럼 덧붙이기에 여유를 두지 않았다.

"춘원의 친일행각은 누가 재판을 하더라도 항상 유죄이겠지만 춘원의 문학적 전적(前績)은 나 같은 것이 '이 정도는' 하고 넘봐도 좋을 고개턱 낮은 등성이 따위는 결코 아닌 것이지요."

'도문강 2호' 속의 대화가 어째서 춘원의 『흙』에서 시작되고 또 여기서 멈추고 말았을까.

1995년 7월 30일. 돈황 막고굴을 뒤로 하고 섭씨 42도의 사막을 달려 유원(柳園)역에 닿고, 에어컨도 없는 밤열차에 덜컹거리며 손오공도 혼이 난 화염산이 뻗어 있는 화주(火州) 트루판으로 향했다. 포도의 고장 트루판 역에 내리자 아침 6시. 차창 밖으로 밤새도록 별떨기가 어지럽게 오르내렸다. 시도 시조도 없었고 『흙』도 없었다. 갈증만이 앞뒤를 가로막을 뿐. 어둠 한가운데 놓인 석유시추선 탑의 불꽃이 지옥의 불길과 흡사했다. 『관촌수필』의 작가와 마주 앉았다 해도 이 사정은 변하지 않을 터였다. 막고굴을 보아버렸기에 그것은 그러하다. 지옥 도생이 수많은 굴 속의 벽화 속에 펼쳐져 있지 않았던가. 이 기묘한 지옥도 속에서 부처님의 자비로운 미소도 어쩔 수 없지 않았을까. 마음 어지러움을 다스릴 방도가 과연 있었던가. 명사산에서, 막고굴에서, 이 지옥변에서 한시바삐 도망치는 길이 장땡. 문학 따위가 끼어들 장면이 아니었다. 문학보다 훨씬 수위가 높은 그런 영역이었다. 숨이 가빴던 것은 이 때문.

세번째 밤열차는 어떠한가. 문학의 개입이 불가피한 장면. 그것도 문학사적 개입이었다. 이르쿠츠크행이란 무엇이뇨. 일목요연한 해답이 주어진다. 『흙』의 작가 춘원 이광수의 『유정』(1933)이 그것이다.

### 3. 최석과 이광수

초조한 몇 밤을 지나고 이르크트스크(이르쿠츠크의 당시 표기―인용자)에 내린 것이 오전 두시. 나는 B호텔로 이스보스치카라는 마차를 몰았다. 죽음과 같이 고요하게 눈 속에 자는 시간에는 여기저기 전등이 반짝거릴 뿐. 이따금 밤의 시가를 경계하는 병정들의 눈이 무섭게 빛나는 것이 보였다.

B호텔에서 미스 초이(최양)를 찾았으나 순임은 없고 어떤 서양 노파가 나와서
"유 미스터 Y?"
하고 의심스러운 눈으로 나를 보았다.

그렇다는 내 대답을 듣고는 노파는 반갑게 손을 내밀어서 내 손을 잡았다.

나는 넉넉하지 못한 영어로 그 노파에게 최석이가 아직 살았다는 말과 정임의 소식은 들은 지 오래라는 말과 최석과 순임은 여기서 삼십 마일이나 떨어진 F역에서도 썰매로 더 가는 삼림 속에 있다는 말을 들었다.(『유정』, 『이광수 전집』 제4권, 우신사 판, 81쪽)

『유정』은 『무정』(1917)의 작가이자 동아일보 편집국장에서 조선일보 부사장으로 자리를 옮긴 42세의 이광수가 조선일보(1933. 10. 1~12. 31, 76회)에 연재한 장편. 장편이라 하나 장편이기엔 짧다. 더욱 특징적인 것은, 구성상으로 보아 단편스럽기 그지없다. 단숨에 갇혀 쓴 소설임을 한눈으로 알 수 있는 그런 소설이기에 장편이되 단편이 아닐 수 없다. 사람이 있어 『유정』을 소설이라 하지 않고 한 편의 '서정시'라 우기더라도 반론을 펼 논자는 많지 않을 것이다. 작가 자신

도 다음처럼 서슴없이 말해놓고 있을 정도다. "순전히 정으로만 된 이야기"라고.

"22~23세의 도무지 아무것에도 구속받지 않는 열정에 타는 어리던 시절로 돌아가서 열정이 쏟는 대로"(「작가의 말」)라고. 또 그는 말했다. "외람한 말이지만, 만일에 내 작품 중에서 후세에 남을 만한 것이 있다면 그것은 『유정』일 게요. 그리고 또 외람한 말이나 외국어로 번역될 것이 있다면 그 역시 『유정』이라고 생각해요"(『이광수 전집』 제10권, 524쪽)라고.

『유정』이란 그러니까, 사상계몽을 위해 쓴 『무정』도 아니고, 흥사단(동우회)의 이념을 심기 위한 『흙』도 아니고, 민족주의를 일깨우기 위해 쓴 『이순신』도 『원효대사』도 아니고, 오직 '정'만을 그렸다는 것. 따라서 제일 '순수한 소설'인 셈이었다. 이 경우 '정'이란 무엇이겠는가. 일목요연한 해답이 주어진다. '사랑'이 아니라 '열정'일 따름. 앞뒤를 분간치 않는 이 열정이란 괴물은 과연 무엇일까. 사회적으로 지도급에 속하는 중학교장인 중년의 최석이 친구의 딸 남정임을 사랑하다 견디지 못해 마침내 아내와 딸 순임을 헌신짝처럼 팽개치고 시베리아로 도피한다는 것. 아득한 눈 덮인 숲속 통나무 오두막에서 숨을 거둔다는 것. 이런 얘기는 누가 보아도 희극적이라 하지 않을 수 없다. 더욱 희극적인 것은, 남정임과 최순임이 최석을 찾아 이르쿠츠크로, 바이칼 호로 온다는 것. 그리고 마침내 작품의 화자인 최석의 친구 '나'가 이들의 뒤를 쫓아온다는 것. 임종을 지킨다는 것.

앞뒤 분간도 못 하는 이러한 인간 군상이란 과연 무엇일까. 이들이 희극적으로 보이는 것은 웬 까닭일까. 이 물음은 기묘하게도 이광수 문학 이해에 중요할 뿐 아니라 이 나라 근대소설사 이해에도 빛을 던지게 된다. 소설과 이데올로기의 관계가 그것. 특히 이광수의 문학과 그 역방향에 선 카프문학이 그러하였다. 근대문학 출발점인 『무정』에서부터 그러한 계몽적 성격을 타고났던 것. 그 장본인 이광수가 이 이데올로기의 중압에서 벗어나고자 한 최초의 시도가 『유정』이었다. 그는 오직 '열정'으로만 된 소설을 쓰고 싶었다. 그렇게 하면 소설이 되지 않는다는 사실, 그렇게 하면 문학이 되지 않는다는 사실을 이광수가 몰랐을 이치가 없다. 그럼에도 그는 한순간 그렇게 하고 싶었고 용감하게도 그렇게 했다. 외국어로 번역할 수 있는 유일한 작품, 후세에 남을 유일한 작품이라 외쳐 마지않았다. 그의 이러한 헛소리의 근거는 무엇일까.

삶의 '피로함'이 그 정답이다. 신문 연재소설, 사설, 횡설수설(동아일보), 논설 등 이른바 사설(四說)을 혼자서 써내기에 지칠 대로 지친 이 자칭 천재는 피로의 극에 달해 있었다. 뿐만 아니라 그 동안 오래 몸담아왔던 동아일보 편집국장직에서 조선일보 부사장직으로 자리를 바꾸지 않으면 안 되었다. 그 동안, 사회적 지위에 알맞은 글쓰기로 말미암아 이 열정적인 평안도의 야성스런 천재는 주눅이 들 대로 들어 있었다. 고아 의식에 짓눌린 그의 야성. 방랑에의 형언할 수 없는 그리움. 그 야성이 드디어 분출구를 찾은 것. 이데올로기라든가 흥사단, 곧 사회적 지위에 걸맞는 글쓰기란 이 야성(본성)에 비하면 한갓 남루이자 허위이자 위선이요 가면에 지나지 않았던 것. 동경 유학생 사이에서 자유연애 사상의 기수로, 또 그 실천가로 평판이 자자했던 청년 이광수의 처지에서 보면 이 남루, 이 위선, 이 가면이란 무엇이겠는가. '열정' 그것만이 그의 것이었다. 야성스러움 그것만이 이 평북 정주군 갈산면 익성리 한미한 집안 출신의 천재에겐 어떤 진짜였다. 『유정』을 두고 스스로 '후세에 남을 유일한 작품'이라 한 것은 이런 문맥에서이다. 이를 두고 '순수함'이라 부르는 것.

다시 한번 '순수함'을 설명하기로 하자. 곧, 이르쿠츠크란 무엇인가. 『유정』의 무대가 된 곳. 사회적 윤리적 무게에 지친 중년의 사내가 그를 억압하는 모든 속박에서 벗어나 오직 '그만의 것'을 찾기, 요즘 말로 하면 '헛것'을 찾아 헤맨 곳, 거기가 이르쿠츠크다. 사회적 윤리적 의무에서 벗어남이란 무엇인가. 다시 한번 더 '헛것'을 설명하기로 하자. 그것이 무엇이든간에 그 끝에 죽음이 닿아 있다는 사실

만큼 확실한 것은 없다. 그것은 공포의 비롯함. 이를테면 '미'도 또한 그러한 것이 아니었겠는가. 어째서 사람은, 혹은 이광수와 최석은 이 죽음에 닿아 있는 '헛것'을 찾아 헤매는 것일까. 일목요연한 해답이 주어진다. 죽음만큼 사치스러움, 호사스러움이 없기 때문.『에로티시즘』의 철학자 G. 바타이유의 탁월한 통찰이 이 점을 잘 설명하고 있다.


4. 12월 당원들의 땅 이르쿠츠크

이르쿠츠크란 무엇인가. 바이칼 호를 서쪽으로 낀 채 밤새도록 헐떡거리며 달린 열차가 이르쿠츠크 역에 닿은 것은 아침 6시. 거대한 문자가 역사 꼭대기에 솟아 있었다.

　NPKYTCK.

찬 공기가 팔소매를 에워싸는 것이었다. 형편없이 낡은 버스에 올라 닿은 곳은 호텔 앙가라(ANGARA). 바이칼 호가 외부로 흘러나가는 유일한 강가에 있기에 그 이름을 딴 것. 덩치 큰 호텔이었고, 그 주변엔 인구 65만 명을 거느린 칼 마르크스 광장이 있었다. 정부청사, 레닌 동상, 2차대전 영웅전사 기념비 등등 사회주의 국가 도시의 일반적 모습 그것이긴 하나 뭔가 세련된 느낌이 스며 있었다. 앙가라 강이 빚어낸 분위기였을까. 그런 것 같지 않았다. 강이란 기껏해야 자연에 불과하니까. 이 세련성은 사람만이 만드는 것. 이를 문화라 부른다면 이 도시엔 그런 분위기가 감돌고 있었다

이 도시에 대해 내가 아는 정보는 단 두 가지. 하나는『유정』의 무대의 일부였다는 것. 이광수 연구에 많은 시간과 힘을 쏟아온 나로서는 막연하나 이르쿠츠크가 기억에 남아 있었다. 다른 하나는 책(김학준,『러시아혁명사』, 문학과지성사, 1979, 제1장)에서 읽은 이른바 '12월 당원(Dekabrists, Decembrists)' 사건이 그것. 1825년, 귀족 청년장교들이 12월에 일으킨 황제에 대한 반란 사건이 중요한 것은 그것이 단

'12월 당원들의 박물관' 앞에서의 필자

순한 반란이 아니라, 황제 체제 자체를 부정한 점에 있었다. 훗날 레닌이 이를 두고 "12월 당원들은 헤르첸(사회주의의 아비)을 각성시켰고 헤르첸은 혁명적 선동을 시작했다. 그 이후의 혁명은 이것이 점차 확대되고 강화되어나간 것이다"라고 한 것은 이런 문맥에서이다. 황제는 이들을 가혹하게 다루었다. 사형 5명, 121명이 투옥 및 시베리아 유형에 처해졌다. 이들의 시베리아에서의 '30년에 걸친 기묘한 세월'이 이르쿠츠크에서 진행되었던 것.

기묘한 30년이란 무엇일까. 당초 그들은 감옥에서 형벌 생활을 했다. 그 다음엔 시베리아 이곳저곳에 흩어져 유형 생활에 처해졌다. 공평하게 시베리아 전역에 퍼져 있던 이들이 점점 이르쿠츠크 근처로 모여졌다. 유형이 끝날 쯤엔, 그들과 그 가족들의 이르쿠츠크 시내로의 이주가 허용되었다. 이들이 시베리아 전역에 퍼져 보낸 30년의 세월이란 무엇인가. 12월 당원의 한 사람인 니콜라이 바사르긴(Basargin)은 이렇게 적었다.

우리들이 시베리아 전역에서 오랫동안 살았음이란 시베리아의 도덕 교육 범위 내에서라면 매우 쓸모있었다고 결정적으로 말할 수 있다. 뿐만 아니라 주민들의 사회 생활에 대한 새로운 사상의 소개에도 그러하였다. 이 도덕적 교육과 사회관계에 대한 새로운 사상의 결합이 마침내 금광의 발견과 공업 및 무역의 발전을 촉발케 한 많은 훌륭한 지식층을 낳기에 이른 것이다.(야코브 브로드스키, 『이르쿠츠크와 바이칼 호』, 프라네타 출판사, 1980, 14쪽)

이 도시의 기품은 이러한 혁명 귀족의 입김에서 말미암았던 것. 귀족 청년장교들이 피아노까지 갖춰놓고 그들의 교양과 문화적 세련성과 정치 사회적 사상을 30년에 걸쳐 어둡고 추운 시베리아에다 서서히 퍼뜨렸던 것. 이 도시의 세련성이랄까 문화적 분위기는 여기에서 말미암은 것. 그렇다면 아마도 헤겔이 그의 『미학』에서 "모든 예술은 왕자적이다"라고 갈파한 것도 이런 문맥에서 이해됨직하다고나 할까. "귀족적 왕자적 분위기에서 비로소 예술이 존재할 수 있다"(『미학』, 레크람 판, 1971, 279~280쪽)는 헤겔 미학의 선 자리를 도시 이르쿠츠크에서 새삼스럽게 느낀 사람이라면 응당 제일 먼저 12월당 박물관을 향할 것이다. 그는 이 도시의 명물 제1호인 1972년에 건조된 목조건물 자나멘스키 수도원을 건성으로 보면서 혹은 제치고 12월당 박물관으로 발걸음을 재촉할 것이다. 12월 당원의 지도자 중의 한 사람이었던 세르게이 트루베츠코이(S. Trubetskoy)와 세르게이 볼콘스키가 살았던 집이 그것. 이 목조건물엔 족쇄도 있었고, 피아노도 있었고, 이런저런 생활도구 속에 시집을 포함한 서적과 시의 원고들이 잘 보관되어 있었다. 인상적인 것은 영하 40도의 혹한을 막기 위한 나무로 된 덧창문의 장치들과 땅속으로 파내려간 지하건물들. 그러나 더욱 인상적인 것은 피아노.

시베리아 횡단철도가 이 도시를 통과한 것은 1898년. 이 무렵 한 여행객은 이 도시를 시베리아 제일의 사치와 세련성, 예술과 과학의 도시라 적었다. 지식인 중심의 취향이 배어 있다는 것. 동양의 파리라는 별칭까지 붙여놓았다. 영하 40도를 오르내리는 황량한 시베리아의 도시치고는 제법 놀랄 만하다는 표현이었을까. 모르긴 하나, 적어도 그들은 바이칼 호와는 전혀 무관하였다. 12월 당원들도, 오래된 수도원도, 도시의 세련성도, 시베리아 철도도 그리고 마르크스 레닌 광장도 바이칼 호와는 무관한 것이었다. 그렇다면 『유정』의 작가 이광수에겐 이 관계가 어떠했을까.

5. 비디오 속의 바이칼 호

이르쿠츠크에서 바이칼 호까지는 버스로 한 시간 반의 거리. 늙은 당나귀 같은 버스와 그보다 더 늙어 뵈는 이곳 봉고차에 나누어 탄 우리 일행이 바이칼 호를 향해 떠난 것은 오전 10시. 길은 반달처럼 생긴 거대한 호수를 오른쪽에 끼고 계속 달려가는 것이었다. 호수의 기슭이 보이다 사라지고 또 보이는 숨바꼭질 삼십 분 만에 호수의 한 자락이 이번엔 아무런 가림 없이 나타났다.

바이칼 호는 꼭 바이칼 호처럼 거기 있었다.

세계 두번째의 담수호라는 둥, 저수량이 세계 담수량의 이십 퍼센트라는 둥, 수심이 어떻고 둘레가 어떠하며 또 맑기론 세계 제일이라는 둥, 무슨무슨 물고기가 살며 또 여사여사하다는 등등을 안내서마다, 안내인마다 기계처럼 외쳐대고 있었다. 그러한 외침과는 무관하게 바이칼 호는 다만 거기 있었다.

호텔도 있었다. 해당화도 새빨갛게 피어 있었다. 그 옆에 장승도 셋이나 서 있었다. 선창가도 있었다. 튀긴 물고기도 팔고 있었다. 털옷도 팔고 있었다. 배도 탈 수 있었다. 이른바 관광 쿠르즈. 호수 한복판에 여객선이 이르기까지 꼭 이십오 분이 걸렸다. 말없는 선장이 호수 물을 퍼올려 먹어보라 했다. 먹었다. 찼다. 그저 물이었다. 해수욕

바이칼 호의 한 장면

장도 있었다. 보트도 있었다. 자갈도 있었다. 햇볕 쬐는 가족들도 여기저기 보였다. 헬리콥터 한 대가 요란한 소리로 스쳐갔다. 우리도 그 속에 끼어 놀았다. 햇볕도 쪼였다. 바지를 걷고 물 속으로 걸어도 가 보았다. 찼다.

다시 늙은 당나귀 버스를 탔다. 그렇게 하지 않고 어쩔 터였던가. 귀로에 박물관에 들렀다. 박물관도 꼭 박물관처럼 있었다. 사회주의 국가가 세운 박물관이기에 그 규격, 그 분위기, 그 과학성이 고스란히 지켜져 있었다. 더구나 러시아 아카데미 소속 연구소를 겸한 곳.

뚱뚱한 여관장이 우리를 압도했다. 유치원 아이들모양 우리는 바닥에 주저앉아 귀를 기울였다. 여관장은 동식물 표본들을 하나하나 살피며 흡사 집안 식구를 소개하듯 설명하는 것이었다. 그들의 기호로 잘 분류되고 정리되고 해설된 바이칼 호와 그 주변의 동식물 표본이 이 박물관의 특징이자 존재 이유이며 또 특권임엔 틀림없었다. 그렇지만 이 대단한 과학적 표본들이 아무리 세계적인 보물창고라 할지라도 부식하기 짝이 없는 얼치기에겐 한갓 잡동사니에 지나지 않았다. 죽은 것들이니까. 흔적에 지나지 않는 것. 껍데기니까.
 "박제가 되어버린 천재를 아시오?"
라고 「날개」(1936)의 작가 이상은 외친 바 있다. 그렇지만 누가 그런 천재를 두려워하랴. 당대의 그 누구도 이 박제 이상을 두려워하지 않았다. 그렇지만 이 박제인 천재는, 이 박제에다 생명의 핏줄이 돌기를 열망하였다. 진짜 천재를 그가 꿈꾼 까닭. 현실에서는 불가능한 그 꿈을 그는 문학이라 불렀다. 이 문학에다 그는 그의 전생애를 쏟아넣고 마침내 그것을 마감하고자 하였다. 그것이 작품 「종생기」(1937)이다. 그때 그의 꿈은 이러하였다.

　　나는 시체다. 시체는 생존하여 계신 만물의 영장을 향하여 질투할 자격도 능력도 없는 것이라는 것을 나는 깨닫는다.
　　정희, 간혹 정희의 후틋한 호흡이 내 묘비에 슬쩍 부딪는 수가 있다. 그럴 때 내 시체는 홍당무처럼 화끈 달으면서 구천을 꿰뚫어 슬피 호곡한다.(「종생기」 끝부분)

박제의 꿈은 이런 것이었다. 박제(문자)로만 제시되는 것, 문자로만 존립하는 것, 그것이 문학(기호론)임을 측량기사인 그는 기하학의 논리를 통해 알고 있었다. 「종생기」의 독자 모두란 그러니까 정희가 아닐 수 없다. 변덕스럽기 그지없는 탕녀 정희로서의 독자들. 무수한 그런 독자들을 획득했다면 천재 이상의 천재스런 전략이 여지없이 성공하는 셈.
박물관이란 무엇인가. 그것은 누구가 보아도 시체 보관소다. 책(작품)도 이와 꼭 같은 원리 위에 서 있는 것. 그러니까 박물관은 바이칼 호의 실체이자 그 꿈이다. 이 꿈의 전략을 판독하기야말로 바이칼 호의 본질에 부딪치는 가장 확실한 길이요 방법론이 아닐 수 없다. '내' 몸을 빌려주기만 하면 가능한 그런 길. 바이칼의 기호를 판독할 수 있는 능력이 있어야 비로소 가능한 길. 기호를 해독하는 길고도 복잡한 과정이 거기 고비 사막처럼 가로놓여 있었다. 바이칼의 기호 앞에 완전히 노출된 당달봉사들에게는 어림도 없는 일. 그렇다면 절망인가.
"그렇다!"
라는 울림이 들렸다. 돌아보니 송아지만큼 큰 바이칼 철갑상어의 박제가 허연 이빨을 드러내고 있지 않겠는가. 멍하니 서 있자니 이번엔 또하나의 목소리가 울리지 않겠는가.

"진짜는 아니나 다른 방편이 하나 있긴 있다"라고. 뒤돌아보니 뚱뚱하여 인자하게 생긴 여관장이 아니겠는가.

우리는 지시에 따라 유치원 생도가 되어 그녀의 널찍한 치맛자락 아래 옹기종기 모여 앉았다. 치마폭보다 큰 커튼이 내려지고, 어둠 속에 스크린이 나타나는 것이었다. 바이칼 호의 사계를 찍은 이십 분짜리 다큐멘터리.

총천연색의 살아 있는 동식물 세계가 펼쳐지지 않겠는가. 얼음덩이 속에서 혹은 호수 밑바닥을 훑기도 하고, 청명한 여름의 미풍을 보여주기도 하는 것이었다. 바다표범도 유유히 헤엄치고 있지 않겠는가. 저 커다란 철갑상어떼를 보라. 얼마 전에 선창가에서 튀겨 먹은 물고기 오물도 떼지어 헤엄치고 있지 않겠는가. 풍우 몰아치는 호면(湖面), 얼음덩이의 두께, 이따금 호수로 찾아드는 산짐승 들짐승. 그리고 무수한 철새의 날갯짓이 모두 생생히 살아 있지 않겠는가. 심지어 이곳을 방문한 대통령 옐친의 감탄하는 모습조차 비디오 속에 들어 있었다.

이 모든 것 중에서도 제일 인상적인 것은 무엇이었을까. 얼음장이었다. 반 년 동안 얼고 반 년 동안 풀리는 바이칼이었던 것. 5월에 가서야 비로소 얼음이 풀린다는 것. 대체 얼음이란 무엇인가. 담수호인 바이칼이 아니었던가. 세계 최대의 담수호이기에 그럴 수밖에. 투명도가 43미터이기에 그럴 수밖에. 장대한 얼음덩이, 이것만큼 신비로운 것이 따로 있을까. 이것만큼 놀라운 것이 따로 있을까. 이 얼음덩이야말로 아무리 표면만 언다 해도 세계 최대의 얼음덩이가 아니겠는가.
 얼음, 그것은 절망이다. 그것은 극한이다. 그것은 헛것이 아닐 수 없다. 그것은 순수이되 실체가 없다. 죽음에 닿아 있기에 그것은 대단한 사치가 아닐 수 없다. 호사스러움의 극치가 아닐 수 없다. 『유정』의 작가가 본 '헛것'도 이 범주에 드는 것이 아니었는가.
 여관장의 치마폭에서 벗어난 유치원생들은 그후 어떻게 되었을까. 귀가할 수밖에. 엄마가 저녁을 지어놓고 기다리는 집으로 향하기. 다시 늙은 큰 당나귀와 작은 당나귀에 올라탄 유치원생들이 온 길을 되짚어 덩치 크기로 소문난 호텔 앙가라로 향한 것은 오후 4시. 당나귀 버스는 당나귀처럼 투덜거렸다. 길은 길처럼 길고 지루하였다. 이 단조로움은 위험하다. 이 단조로움은 특히 유치원아들에겐 그러하다. 유치원아들은 워낙 민감하기 때문. 사람들이 이들을 시인이라 부르는 것은 이 때문.

　　'강물이 풀리다니 / 강물은 무엇하러 또 풀리는가'
　　돌아보니 포항 토산작가 S씨였다.
　　'……'
　　아무도 대답하지 않았다.
　　'우리들의 무슨 설움 무슨 기쁨 때문에 / 강물은 또 풀리는가'
　　'……'
　　아무도 대답하지 않았다. 어째서? 모르니까.
　　'기러기같이 / 서리 묻은 섣달의 기러기같이 / 하늘의 얼음장 가슴으로 깨치며 / 내 한평생을 울고 가려 했더니 // 무어라 강물은 다시 풀리어 / 이 햇빛 이 물결을 내게 주는가'
　　'……'
　　'저 민들레나 쑥이풀 같은 것들 / 또 한 번 고개 숙여 보라 함인가'
　　'……'
　　'황토 언덕 / 꽃상여 / 떼과부의 무리들 / 여기 서서 또 한 번 더 바라

호텔 앙가라에서 바라본 석양

'보라 함인가'

'……'

'강물이 풀리다니/ 강물은 무엇하러 또 풀리는가/ 우리들의 무슨 설움 무슨 기쁨 때문에/ 강물은 또 풀리는가'(서정주, 「풀리는 한강가에서」, 1948)

유치원 원아들에게 박물관의 비디오가 얼마나 교육적이었는가 이로써 짐작하고도 남지 않았을까.

## 6. 기행소설의 세 층위

비디오의 교육적 효과란 무엇인가. 그것은 오직 유치원생의 멘탈리티에 관련된 것. 꿈을 꾸는 자의 대명사로 유치원아만큼 그럴싸한 존재가 따로 있을까. 없다. 나는 이 꿈꾸는 자의 신분에서 벗어나고 싶지 않았다. 호텔 창가로 드러난 거대한 마르크스 레닌 광장도, 그 서쪽 끝에 솟아오른 니콜라이 성당의 뾰족탑도 나로 하여금 꿈을 잇게끔 강요하는 것이었다. 게다가 황혼이 서쪽 하늘 가득 북국 특유의 황혼을 장대하게 펼쳐 보이고 있지 않겠는가. 순간 "아이야, 꿈을 깨지 마라. 여기가 이르쿠츠크라는 동네란다"라는 환청을 나는 들었다. "아이야, 『유정』의 작가도 너와 꼭 같은 아이였단다"라고. "그러니 조금도 겁내지 마라"고. "모두가 꿈이었으니까"라고.

『유정』의 주인공 최석은 과연 이르쿠츠크에 왔던가. 바이칼 호 어디까지에 왔던가. 그리하여 그는 어디서 죽었던가. 이 물음은, 작가 이광수가 과연 이곳에 온 적이 있었던가와는 별개의 과제이다.

『무정』과 쌍을 이루는 『유정』의 첫 대목은 이렇게 시작된다.

　　최석(崔晳)으로부터 최후의 편지가 온 지 벌써 일 년이 지났다. 그는 바이칼 호수에 몸을 던져버렸는가. 또는 시베리아 어느 으슥한 곳에 숨어서 세상을 잊고 있는가. 또 최석의 뒤를 따라간다고 북으로 한정없이 가버린 남정임(南貞姙)도 어찌 되었는지, 이 글을 쓰기 시작할 이때까지에는 아직 소식이 없다. 나는 이 두 사람의 일을 알아보려고 하르빈, 치치하르, 치타, 이르크츠스크에 있는 친구들한테 편지를 부쳐 탐문도 해보았으나 그 회답은 다 '모른다'는 것뿐이었다. 모스크바에도 두어 번 편지를 띄워보았으나 역시 마찬가지로 모른다는 회답뿐이었다.(『이광수 전집』 제4권, 15쪽)

이렇게 시작되는 『유정』에서 주목되는 것 중 하나는 작중화자인 '나'의 태도에 있다. '나'란 누구인가. 최석의 제일 가까운 친구라고 스스로 말하고 있는 것으로 보아 그 역시 최석만큼 가정 및 사회적 지위를 갖춘 인물임엔 틀림없다. 세상이 최석을 이해하지 못해 손가락질하더라도 '나'만은 그를 이해할 뿐 아니라 동정하는 처지인 만큼

'나'는 그러니까 최석의 분신이자 작가 이광수의 분신임을 쉽사리 짐작할 수 있다. 작가는 자기의 분신을 최석과 '나' 속에다 심어놓았던 것. 이는 누가 보아도 상식적 판단에 바탕을 둔 것이다. 그렇지만 『유정』의 작품다운 특이성은 그 구성상의 묘미에서 찾을 것이다. 중년사내와 친구의 딸과의 사랑이라는 문제란 그것이 아무리 당사자들에겐 절박하고 절대적이더라도 윤리적 판단 앞에선 패배하게 마련. 까닭에 이 표층주제의 문제만으로는 소설다운 범주에서 벗어나는 것. 42세의 동아일보 편집국장이며 대언론객이며 『흙』의 작가인 이광수가 이 사실을 몰랐을 이치가 없다. 말을 바꾸면 작가의 의도가 실상 '불륜의 사랑'을 그리고자 한 것이 아니라는 사실은 이 구성상에서 이미 엿볼 수가 있다. 그렇다면 그 구성법은 무엇인가. 그것은 다음 세 층으로 되어 있다.

(가)층 : 최석의 시베리아 헤매기
(나)층 : 남정임 및 최순임의 시베리아 헤매기
(다)층 : '나'의 시베리아 헤매기

이 세 층이 부채꼴 손잡이처럼 한 곳에 맺히는 곳에 최석의 '죽음'이 놓인다. 구성의 완벽성이 이로써 마침내 달성되었는바, 이 구성법은 다섯 명의 각각 다른 주인공(이형식, 김선형, 박영채, 신우선, 김병욱)이 삼랑진 수해 장면에서 '민족주의'라는 한 점으로 귀착되는 것과 꼭 같다.

『유정』의 이러한 구성법이 『무정』의 그것과 동일형이라는 사실은 과연 무엇을 뜻하는 것일까. 이 물음이 『유정』을 규정하는 거멀못이다. 『유정』이 겨냥한 것, 곧 『유정』의 참주제란, 이 물음 속에 있기 때문이다.

표층적으로는 '남녀의 불륜(사랑)'을 다룬 것이지만, 심층적인 측면에서 보면 별개의 주제, 곧 '방랑, 죽음, 사치'에 있음을 가리킴이다. 만일 이 표층적 주제만이라면 그것은 문제적이긴 하나 결국은 미학으로 승화되기 어렵다. 자칫하면 스캔들 범주의 통속물에 떨어지기 쉽다. 이 통속적 주제를 한층 심화시키는 방식이 바로 심층적 측면인데, 작가는 이를 구성상에서 이루어낸 것이다. 이광수의 작가로서의 솜씨가 이로써 분명해진 셈이다.

(가)층부터 살펴보기로 하자.

최석이 일 년 전에 서울을 떠나 시베리아로 간 것은 여름. '나'가 받은 편지(소포)의 발신지는 바이칼 호반의 어떤 마을. 이르쿠츠크 주의 수도가 이르쿠츠크이며 바이칼 호가 이 주 속에 있는 만큼 편지의 주소엔 이르쿠츠크의 바이칼리스코에로 되어 있기 때문이다.

"믿는 벗 N형. 나는 바이칼 호의 가을 물결을 바라보면서 이 글을 쓰오. 조선은 아직도 처서 더위로 땀을 흘리리라고 생각하지마는 고국서 칠천 리 이 바이칼 호 서편 언덕에는 벌써 가을이 온 지 오래요. 이 지방의 유일한 과일인 야그드의 핏빛조차 벌써 서리를 맞아 검붉은 빛을 띠게 되었소. 호숫가의 나불나불한 풀들은 벌써 누렇게 생명을 잃었소 (……) 오직, 성내어 날뛰는 바이칼 호의 물과 광막한 메마른 들판뿐이오."

바이칼 호 근처의 한 마을에서 최석이 머문 곳은 '부랴트 족인 주인 노파'의 집. 여기 나오는 부랴트 족은 부랴트(Buryat)를 가리킴이다. 몽고족의 한 갈래인 이 종족은 울란우데, 이르쿠츠크 등지에 약 15만(1831년 당시) 정도 분포되어 있었다.(지금은 약 25만)

먼저 최석은 비행기로 만주 대련에 도착, 하얼빈으로 향했고 거기서 R을 찾아갔다. R은 실상 목릉에 있던 추정 이갑(李甲)이다.(이광수는 여기서 한 달간 머물며 추정의 비서 노릇을 한 바 있다.) 여기서 다시 모스크바행 급행열차로 송화강을 건넌 최석은 국경 근처 흥안령의 풍경에 반해 발작적으로 F역에 내려 들판을 헤매다 뜻밖의 조선인에 의해 구출된다. F역을 떠나 흥안령을 넘어 바이칼 호까지 온 것이다.

"편지를 쓰기 시작할 때에는 바이칼에 물결이 흉흉하더니 이 편지를 끝내는 지금에는 가의 가까운 물결에는 얼음이 얼었소."

이 바이칼 호에서 최석은 V라는 삼림지대로 옮겨간다. 왜? 죽기 위해 가장 알맞은 곳이 V삼림지대이기 때문. 어째서 그곳이 알맞은 곳일까. "만일 단순히 죽는다 하면 구태여 멀리 찾아갈 필요도 없지마는 그래도 나 혼자로는 내 사상과 감정의 청산을 하고 싶소"라는 최석의 편지에서 보듯, 그는 다만 핑계를 찾고 있음이 분명해진다. V지대가 어딘지 모르지만, 좌우간 미지의 아득한 '어떤 곳'을 찾아 헤매었던 것. 그 V지대란, 이르쿠츠크에서 만난 금광 캐는 조선인 광부들에게서 들었던 곳. V삼림지대는 F역에서 내려 썰매로 한 시간 거리. 최석이 손수 지은 통나무집. 거기 죽어가는 최석이 있었다. 그는 거기서 소원대로 죽었다.

이상이 (가)층의 구조라면 대체 그 핵심은 무엇인가. 일목요연한 해답이 나온다. 최석의 입을 통한 시베리아 풍경담이 그 정답. 더도 덜도 아닌 풍물기인 셈. 최석은 '불륜의 사랑' 따위엔 아무런 고민도 관심도 없다. 오직 흥안령 근처의 자연풍경에 반해 이성을 잃고 헤매기에 온 힘을 쏟은 형국. 이는 일종의 발작이 아닐 수 없다. F역에서 내려 무턱대고 걷는다. 왜? 이유란 없다. 발작이니까. 몽유병 환자만이 할 수 있는 행위가 아닐 수 없다. 몽유병 환자의 장면이 이광수의 문장력으로 장대하게 솟아오른다.

나는 거의 무의식적으로 차에서 뛰어내렸소. 정거장 앞 조그마한 아라사 사람의 여관에다 짐을 맡겨버리고 나는 단장을 끌고 철도 노선을 뛰어 건너서 호수의 수은빛 나는 곳을 찾아서 지향 없이 걸었소. 한 호수를 가서 보면 또 저편 호수가 더 아름다워 보이오. 원컨대 저 지는 해가 다 지기 전에 이 광야에 있는 호수를 다 돌아도 보고 싶소.
(가자, 끝없는 사막으로 한없이 가자. 가다가 기운이 진하는 자리에 나는 내 손으로 모래를 파고 그 속에 내 몸을 묻고 죽어버리자. 살아서 다시 볼 수 없는 정임의 '이데아'를 안고 이 깨끗한 광야에서 죽어버리자.)
나는 허리를 지평선에 걸었소. 그 신비한 광선은 내 가슴으로부터 위에만을 비추고 있소.

문득 나는 해를 따라가는 별 두 개를 보았소. 하나는 앞을 서고 하나는 뒤를 섰소.

나는 자꾸 걷소. 해를 따르던 나는 두 별을 따라서 자꾸 걷소. 별들은 진 해를 따라서 바삐 걷는 것도 같고 헤매는 나를 어떤 나라로 끄는 것도 같소.

아니 두 별 중에 앞선 별이 한 번 반짝하고는—최후로 한 번 반짝하고는 지평선 밑에 숨어버리고 마오. 뒤에 남은 외별의 외로움이여! 나는 울고 싶었소.

'아 저 작은 별 저것마저 넘어가면 나는 어찌하나?'

'정임이! 정임이!' 하고 나는 수없이 정임을 부르며 헤매었소.(『이광수 전집』 제4권, 56~57쪽)

이처럼 (가)층이 '헛것' 찾기로 요약되거니와 이로써도 부족해서 작가는 (나)층을 마련하였다. 최석의 딸 순임과 정임을 동행시켜, 작가는 다시 시베리아 풍경을 읊어 마지않았다. 이들의 시베리아 행로를 보이면 이러하다. 서울→하르빈→송화강→흥안령→바이칼 호→F역→V삼림지대 최석의 통나무집→이르쿠츠크 B호텔→다시 통나무집→바이칼 호의 노파집.

이도 부족해서 작가는 (다)층을 마련하였다. '나'의 시베리아행이 그것. 그 행로를 보이면 이러하다.

서울 여의도(비행기)→만주리(滿洲里) 공항→기차로 이르쿠츠크 B호텔→F역→통나무집.

그렇다면 최석이 죽을 장소로 택한 F역은 어디쯤일까. 흥안령 국경지대로 추정된다. 지평선 속으로 사라진 두 별에 절망한 그런 지점이기도 했다. 이 모두는 한갓 헛것이다. 풍경의 환각에 지나지 않는 것. 작가 이광수가 아는 시베리아엔 어떤 인간도 문화도 사상도 없다. 오직 풍경만 아득히 펼쳐져 있을 뿐. 사치로서의 시베리아 식 방랑의 열병(hysteria siberiaca)이 거기 있었다. 인간 최대의 호사스러움인 죽음이 그 끝에 놓여 있었다.

### 7. 이광수는 과연 어디까지 갔던가

객 : 최석의 임종을 지킨 사람들은 모두 네 명이더군요. '나', 순임, 정임 그리고 노파.

주 : 그렇지만 아무도 임종의 순간을 못 보지요.

객 : 참, 그렇더군요. 바이칼 호의 노파집에서 앓고 있던 정임이 약과 먹을 것을 사러 간 '나'와 이르쿠츠크에서 만나 통나무집에 도착하자 최석의 숨은 멈추었더군요.

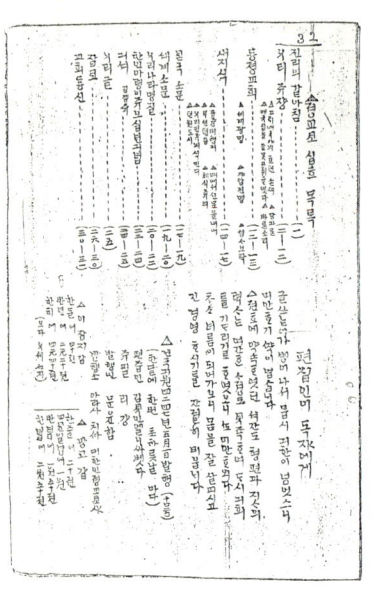

이광수가 치타에서 편집한 『대한인정교보』 목차. 1914년 5월

최석의 죽음은, 경찰의의 검진 결과 심장마비였고.

주 : ······.

객 : 장례 뒤, 순임과 '나'는 귀국하지만 정임은 바이칼 호의 그 노파집으로 돌아가더군요.

주 : 작가는 이렇게 소설 끝에다 적었지요. "나는 정임이가 조선으로 돌아오기를 바란다"고.

객 : 또한 이런 군소리도 태연히 적어놓았군요. "여러분은 최석과 정임에 대한 이 기록을 믿고 그 두 사람에 대한 오해를 풀라"고. 대체 누가 무슨 오해를 품었단 말인가.

주 : ······.

객 : 제일 궁금한 것이 하나 있는데요.

주 : 과연 이광수가 바이칼 호에 간 적이 있는가, 이르쿠츠크에 간 적이 있는가, 그것이겠는데요?

객 : 선생의 열정적인 저서 『이광수와 그의 시대』(한길사, 1986)에 보면 치타(Chita) 행까지만 언급되어 있으니까.

주 : 그렇소. 제가 쓴 이광수의 평전은, 그러니까 어떤 평전도 확실한 근거(자료)에서 벗어날 수 없는 법. 이광수 전집 어느 곳에도 그가 바이칼 호에 간 기록은 보이지 않지요. 어떤 대담 속에서 이르쿠츠크까지는 갔다고 하긴 했으나.

객 : 가능성은 있지 않습니까? 이르쿠츠크에서 바이칼 호까지는 가까우니까.

주 : 가능성은 부정하지 않습니다. 실상 이광수가 오산을 떠나 시베리아에 간 것은 1914년. 상해에 도착한 이광수는 미국에 있는 교포신문 편집일로 초청받아 떠났던 것이나 이런저런 이유로 우선 치타에까지 갔었지요. 치타 주의 수도 치타에 그가 도착한 것은 1914년 2월. 여기서 그는 같은 해 6월 말까지 머물렀지요. 조선 교포들이 내는 신문 대한인정교보(大韓人正敎報, 오산학교 교사였던 지사 이강李剛이 편집인, 1913년 8월 창간, 한 달에 한 번 낸 것, 활판이 아니고 손으로 쓴 것) 편집일을 맡았지요. 그야말로 가난한 삶이었지요. 제1차 세계대전이 터지자 그는 귀국하게 됩니다.

객 : 선생이 보기엔, 그러니까 당시 이광수는 바이칼 호까지 갈 마음의 여유도 별로 없었다는 투인 듯한데요.

주 : 그보다는, 바이칼 호의 인기도랄까 명승지로서의 성가가 별로 없었다는 뜻이지요. 실상 따지고 보면『유정』에서 이광수가 제일 공들인 대목이 자기 말대로 '시베리아의 자연 묘사' 아닙니까.(『이광수 전집』제10권, 524쪽)

객 : '시베리아의 자연 묘사' 라 했지만 선생의 말투로 보면 시베리아이기보다는 '북만주' 의 그것이렷다? F역의 V삼림지대니까.

주 : 당초 작가는 『유정』을 기행문으로 쓸 참이었지요. 그 자신의 말을 직접 들어볼까요.

"하르빈을 거쳐 국경도시 만주리로 갈 때 보주선(寶州線, 만주서부선)의 그 일망무제한 넓은 벌을 석양에 지나가게 되는데, 붉은 낙조의 세례를 받은 광야의 특유한 풍경은 실로 한 장관을 정(呈)하고 있어서 그것을 꼭 한 번 기행문으로 쓰려고 (……) 그후 이야기를 집어넣어서 소설화시키는 것도 좋으리라 생각하고 '유정'이라 한 제목을 붙여 소설화시킨 것이다."(『이광수 전집』제10권, 541~542쪽)

객:『유정』의 배경이, 실상은 바이칼 호도 이르쿠츠크도 아니고 기껏 북만주 국경 근처라는 것. F역이란 만주의 보주선의 한 정거장이라는 것.

주:정작『유정』에서 소중한 대목은 무엇일까. 대사상가이자『부활』의 작가 톨스토이가 가출해 아스타포보라는 작은 시골역에 갔고 그 역장 집에서 최후를 마친 역사성이 아닐까. 평생 톨스토이 숭배자였던 이광수로서는 이 사건만큼 미해결의 수수께끼는 없었을 터.

객:그 대(大)톨스토이 선생의 가출 동기도 따지고 보면 기껏해야 바가지 긁는 마누라가 무서워서였던 것. 이 때문에 일본에선 저 유명한 '사상과 실생활'의 논쟁이 고바야시 히데오(小林秀雄)와 마사무네 햐쿠조(正宗白鳥) 사이에서 벌어지지 않았던가요. 그러고 보니,『유정』의 작가의 심층에 놓인 것은 톨스토이의 가출 문제겠군요. 최석(이광수)과 대톨스토이의 등가성이 그것. 그렇다면 이광수의 야심도 대단한 것이군요. '톨스토이는 나다'라는 명제가 그것.

주:잘 보셨습니다. 그 문제는 따로 논할 성질의 것이겠지요. 지금 우리는 여행 얘기를 하고 있으니까. 각설하고 이광수만큼 그 무렵 여행을 많이 한 사람도 드물었지요. 그의 전집 속에는 그가 여행한 곳마다 기록으로 남기지 않은 것이 없지요.

객:……

주:이광수의 수필에「그리운 쌍동미인」(1930)이 있지요. 치타의 공원에서 본 벽안 금발의 미녀들에 반해 날마다 공원으로 나갔다는 얘기를 적은 것. "이것이야말로 절대 비밀"이라 풍을 치고 있지요.

또, 여자관계를 털어놓아보라는 모윤숙, 최정희의 등쌀에 이렇게 적었더군요. "시베리아에서 바로 이르쿠츠크에서였는데, (……) 마침 백화나무에 물이 오르려고 하는 초하 5월 (……) 상해나 시베리아의 어여쁘다는 서양 여자들도 많이 보았지만 내가 본 이 중에는 이분이 가장 미인이었지요."(『이광수 전집』 제8권, 628쪽)

객 : 혹시 치타의 기억을 이르쿠츠크로 착각한 것인지도 모르겠는데요?

주 : 무엇이 소원이냐고 묻는 기자의 질문에 42세 이광수의 대답은 이러하지요. "방랑이지요"라고. "아직 가보지 못한 곳으로 아무 근심 없이 자꾸자꾸 돌아다니는 것이 좋아요. 원래 나에게는 방황성의 피가 흘러 있는가 보아요"라고.

객 : 그야말로 '히스테리아 시베리아카'이군요. 시베리아 농부가 지평선 저쪽으로 지는 해를 따라 저도 모르게 괭이를 그 자리에 놓고 끊임없이 걷다가 쓰러져 죽기가 그것. 그렇다면 혹시 그 '헛것'에 들려(憑) 버리기란 바로 예술의 속성이 아닐까요.

주 : …….

객 : 그 끝에 죽음이 놓여 있고.

주 : 죽음의 초월로서의 '헛것'이 아니었을까.

객 : 그 지독한 사치스러움.

주 : …….

객 : …….

## 관념과 감각 사이
— 호치민 시, 「몰개월의 새」, 그리고 위다푸

### 1. 너무 커서 잘 보이지 않는 나라

베트남은 너무 커서 잘 보이지 않았다. 인구 7천4백만. 길이도 너무 길었다. 이웃 캄보디아나 라오스 따위와는 비교도 안 될 만큼 대국이었다.

베트남 사람들은 너무 복잡하였다. 다수를 이룬 킨 족을 비롯 54개 종족의 집합체였다. 베트남이 잘 보이지 않는 것은 이 때문만도 아니었다. 우선 너무 어두웠다. 일곱시 반에 김포공항을 출발, 탄손나트 공항에 닿자 밤 열한시. 몇 개의 조명밖에 없는, 사이공 최후의 날의 그 유명한 비행장. 활주로에 닿은 비행기가 용케도 어둠 속을 헤매어 겨우 주저앉는 것이었다. 공항 대합실도 역시 어두웠다. 밖으로 나와도 어두웠다. 우리 기아의 프라이드와 마즈다의 택시 몇 대가 서 있었다. 공항 주변엔 의외로 사람들이 붐볐다. 주뼛주뼛 서 있자니 안내원이 손을 흔들었다. 이곳 경력 이 년째의 삼십대 여자.

　DAEWOO 마크도 뚜렷한 버스에 실려 호텔로 향하는 길은 너무 어두웠다. 호텔 '밧닷'. 제5구 중국인 거리였다.

　1996년 8월 15일. 태양이 눈부셨다. 어둠은 어디에도 없었다. 자귀나무 가로수의 초록, 하늘에 박힌 청색, 아스팔트의 흑색이 그럴 수 없이 강렬하였다. 습하지도 않았다. 무덥지도 않았다. 그렇다면 알맞았던가. 그렇지도 않았다. 이 기묘한 감정을 어떻게 표현하면 적절할까. 작가도 시인도 말을 잃었다. 일종의 어긋남이라고나 할까. 관념과 감각의 갈등이라고나 할까. 관념만이라면 관념으로 돌파할 수 있으리라. 감각만이라면 또 그것으로 돌파할 수 있으리라. 그렇지만 이처럼 관념과 감각의 충돌은 썩 난처한 법. 현명한 사람이라면 양쪽 모두를 버릴 것이다. 그렇지 못한 사람은 어떠할까. 관념이거나 감각 어느 한쪽에 기울면 그만이 아닐까. 내게 열려진 곳은 감각 쪽뿐이었다.

　어째서 감각 쪽뿐인가. 누군가가 묻는다면 잘 설명할 수 없긴 하나, 다음처럼 말해볼 수는 있을 것도 같다. 이 나라 정식 국명은 베트남 사회주의 공화국이다. 우리나라와 국교를 맺은 것은 1992년. 이 나라 최고 권력자인 도 모이 공산당 서기장이 방한했을 때(1995. 4) 그는 우리나라 국립묘지에 헌화하지 않았다. 만일 우리 대통령이 이 나라를 방문한다면 어떻게 될까. 호치민 묘소나 무명용사탑에 헌화할까. 이는 두 나라 사이에 걸친 역사의 무게, 그러니까 일종의 관념이다. 이 관념의 무게를 감당할 힘이 내겐 없었다.

　이렇게 말하면 누군가 뒤에서 입을 삐쭉일지도 모르긴 하다. 역사에서 도피하고자 하는 음모가 아닌가, 라고. 그럴지도 모를 일이긴 하나 정작 이 나라에 와보니 나를 에워싸는 직접적인 것은 감각 쪽이었다. 이 나라는 관념을 강력히 거부하고 있었다. 적어도 내게만은 어떤 관념도 용납하지 않는 것처럼 보였다.

　관념의 표상이란 무엇인가. 문자도 그중의 하나이다. 혹은 문자가 그 으뜸 표상 수단이 아닐까. 이 나라에서 사용되는 문자 중 단 한마디도 나는 알아낼 수 없었다. 그들이 사용하는 오직 그들 말뿐이었다. 베트남이 중국 지배에서 벗어나 그 나름의 통일국가를 이룬 것은 AD 10세기. 이왕조(李王朝), 진왕조(陳王朝), 완왕조(阮王朝)를 거쳐 프랑스 식민지로 된 것이 19세기. 그 동안 한자로 그들의 말을 표기하던 관념 체계에서 이번엔 프랑스 선교사측이 내세운 로마자로 그들의 문자를 삼아 오늘에 이른 것. 중국어가 갖고 있는 사성(四聲)보다 두 개나 많은 6성(六聲)의 성조 체계를 가진 베트남어의 로마나이즈란 그만큼 복잡할 수밖에. 같은 표기라도 소리의 높낮음에 따라 글자 위에 여러 가지 부호를 거느릴 수밖에 없는 이 기묘한 표기 상식으로 그들은 프랑스와 싸웠고 일본군과 싸웠고, 다시 달려온 프랑스와 싸웠고 분단시대를 겪었고, 마침내 초대국 미국과 이른바 베트남전쟁(1955~1975)을 치렀고, 또한 그 동안의 우방국인 중국과도 전쟁(1979)을 치러내었던 것이다.

이 나라 어느 곳도 이 로마자로 된 그들의 문자로 충만해 있었다. 거리의 간판은 물론 어떤 표지판에도 이들 언어로만 되어 있었다. 화장실도 음식점도 그러하였고 심지어 박물관도 그러하였고, 승려들이 독경하고 있는 대사원의 안내책자도 그러하였다. 그들은 그 흔해빠진 한자도 영어도 사용하지 않았다. 관광명소인 구치 땅굴도 예외는 아니었다. 한 가지 예외가 있다면 내가 든 호텔 이름이라고나 할까.(Bat Dat 호텔의 로마자 표기에다 괄호를 치고 八達이라 적혀 있었다. 중국계였던 까닭) 요컨대 이 나라는, 나처럼 부주의한 백수건달식 관광객 나부랭이들이 감히 엿볼 수 없게끔 엄중한 무장을 하고 있었다. 이 나라의 내면(관념)을 쉽사리 엿보지 못하게끔 그들은 은밀한 장치를 해놓고 있었다.

이 나라 사람들의 자존심의 근거도 이와 분리되지 않을 것이다. 요컨대 그들은 독자적이었다.

2. 귀머거리가 본 풍경

내게 있어 베트남은 감각이었다.
그들이 내게 허용하는 부분이 이뿐이었던 까닭이다. 그렇다면 그 감각이란 무엇인가. 항도 붕타우로 향해 달리는 국도 51번. 이 멋진 아스팔트길은 한국 공병대의 작품이라 했다. 이를 다만 국토 51번으로 바라보기. 그것이 감각이다. 그 길은 2차선 도로였다. 2차선이되 4차선 몫을 하고 있었다. 아스팔트의 반듯함. 그 강렬한 흑색과 황토에 가까운 흙길이 나란히 달리었다. 곳곳에 공사판이 벌어져 있었다. 서울 맥주집 안주로 자주 등장하는 개심과(開心果) 과수원도 눈부셨다. 산이라곤 없었다. 언덕도 없었다. 벼가 한창 자라고 있는 한쪽엔 벼를 베낸 공터가 뚜렷했다. 이모작을 하는 장면이었다. 물과 진흙으로 덮여 있는 논에 작은 흰 시멘트 구조물이 자주 보였다. 무덤이었다. 너무 선명하고 이질적이었다. 화장하는 대신 무덤을 만드는 풍조가 통일 후에 부쩍 늘어났다고 했다. 어떤 곳에는 제법 규모가 컸다. 가족묘지였을까. 미토의 어떤 과수원 농장에서 본 어린이의 무덤은 또 얼마나 이상했던가. 논바닥 흙을 높이어, 혹은 논두렁을 좀더 넓고 높게 돋우고 그 위에 시멘트 구조물로 만든 무덤이기에 도무지 어울리지 않는 것이었다. 그도 그럴 것이, 시체에 물이 닿지 않도록 물 위에 두어야 하는 것이니까. 문득 언젠가 뉴올리언스에 갔을 때의 그곳 관광명소의 하나로 지정되어 있는 묘지가 떠올랐다. 미시시피 강 하구에 위치한 이 도시의 지반이 워낙 낮고 또 물이 스며 무덤을 지표보다 높게 하여 만든 묘지였다. 지하에 시체를 묻는 것이 아니라 거꾸로 지상에다 시체를 두고 벽돌을 쌓아올리는 방식이었다. 붕타우 가는 길엔 또한 자주 가톨릭 성당이 보였다. 뾰족탑과 함께. 어김없이 그곳에는 공동묘지가 있었다. 프랑스 지배의 유물이라 했다. 지식층 부호들이 많이 산 증거라 했다. 이 공동묘지 또한 어색하고 그로테스크하기는 마찬가지. 논 전체에 흙을 돋우고 담장을 쳐서 구획을 분명히

관념과 감각 사이 251

해놓고 있었다. 붕타우 가는 길엔 노점상도 많았다. 운동모를 파는 곳이 자주 눈에 띄었다. 그들의 전통모인 삿갓은 이제 버린 것일까. 삿갓을 쓰고 혼다(오토바이)를 탈 수 없기 때문이었을까. 아오자이를 입은 여인 보기도 무척 어려웠다. 이 나라 여인의 특징이 아오자이로 표현되지 않았던가. 가느다란 몸매에 물지게 모양의 긴 지게를 양 어깨에 걸치고 그 끝에 물건을 싣고도 날렵하게 움직이는 그러한 여인상이 아오자이와 더불어 있지 않았던가. 그만큼 강인하고 유연한 것이 이 나라 여인의 모습이 아니었을까. 구치 땅굴에 가보아도 이를 금방 알 수 있었다. 한 여인이 미군 1백2명을 사살했다는 기록도 그런 것이 아닐까. 이 아오자이를 한 벌 사서 가져갈 수 있을까. 안내인이 한마디로 저지하였다. 너무 품이 좁아 그들 아니고는 아무도 입지 못한다는 것이다.

　붕타우 가는 길 한중간엔 제법 큰 휴게소가 있었다. 이런저런 과일들이 있었다. 이런저런 음료수도 있었다. 이런저런 조각품도 있었고, 뱀술도, 이름 모를 유리병 속의 강장제 동식물도 있었다. 그중 뚜렷한 것이 건어물. 일본 사람들이 '가이비시'라고 부르고 우리말로는 조개관자(貝柱)라 하는 것. 그들은 물건 팔기 위해 안달하지 않았다. 가게마다 나일론 줄로 짠 색색의 해먹(나무와 나무 사이에 매달아 쉬게 만든 그네식 요람)이 즐비했다. 한여름이기에 인기 품목이었을까. 그들의 필수품이었을까.

　호치민 시에서 버스로 두 시간. 붕타우에 닿자 하늘은 바다와 더불어 짙은 청색. 화염수(火炎樹)의 새빨간 꽃 때문이었을까. 프랑스 식 건물들이 뚜렷하였다. 1965년 7월 1일, 시인이자 육군 소위인 신세훈 씨는 「비둘기부대통신」에서 이렇게 썼다. "제1이동외과 병동이 자리잡은 곳은 사이공 동남방 1백23킬로미터 지점인 붕타우 해수욕장 피서지로서 유명한 곳"(『세대』 1965년 12월호)이라고. 일 년 중 해수욕이 가능한 네 개의 해변을 지닌 이 천연 휴양지는 산으로 둘러싸여 있었다. 그 서북쪽 언덕 위에 흰빛 건물이 있었다. 지금은 관광명소.

매표소에서 받은 관광 안내 쪽지에서 처음으로 한자와 영문자를 보았다. 백궁(白宮)이라 했다. 언덕 이름이 상기산(相期山) 중턱이라 했다. 19세기에 세워졌다고 했다. 총독의 여름 관저라 했다. 마당엔 바다를 향한 녹슨 대포 몇 문. 이층으로 된 이 건물엔 이런저런 유물이 전시되어 있었다. 고딘디엠 대통령의 침실도 보였다. 무엇보다 그럴 법한 것은 일층에 전시된 도자기들. 16세기경 이 앞바다에서 난파한 배에서 건져낸 중국 도자기, 동전, 기타의 유물들. 우리의 신안 앞바다 유물에 흡사한 것. 베란다에서는 바다가 한눈에 들어왔다. 눈썹까지 부풀어오른 수평선. 거기 거대한 선박들. 그중에서도 제일 큰 것이 글씨도 선명한 'HANJIN' 호였다. 석유탐사선도 보였다. 석유를 품고 있는 바다. 그리고 보니 멀리 크레인선도 눈에 들어오는 것이었다. 해변엔 사람들이 붐볐다. 동네 사람들이었다. 풍경도 백궁도 길거리도 뭔가 불투명해 보였다. 진짜 관광지도 아니지만 생활 터전도 아닌 그런 해변이라고나 할까. 뭔가 안정되지 않는 그런 이질감이 스멀거렸다. 1971년에 세웠다는 열반사(涅槃寺)의 분위기도 마찬가지. 본당에는 제법 큰 석가세존 열반상이 있었다. 남방 불교의 분위기가 조금 느껴지긴 했으나, 절 바깥의 강렬한 햇빛과 바다의 청색에 비하면 자못 미미해 보였다. 몇 푼의 돈을 내고 울려보는 큰 쇠북 소리도 그 울림의 메아리는 가슴에 닿지 않았다.

　호치민 시에서 국도 1호선으로 남서쪽으로 한 시간 거리에 미토 시가 있었다. 이른바 메콩 델타의 입구. 용안(龍眼), 망고의 산지. 흙탕물의 도도한 흐름 위로 관광용 배들이 오르내렸다. 수상시장도 있었다. 델타 중간 지점에서는 제일 큰 섬 이름이 타이손. 과수원 견학이 필수 코스였다. 농장도 보여주었다. 농장의 작은 수로를 통해 쪽배를 저어 메콩 강으로 가는 장면이 그럴 법했다. 숨막히는 더위, 황톳빛 물빛, 그 속으로 미끄러져가는 작은 목선. 아무도 입을 열지 않았다. 짧은 순간이 무척 길게 느껴졌다.

　미토 시 교외에 있는 영장사(永長寺). 야자수 속에 있는 이 절은

1849년 세워진 고찰. 불교 학교도 있는 곳. 독경 소리 요란했다. 스님들이 많았다. 특이한 건물이었다. 삼국지의 영웅을 모신 전각도 있었다. 팔만대장경전도 있었다. 절다운 절이었다.

구치 땅굴은 호치민 시에서 한 시간 반 거리. 아스팔트 4차선. 길은 넓었다. 한적했다. 잘 가꾸어진 농경지였다. 이곳만은 관광명소로 되어 있었다. 여기저기 안내소가 있었다. 흑백 비디오로 당시의 전쟁 상황을 보여주고 있었다. 특이한 것은 그 비디오의 제작연도가 아닐까. 월남전 종결(1975) 이전에 제작된 것이었다. 땅굴이 있었다. 구경꾼들이 많았다.

땅굴은 땅굴처럼 거기 있었다. 시멘트처럼 단단한 흙이었다. 무너질 수 없는 그런 견고한 토질이었다. 지휘소도 있었다. 병원도 그 속에 있었다. 작전실도 있었다. 식당도 있었다. 그들이 먹던 감자 같은 것도 있었다. 땅굴 주변엔 폭격으로 인한 구덩이가 크게 여기저기 있었다. 어떤 땅굴 입구에는 대나무가 총총했다. 그 대나무에 이런저런 관광객들의 글씨들이 적혀 있었다. 홍콩 사람의 글씨가 눈에 띄었다. 홍콩인이기에 이런 낙서도 가능했을까. 땅굴 입구 저만치 떨어진 광장에는 이 나라 정부가 최근에 세운 거대한 충혼사당이 황금빛으로 하늘에 솟아 있었다.


3. 호치민 시의 표정

호치민 시는 혼다의 물결. 출근 시간에도 그러하였다. 대낮에도 그러하였다. 밤에도 그러하였다. 뒤를 비추게끔 한 백미러도 아예 없는 이 간단 명쾌한 혼다 오토바이의 물결이란 대체 무엇일까. 베이징의 거리가 자전거의 물결이라면 이 도시는 단연 혼다의 물결. 혼다이기에 그만큼 빠른 속도, 민첩함, 날카로움을 지녔다고 할 수 없을까. 혼자 달려가는 혼다. 남녀 함께 탄 혼다, 아주머니의 혼다, 노인의 혼다가 질풍처럼 내닫는 거리. 대체 그들은 어디를 저렇게 달려가고 있는 것일까. 더욱 알 수 없는 것은 밤의 혼다 질주. 그냥 달려보는 것일까. 물어보아도 모두 우물쭈물할 뿐. 기후 탓이라고도 했다. 그저 달린다고도 했다. 볼일 때문이라 했다. 또 어떤 사람은 그냥 씩 웃어 보일 뿐이었다.

국민 칠 할이 농민이며 일인당 GNP 2백50달러(1995년 세계은행 조사)인 이 나라의 최대 도시(인구 약 4백만 명, 1995) 호치민 시는, 작은 파리로 불렸던 도시. 참으로 거대한 가로수와 서구식 건물이 아직도 여기저기 보였다. 두 탑을 가진 성모 마리아 교회도 그럴 법했다. 그 뒤에 있는 중앙 우체국도 프랑스식 건물. 내부의 반원형 천장에서는 고전적 분위기가 감돌았다. 고급 호텔이 모여 있는 동고이 거리에는 화랑가가 많았다. 옛 사이공 시절 파리에서 공부한 화가들이 다시 모여들어 예술의 빛을 내고 있었다. 전쟁유물 박물관(The War Remnant Museum)도 시내 한가운데(제3구)에 있었다.(베트남 말로는 '전쟁범죄 전시관'으로 표기되는 모양.) 입구엔 탱크 두 대, 비행기 두 대, 대포 몇 문.

이색적인 것은 프랑스식 거대한 단두대. 월남전과 무관한 이 단두대란 무엇인가. 비행기가 미국이라면 그것은 프랑스를 상징하는 것이었을까. 전시관 속에는 이런저런 장면들이 숨막히게 전시되어 있었다. 숨을 헐떡이며 돌아나온 관광객들 앞에는 당시의 메달, 탄환, 기타 표지물 등속을 파는 가게들이 기다리고 있었다. 나이 든 미국인 부부의 손에 들린 기념품 메달이 저녁노을에 한순간 사금파리처럼 반짝이는 것이었다.

이 모든 것은 다 무엇인가. 시내 중심부에서 남서쪽에 있는 제5구. 이른바 차이나타운. Bat Dat이라 쓰고 괄호 속에 '八達'이라 적어넣은 호텔에 돌아와 아픈 다리를 쉬어도 내겐 잠이 오지 않았다.

어째서 나는 진종일토록 안절부절못했을까. 문득 내 머리를 스쳐가는 것이 있었다. 감각이란 아무리 생리적이고 또 정직해도 그것이 우리에게 위안거리일 수 없다는 사실이 그것. 인간의 삶이란, 그 어떤 것도 관념이 스며 있지 않은 것이 없다는 사실이 그것. 실상 나는 그동안 나를 속여온 것이 아니었던가. 관념으로만 살아온 인간이라면 관념에 충실해야 하는 법. 이 기본 법칙에서 벗어남이란 자기 기만이 아니었을까.

### 4. 「청산댁」에서 「몰개월의 새」까지

내게 있어 관념이란 무엇인가. 조정래의 「청산댁」(1972)이 그 하나.

비구름을 가득 안은 하늘이 낮게 드리웠다. 스산한 바람결이 흙먼지를 일구며 땅바닥을 핥고 지나간다.
"한줄금 퍼부슬랑갑다. 싸게 가자."
청산댁(靑山宅)은 하늘을 힐끔 올려다보고 몸을 으시시 떨었다.
"아이고 내 새끼 꼬치 얼겠네웨."
삼베 치맛자락을 걷어올려 아래는 발가숭이인 손자를 감쌌다. 그리고 바짝 추슬러 업고는 잰걸음을 쳤다.

청산댁이 손자를 감싸고 가는 곳이 어디였던가. 마을 당산나무였다. 청산댁은 무슨 소원이 있었을까. 그녀의 목소리는 이러하였다.

비나이다. 비나이다. 용왕님전 비나이다. 우리 만득이 진징티에 나갔습네다. 용왕님이 굽어살피사 총알이 우리 만득이 피해 가게, 총알이 우리 만득이 피해 가게 (……) 딴 집 자석 다 몰라도 우리 자석 만득이만 살아서 돌아오게 용왕님 굽어살펴줍시사.

청산댁이 허주사댁 머슴살이하던 남편에게 시집온 것은 19세. 남편이 주인 동생 대신으로 징용갔을 때 그녀는 주인에게 겁탈당했고 아이 낳고 쫓겨났고, 해방과 함께 돌아온 남편은 6·25때 전사했고, 불구된 큰아들 봉구와 둘째인 만득을 데리고 과부 생활에 평생을 바쳤다. 그녀는 머슴과 진배없는 농부. 그 아들 만득이가 "월남이라든가 베트남이라든가 하는 사시장철 복더위보다 더한 여름뿐이라는 나라"에 베트콩들과 싸우러 간 것이었다. 지금 청산댁이 급히 가고 있는 곳은 만득의 초등학교 시절의 선생 집. 만득의 편지 때문이었다. 만득의 편지는 이렇게 시작되었다. "모친전상서. 지독스런 더위에 고생이 얼마나 많습니까"라고

선생이 받아적는 어미의 편지는 이러하였다. "내 자석 만득아 보거라"라고. "사루마다 갈아입을 적마동 부적 갈아 붙이는 거 잊어뿔지 말아라"라고. 어느 날 그 만득의 전사 통지를 받은 청산댁은 어떠했던가.

전생에 무신 악헌 죄를 짓고 나서 요리 복쪼가리도 없는고. 한평생 살기가 요리도 험하고 기구헐 수가 있당가. 이 새끼 땀에 죽어뿔지도 못허고…….

잠든 손자의 볼을 쓰다듬는 청산댁의 두 볼에 눈물이 골을 파고 내렸다.

이 작품이 불어로 번역된 것은 1981년 월남전이 끝장난 지 육 년 뒤였다. KBS 문예극장에서 이 작품을 제작했으나, 방영하느냐 마느냐, 혹은 원작을 얼마나 개변하느냐로 이런저런 논란이 내 귀에도 들려왔다. 이 청산댁이 음화라면, 월남에서 돌아온 새까만 김 상사(김추자의 노래)는 양화였을까. 적어도 「청산댁」은 월남전 종전 삼 년 전의 작품. 『태백산맥』의 작가의 면모가 여기서도 여실하였다.

내게 있어 관념이란 또 무엇이었을까. 황석영의 「몰개월의 새」(1976)가 그 하나, 계간지 『세계의 문학』이 간판격으로 내세운 창작이었다.

마지막 군장 검열이 끝난 막사 안은 들뜬 병사들로 술렁거리고 있었다. 이층 침상의 위칸에는 새로 지급받은 의낭과 단독무장이 차례대로 놓여 있었고, 아래칸에는 자정이 가까워오는데도 침구를 펴놓은 자리가 한 군데도 없었다. 그들은 모두 정글복 차림에다 수색대 모자인 붉은 전투모를 쓰고 우쭐댔다. 군화를 닦아 광을 내는 병사들, 일 년치를 앞당겨 받은 봉급을 침 발라 헤는 병사들도 있었고, 벌써 주보로 달려가 일차를 걸친 축도 있었다. 대부분은 이 마지막 밤을 잠들어 보낸다는 것이 몹시 어리석은 짓이라고 여기는 모양이었다. 내게는 이틀 전에 무단 이탈로 다녀온 서울의 하룻밤이 애매하게나마 남아 있었다. 나는 침상의 위칸으로 일렬로 놓여진 의낭 위에 드러누워 있었다. 동료들의 행동 하나하나가 잘 내려다보였다.

월남전 종전 일 년 만에 씌어진 작품. 직접 참전한 군인의 작품. 그리고 『장길산』의 작가의 작품. 대체 몰개월이란 어디일까. 그리고 거기 있는 새는 어떤 새일까. 훨훨 나는 새일까. 기어다니는 새일까. 두더지 모양 땅속을 헤매는 그런 새일까.

"불빛 보이니?"
"응, 몰개월이다."

전기도 들어오지 않는 곳. 초가 서너 채 있던 외진 곳에 하나 둘씩 주막이 들어선 곳이 바닷가에 있는 몰개월. 바라크로 된 이 엉성한 곳에 작부들이 흘러들었다. 월남 참전을 위해 설치된 특교대 교육장에서 가까운 곳. 이 몰개월의 '똥까이'들이야말로 전국에서 '가장 깡다구가 센 년들'. 그도 그럴 것이 막판까지 밀려와 전장에 나가려는 병사들의 시달림을 받으니 그럴 수밖에. '깡다구 센 년들'의 하나에 갈매기집 빠꿈이 미자, 애란, 또 무슨 집 영자.

내일 새벽이면 월남으로 향할 그런 밤. 모두가 몰개월의 그 '깡다구

센 년들'을 향해가는 판에 혼자 잘난 척 막사에 자빠져 있는 '나'는 누구인가. 빠꿈이 미자는 '나'를 한 상병이라 불렀다. 이른바 운동권이 되고자 했던 지식청년. 어쩐지 '나'는 그런 운동권 친구 틈에 끼어들고자 해도 잘되지 않았다. 그들은 성공한 신사들 같았으니까. 편모슬하의 '나'. 잠시 탈영하여 찾아가보니 모친의 식료품 가게는 폐쇄되었고, 애인은 시집가고 없었다. '나' 앞에 전개된 일 년 반 만의 서울은 화냥년 같았다. '나'는 왜 입대했고 월남전(특교대)에 자원했던가. 요컨대 '나'는 자의식에 가득 찬 지식인. 앞뒤를 가로막는 이 자의식의 안개에서 벗어나고 싶었다. 그 안개는 어쩌면 60년대의 저 김승옥의 「무진기행」(1964)의 안개 그것이 아니었던가. 허무의식으로서의 안개.

월남 출발 보름 전 술 취해 시궁창에 처박힌 미자를 둘러메고 갈매기집에 들른 한 상병 앞에다 대고 주인여자는 싸늘하게 내뱉고 있었다.

이 쓸개빠진 년들이 모두들 애인 하나씩 골라서는 편지질을 하는데, 어떤 년들은 열 사람 스무 사람에게 쓴다우. 한 달에 한 명씩 골라잡아두 열 달이면 열 명이 꽉 찬다구. 미자년이나 옆집 애란이나 가끔 술 처먹구 지랄을 하는데, 아마 상대편이 죽었다는 소식이 들리는 모양이지. 그뿐야. 제대하구 가면서 몰개월에 찾아와 들여다보는 놈들은 한 번두 못 봤다니까.

그 미자년이 며칠 뒤 한복 차림으로 훈련장에 '나'를 찾아왔다. 기둥서방이 된 꼴. 어느 날 밤 촛불을 켜놓고 기진맥진한 미자년과 밤을 새웠다. 드디어 출발. 새벽을 가르는 군가의 연속. 병사를 태운 트럭이 연병장을 한 바퀴 돌며 헤드라이트를 켠 채 천천히 움직였다. 안개 부연 몰개월 입구에서 그들은 보았다. 여자들이 길 좌우에 늘어서 있는 것을. 모두들 제일 좋은 한복을 입고 있었다. 꽃을 들고 있었다. 손수건을 흔들고 있었다. 뛰어오는 여자들도 있었다. 빠꿈이 미자도 있었다. 한복을 펄럭이며 뛰어오는 미자가 뭐라고 외치며 손수건으로 싼 '하얀 것'을 차 속으로 던지는 것이었다.

나는 승선해서 손수건에 싼 것을 풀어보았다. 플라스틱으로 조잡하게 만든 오뚜기 한 쌍이었다. 그 무렵에는 아직 어렸던 모양이라, 나는 그것을 남지나해 속에 던져버렸다. 그리고 작전에 나아가 비로소 인생에는 유치한 일이 없다는 것을 알았다.

몰개월의 새들이 달마다 연출하는 이 연극이란 무엇인가. 살아가는 게 얼마나 소중한 것인가를 아는 자들만이 그 연극의 의미를 알아차릴 것이다. 죽음에 직면해본 사람만이 아는 그런 의미라는 것. 참으로 딱한 것은 이러한 의미를 알아차리기까지 긴 시간이 걸렸다는 사실.
월남전이란 한 상병에게 무엇이었던가. 그리고 작가 황석영에게 과연 무엇이었던가. 자기와의 싸움터가 아니었을까. 앞뒤를 가로막는 지식인의 자의식인 그 안개의 초극 방식의 하나가 아니었을까. 어찌「몰개월의 새」뿐이겠는가. 마이클 치미노 감독의 〈사슴 사냥꾼〉(1979)도 그러하였고 악명 높은 〈플래툰〉도 그러하지 않았을까. 그들은 한결같이 베트콩과 싸운 것이 아니라 자기 내부의 적과 싸웠던 것. 내부의 적이란 무엇인가. 자기 속의 허무의식, 그러니까 인생 자체와의 싸움이었다. 이 죽음과의 싸움에서 이길 장사가 과연 있었겠는가.

5. 『남화경(南華經)』과의 만남

월남이란 무엇인가. 특정 국가도 아니지만 특정 지역도 아니었다. 월남을 두고 내가 관념이라 부른 것은 이 때문이다. 감각 저편에 놓인 관념만이 나를 겨우 버티게 하는 것이었다. 그렇다면 내가 한 주일을 두고 보아온 감각이란 모두 허상이었던가. 나는 헛것을 보고 있었던가. 이 점을 나는 한 번 더 확인해두고 싶었다.

호텔을 빠져나가자 거리는 어둠이었다. 여기는 차이나타운. 일방통행의 길을 혼다들의 헤드라이트가 어둠을 가르며 내는 요란한 혼다 식 폭발음. 귀청을 때렸다. 초저녁이라 아직도 여기저기 상점에는 불빛이 남아 있었다. 한 시간쯤 헤매었을까. 밤거리는 단연 살아 있었고, 활기에 충만했다. 큰 건물 광장에는 요란한 축제가 벌어져 있었다. 청소년들의 노래 잔치랄까, 떼를 지어 춤추는 그러한 난장판이었다. 귀와 눈이 멍멍해진 나는 오래 견디기 어려웠다. 길 건너 한쪽 모퉁이의 불빛을 찾아가보았다. 조금 쉴 참이었다. 한순간 나는 발을 멈추었다. 환각이었을까. 사당처럼 생긴 집이 보였다. 혼다가 서 있는 식당 옆 건물이었다. '光明寺'라는 한자가 연꽃과 더불어 불빛 속에 빛나고 있지 않겠는가. 불교와 도교가 혼합된 중국인 특유의 절이었다. 주판질을 제일 잘한다는 관운장(상인들의 신)을 모신 사당일까, 혹은 부처님일까. 그야 아무래도 상관없는 일. 요컨대 그것은 관념이었다. 그렇지 않다면 내 발길이 멈춰진 이유가 설명되지 않는다. 오랜 헤맴 끝에 옛집으로 돌아온 심정과 흡사했다.

이 절 옆에 문방구와 책을 파는 점방이 있었다. 문방구는 모두 문방구 모양을 하고 여기저기 엎드려 혹은 비스듬히 서 있었다. 책들도 책답게 잡지도 그들답게 펼쳐져 얼굴 전체를 내놓고 있었다. 단행본은 또 단행본처럼 벽에 가득 꽂혀 있었다. 내가 아는 글자는 단 한 자도 없었다. 발길을 돌리려 하는 내게 한쪽 구석의 책더미가 아는 척 하지 않겠는가. 조명도 흐린 구석에 쌓인 책더미. 종이상자 속에 가득 찬 책더미. 한문 책과 영문 책더미였다. 너무 엄청난 만남이어서 나는 숨이 다 막혔다.

내 눈에 제일 먼저 띈 것이 장자의 『남화경(南華經)』. 중국 협서성 삼진출판사(三秦出版社, 1995. 12) 최신판 중국 고대 철학정신 시리즈의 하나. 본명 '장자'라 불리는 이 『남화경』을 대하고 있자니 내 마음은 나도 모르게 아득하게 달리는 것이었다. 내가 「이광수와 그의 시대」(1981)를 쓸 때의 일. 이광수의 작품 중에 특이한 것으로 단편 「난제오(亂啼烏)」(1940)가 있다. 1939년에서 1940년까지 어느 하루의 이광수의 내면 풍경을 그린 작품. 일면으로 맹렬한 친일의 글을 쓰는 무렵, 그의 내면의 다른 일면은 어떠했을까. 선학원에 들러 SS선사를 만난 이광수는 그 선사로부터 「독남화경(讀南華經)」이라 제한 시를 듣게 된다. 오언절구.

　　可惜南華子 祥麟作孼虎 寥寥天地間 斜日亂啼烏(가석할사 장자여 / 상서로운 기린이 호랑이꼴이 되었도다 / 아득하고 가없는 천지에 / 석양에 지저귀는 까마귀꼴이로다)

장자가 너무 요란하다는 것. 장자가 괜히 말이 많다는 것. 이광수는 SS선사가 자기를 두고 한 말임을 알아차렸다. "고맙습니다" 절을 하고 물러나온 이광수는 이렇게 적었다.

　　집에 오는 길에 나는 수없이 "사일난제오"를 뇌이고 혼자 웃었다. "내야말로 석양에 지저귀는 까마귀다" 하고. 자꾸만 웃음이 나와서 견딜 수 없었다. 겨울 해는 금화산에 걸려 있었다.

『남화경』 정가는 D.71,500이었다.(미화 7달러 정도) 나는 여기서 관념 이광수를 만나고 있었다.


6. 차이나타운과 위다푸의 소설

『남화경』을 소중히 들고 발길을 옮기자 이번엔 다른 상자 속이 내게 알은체를 하는 것이었다. 맨 먼저 내 눈에 띈 것이 위다푸(郁達夫,

1896~1945)의 창작집 『봄바람에 몹시 취하는 밤 Nights of Spring Fever and Other Writings』이었다. 북경에 있는 팬더출판사(Panda Books, 1984)의 것. 어째서 대번에 이 책이 눈에 띄었던가. 긴 설명이 없을 수 없다.

내 전공은 한국 근대문학. 최초로 한국 신문학사를 쓰고자 덤볐고, 쓰다가 중단한 자는 시인이자 카프 서기장 역임의 임화(林和)였다. 그가 부딪힌 방법론상의 최대 난점이 저 악명 높은 이식문학론(移植文學論)

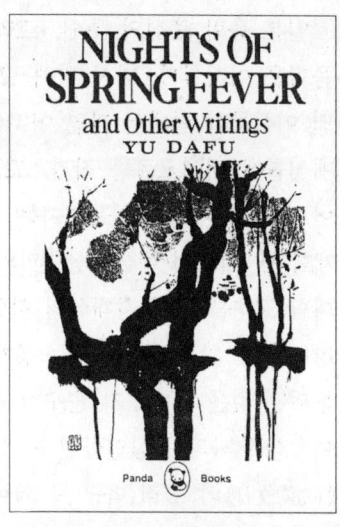

『봄바람에 몹시 취하는 밤 Nights of Spring Fever and Other Writings』 표지

이었다. 일본 근대문학을 떠나서는 그가 구상하는 한국 신문학사를 쓸 수 없었다. 이 명제를 나도 쉽사리 초극할 수 없었다. 이광수, 김동인, 염상섭, 이상 등의 연구에서 내가 공들인 부분도 이들의 문학이 당대 일본 작품 및 작가들과 어떤 관련하에 있었는가에 있었다. 이 점에서는 나름대로의 성과를 올렸는지도 모른다. 그럼에도 내게 불안한 것은 중국 근대문학과 일본의 그것과의 관계가 어떠했는가에 대한 것이었다. 서구보다도 압도적으로 일본 유학을 택한 청(淸)나라 말기의 유학생들이 비로소 중국 근대문학을 개척했던 것. 그 첫머리에 루쉰(魯迅)이 온다는 것은 모두가 아는 일. 루쉰 다음을 잇는 세대는 어떠할까. '창조(創造, 1921)'파의 궈모뤄(郭沫若)와 위다푸가 아니었던가. 과연 그들은 일본문학 영향, 그러니까 그들 역시 '이식문학론'으로 수렴되는 것이 아닐까. 전공도 아닌 내가 루쉰론을 여러 편 괴발개발 썼고, 북경대학을 찾아가 루쉰 전문가 젠리군(錢理群) 교수와 대담한 것도, 루쉰 고거(故居)를 찾아간 것도 이런 사정에서 말미암았다.

일본 유학 출신의 루쉰, 그리고 그 후속부대인 궈모뤄와 위다푸의 문학은 어떠할까. 다시 말해 그들은 우리의 김동인, 염상섭과 비교하면 이식문학 면에서 과연 어떠할까. 이 물음에 제일 날카롭게 그리고 애처롭게 튀어오르는 작가, 그가 위다푸 아니었던가. 궈모뤄와 더불어 일본 유학생이었고(전자는 규슈제대 의과대학, 후자는 도쿄제대 경제학부) 더불어 예술지상주의의 동인지『창조』의 창간 멤버이며 함께 대학 교수를 거쳐 장개석의 항일투쟁에 뛰어들었고 함께 이탈하여 망명(전자는 일본으로, 후자는 싱가포르로)했으나, 전자와 결정적으로 구분되는 것은 위다푸가 순수한 문인이었다는 점. 모두가 아는 바와 같이 '창조'파의 중심인물인 궈모뤄는 항일전선으로 뛰어들어 무한정부(武漢政府)의 요직(육군 중장)에 있었고, 일본 망명(1927년 장개석의 쿠데타에 의해)을 거쳐 학문에 몰두, 갑골문자의 대가로 큰 업적을 남겼으며 십 년 만에 귀국, 항일전에 참가하여 중경정부의 정치부 제3청장을 거쳤다. 중경정부의 문화인 탄압에 항의「굴원」「호부」등의 사극을 썼고, 중화인민공화국 성립과 더불어 정무원 부총리 과학원장의 요직을 거친 정치가. 이처럼 학자이자 정치가였던 것이다. 이에 비해 위다푸는 설사 교수 노릇, 항일전선 종사까지는 비슷할지 모르나 이를 빼면 철저한 문사요 글쟁이며 그것도 예술지상주의자요 낭만파요 자기 파멸형이었다. 내가 유독 위다푸에 관심이 간 것도 이와 무관하지 않다. 김동인과 염상섭, 나도향, 이태준, 그리고 이상의 일면을 위다푸에게서 볼 수 있었던 것이다.

위다푸는 과연 누구인가. 절강성 부양현 사대부 집안 출신인 위다푸가 법률 공부 및 시찰차 일본에 간 형을 따라간 것은 1913년 17세적. 제1고등학교 외국인 시험에 들고 제8고등학교 이과(理科)를 거쳐 도쿄제대 경제학부에 든 것은 1919년이었다. 그의 출세작 단편「침륜」(沈淪, 가라앉음)이 발표된 것은 졸업하기 일 년 전인 1921년. 그해 그는 궈모뤄와 더불어 상해에서 '창조'파를 결성하였다. 귀국한 1922년부터 그는 이곳저곳에 교원 노릇을 하는 한편「혈루」(血淚

1922) 「봄바람에 몹시 취하는 밤」(1923) 「가등」(1926) 「과거」(1927) 등의 중요한 작품을 썼다. 궈모뤄와 더불어 항일전선에 종사. 싱가포르로 가서 싱가포르일보(星州日報) 편집인이 된 것은 42세 적인 1938년. 그가 일본군 헌병에 사살된 것은 광복 후인 1945년 9월 17일이었다. 그는 병약했고 폐병에 시달렸고, 또 여인관계도 복잡했다. 어째서 싱가포르, 또 수마트라에 주저앉았고, 어떤 이유로 사살되었는지에 관해 잘 알 수 없으나 좌우간 그의 간략한 생애는 그의 문학 그것처럼 비극적이었다. 여기서 내가 비극적이라 함은 그의 출세작 「침륜」의 이식문학적 성격에 알게 모르게 관여되어 있다. 그것은 어쩌면 일본의 '사소설'에 알게 모르게 침윤된 것이 아니었을까.

"그는 요사이 가련할 정도로 고독하였다"라고 시작되는 「침륜」의 주인공은 일본 N시의 고등학교(나고야에 있는 제8고)에 유학중인 중국 학생. 하숙 생활을 하면서 워즈워드의 시구와 에머슨의 자연론, 소로의 논설들에 취해 몽환경에 빠져 있다. 공부가 손에 잡히지 않았고 형과도 갈등을 빚고 있었다. 그러나 무엇보다 이 학생의 고민은 섹스의 눈뜸에 있었다. 지나가는 여학생만 보아도 견딜 수 없었다. 하숙집 딸에게도 마음 졸이었다. 남녀 정사를 목격한 뒤, 그는 드디어 결심하고 바닷가에 있는 유곽으로 달려갔다. 창녀와 자고 난 다음날 그는 이렇게 외치며 투신자살한다. "조국이여, 조국이여, 네가 나를 죽이는 것이다. 너는 빨리 부자가 되어라. 강해져라. 너의 품안에서는 아직도 많은 젊은이가 괴로워하고 있단다"(이석호 역, 『위다푸 단편집』, 법조사)라고.

이 작품이 발표되었을 때 큰 반향이 있었는데, 무엇보다 퇴폐적이라는 비난 쪽이 우세했다. 섹스의 묘사가 당시로서는 도를 지나쳤다는 것. 지금 보면, 주인공이 이불 속에서 고민하기, 타인의 정사 장면 엿보기, 그리고 창녀와 술 마시고 잔 것, 그것도 몇 줄로 스친 것에 지나지 않았으나, 당시의 중국적 문학감각으로서는 썩 퇴폐적이었던 모양. 그러나 이 작품에서 주목되는 곳은 따로 있는데, 그 학생의 자

살이 조국 때문이라 강변한 곳이 아닐까. 섹스에 대한 고민이라면 창
소년다운 성향이며 더구나 퇴폐적 낭만주의가 유행하던 시대의 문학
시기에 그 자체로서는 대수로운 것일 수 없는 것. 육체와 정신의 갈등
이란 단지 통과제의와 같은 것. 일본식 자전적 사소설적 수준이라면
이로써 족한 것이겠지만 위다푸의 특징은 그것이 '조국'과 관련되었
음에 있었다. 비약이 좀 심하긴 했으나 중국 유학생의 이 육체를 주체
하지 못해 걸린 우울증이 조국의 변변치 못함에 은밀히 관련되었음은
일본식 사소설과 구별되는 한 가지 지표라 볼 것이다. 수재형인 위다
푸를 궈모뤄가 『창조』 창간을 위해 도쿄의 그의 하숙집을 찾았을 때
그는 병원에 입원중이었다. 퇴원하면 곧 창작에 몰두하겠다는 것. 이
미 「침륜」「남천」「은회색의 죽음」세 편을 썼다는 것, 소설집을 내겠
다는 것이었다. 『창조』에 실린 위다푸의 「망망한 밤」에 대해 창조파의
중심인물인 궈모뤄는 이렇게 적고 있어 인상적이다.

　나는 11월 이전에 위다푸에게 모든 원고를 보냈다. 이듬해 정월 1일
에 창간되기를 기대하고 있었다. 그러나 의외로 창간호는 기대한 대로
는 되지 않았다. 다푸의 「망망한 밤」이 아직 완성되지 않았던 까닭이었
다. 다푸는 지나치게 남에게 지지 않는 성격이어서 자기 작품이 압권
으로 되지 않으면 절대로 원고를 넘기지 않았다. 그는 3월경 원고를 넘
겼고, 곧바로 졸업시험차 도일했다. 5월에야 창간되었다.(……) 「망
망한 밤」은 실로 놀라운 대걸작이었다.(郭沫若, 「創造十年, 續創造十年」,
이와나미사, 1960)

　창조파와 맞섰던 인생파인 주작인 중심의 '문학연구회' 쪽에선 위
다푸를 '육욕 묘사 작가', 궈모뤄를 '맹목적 번역가'라 하여 예술파,
퇴폐파로 비난했으나, 궈모뤄의 회고에 따른다면, 단지 '투쟁상의 간
판'에 불과할 뿐 같은 범주에 지나지 않았다. 요컨대 깃발이 필요했던
것. 이 사실은 실상 궈모뤄와 위다푸 두 걸출한 인물의 생애 자체가

유감없이 증명해 보였던 것. 조국이 그들 생애 한가운데를 가로질러 있었다. 여기까지가 내가 아는 위다푸였다.

위다푸의 창작집 『봄바람에 몹시 취하는 밤』에는 모두 열세 편의 단편이 실려 있었지만 내가 읽어 본 「침륜」「망망한 밤」 등은 들어 있지 않았다. 연대순으로 배열된 이 단편집의 첫번째가 표제작 「봄바람에 몹시 취하는 밤」이었다. 원제 '春風沈醉的晚上'(1924)은 제13번째 작품. "실업자가 되었기 때문에 상하이에 반 년 동안 있으면서 나는 세 번이나 하숙을 옮겼다"라고 시작되는 이 작품은 작가 지망의 지식인 청년이 지켜본 담배공장 여직공의 얘기. 빈민굴과 다름없는 하숙집에 들고 보니 거기 여직공이 있었다. 그녀는 박봉에 착취당하고 있었으나 그럴 수 없이 맑고 순진한 처녀. 어느 날 투고한 작품이 뽑혀 원고료가 우편으로 왔다. 그 돈으로 멋을 내고 또 여공에게 호의를 베풀자 그녀는 '나'를 불쌍히 여기며 눈물로 훈계하는 것이었다. 도적질을 한 돈이라고 오해한 까닭이었다. 사실을 말하자 그녀는 이렇게 말하지 않겠는가. "매일 한 편씩 작품을 써서 팔면 안 되겠느냐"라고. 이 단순한 정결성 앞에 '나'가 형언할 수 없는 감동을 받는다. 지식인인 '나'란 무엇인가. 빈민굴 사람들이 잠든 거리를 '나'가 혼자 걸어본다. 애조 띤 악기 소리가 들려왔다. 돈벌기 위한 소년 소녀들의 노랫소리였다. 하늘에 가득 차 있는 회백색 엷은 구름이 썩어 문드러진 시체처럼 침침하게 드리웠다. 갈라진 구름 사이로 한두 개의 별이 보였다. 별 근처에는 검게 보이는 하늘색이 무한한 애수를 머금고 있는 것 같았다.

이상이 대충의 줄거리. 노동자를 다룬 소설이기에는 지나치게 피상적이며 또 내면적이다. 그 때문에 감상적으로 처리된 작품이 아닐까. 좌우간 계급문학의 전초에 해당되는 것.

그렇지만, 이 창작집의 표제작은 위다푸를 중국 근대문학의 체계 속에 놓기 위해서는 불가피한 선택이었는지도 모른다. 노동자를 다루었음이 그 특징. 두번째로 수록된 「초라한 제물」(薄奠, 1924)은 인력

거꾼을 소재로 한 것. 1984년 현재 사회주의국가 중국의 문학적 체계가 이 창작집을 구성하고 있었다. 중국인 거리와 팔달 호텔이 이 점을 내게 가르쳐주고 있었다.

### 7. 메콩 강은 말이 없었다.

1996년 8월 19일 0시 46분. 나는 서울행 KE642에 앉아 있었다. 기내는 이상하게도 붐볐다. 이 한밤중의 출발이란 또 무엇인가. 잠은커녕 내 정신은 은화(銀貨)처럼 빛나고 있었다. 내게 있어 베트남이란 무엇인가. 그것은 너무 커서 잘 보이지 않았다. 너무 어두워서 잘 볼 수 없었다. 베트남 패망 최후의 날의 그 수라장이었던 탄손나트 공항을 가득 채운 이 정적과 어둠 때문에 나는 지척을 구분할 수 없었다. 그럴수록 또렷해지는 것은 관념 쪽이었다. 당초 나는 감각 쪽에 승부를 걸고자 했었다. 여지없이 실패하고 말았는데, 내 감각기관이 햇빛 아래 여지없이 풍화되었고 혼다 소리에 형편없이 얇아졌기 때문. 그만큼 내 육체는 유연성이 없었다. 그럴수록 강해지는 것은 관념 쪽. 이 관념이 안개처럼 앞뒤를 가로막아 나는 꼼짝할 수 없었다. 메콩 강 선상 식당에서 술에 취해보아도, 밴드에 맞춰 짧은 바지의 이곳 여가수와 "사랑해 당신을……"이라고 고래고래 외쳐보아도 사정은 마찬가지. 회색에 회색을 칠한다 해도 삶의 황금빛 녹색은 되살아나지 않는 법. 하염없이 선상 이층 난간에 기대고 있자니 누군가가 말을 걸어왔다. "어디서 왔소? 노인장"이라고. 돌아보니, 일층 식당 입구에서 내 발등을 형편없이 밟았던, 태국을 거쳐 하루의 낮과 저녁 잠깐 머물며 지나가는 관광객떼 중의 그 청년이었다. 나는 잠자코 있었다. 실상 내가 먼저 묻고 있었던 것. 메콩 강에게 "이 요란한 유람선이란 대체 무엇인가?"라고. 메콩 강은 말이 없었다.

# 고석규와 더불어 범어사에 가다
― 팔푼이가 본 동백꽃

## 1. 폭우 속의 김해공항

1996년 4월 20일(토). 김포공항은 토요일이기에 토요일만큼 붐볐다. 삼십 분이 지난 뒤에야 중견 평론가 J씨(홍대 교수)가 나타났다. 정작 나타나야 될 오늘의 주인공 제1회 '고석규 비평문학상' 수상자인 신진 평론가 S씨의 모습이 보이지 않았다. 어째서 나는 초조했던가. K씨, N씨와 더불어 내가 그 상의 본심위원, J씨는 예비심사위원이었던 까닭. 부산행 항공기 탑승이 시작되었고, 검역구를 빠져나갈 무렵에야 S씨의 허둥대는 모습이 눈에 잡혔다.

  이륙한 비행기가 계양산 쪽으로 솟았다가 기수를 남쪽으로 돌렸을 때 하늘은 맑고 높았으나 목적지 김해 상공에 이르자 심하게 기체가 흔들렸고 어두워졌고 동그란 창에 사정없이 빗물이 부딪쳤다. 폭우 속을 피하기라도 하듯 비행기가 바다 쪽으로 한참이나 낮게 나는 것이었다. 전에 없는 일이었다.

김해공항에 닿자 폭우가 쏟아지고 있었고, 열한시였고, 고석규 비평문학상 실무팀인 비평가 N교수(부경대), H교수(인제대), J교수(부산외대) 제씨가 마중나와 있었다.

우리는 두 대의 승용차에 나눠 탔다. 폭우 속이고 토요일이라 교통난을 예측하기 어려웠던가. 두시까지 행사장에 닿기만 하면 되긴 했지만 그래도 일단 행사장 근처로 가서 점심 요기를 하기로 작정되어 있었다. 과연 예측대로였다. 무려 두 시간 반 만에 행사장에 가까스로 닿을 수 있었다.

부산대학. 고풍스런 회의실을 여러 개 갖춘 언덕 위에 세워진 '인덕관'에 이르자 폭우 멎은 하늘은 아직도 구름덩이를 안고 있었다. 벚꽃잎을 땅에 떨어뜨린 바람도 간 곳 없었다.

봄날씨의 변덕이었을까. 봄날씨가 어느새 자기의 높이와 깊이를 스스로 회복하고 있었다. 지다 만, 벚꽃 구름 같고, 키 작은 철쭉도 보였다. 이게 아닌데 하는 느낌이 한순간 나를 스쳐갔다. 뭔가를 나는 찾고 있었을까. 포플러였을까. 하늘에 닿아 더이상 자라지 못한다는, 청마가 부산을 두고 읊은 그 포플러가 아니었을까. 그런 정신적 강박관념이 아니었을까. 임시 수도 항도 부산, 그것이 내 정신의 포플러였을까.


## 2. 고석규 비평문학상이 선 자리

이곳 인덕관에서 오후 두시에 제1회 고석규 비평문학상 시상식이 열리게 되어 있었다. 부산의 소장비평가들이 주도하는 계간 『오늘의 문예비평』 창간 5주년 기념행사로 마련된 고석규 비평문학상이란 무엇인가. 그들은 이렇게 천명하고 있었다.

제1회 고석규 비평문학상 시상식(1996. 4. 20)에서의 필자

많은 문학상이 상업성에 오염되어버린 지금의 현실 속에서 굳이 또 하나의 문학상을 제정할 필요가 있겠느냐는 자성도 많았으나 정말 우리 문학사를 위해 필요한 문학상을 만들어 (……) 한국 비평문학에 대한 우리 나름대로의 남다른 애정이 이러한 결정을 가능케 했다.(『오늘의 문예비평』1995년 가을호)

그들은 이것을 '문학적 사건'의 하나라고 부르기도 했다. 이 사건에 내가 끼어든 것은 이 상의 심사위촉을 받은 데서부터이다.

그들이 나를 위촉한 것은 짐작건대 다음 두 가지 이유가 아니었을까. 부산이라는 지방성에서 벗어나기 위함이 그 하나. 여기에는 설명이 없을 수 없다. 고석규 비평이 1952년에서 그가 죽은 1958년까지는 주로 부산에서 전개되었으며, 그중에서도 제일 치열했던 대목이 동인지 『초극』(1954)의 간행 전후로 볼 수 있다면, 이 기간이란 기실 부산이라는 특정 지역에서 많이 벗어났다고 볼 것이다. 임시 수도 항도 부산이라 표현되는 그러한 공간이었음에 이 사정이 관여되어 있다. 임시였으나 두 차례의 수도는 수도였고, 그 기간이(제1차 1950. 8~9, 제2차 1951. 1~1953. 8) 길지 않았으나 그렇다고 짧지도 않았는데 전쟁 한복판이었던 까닭이다.「밀다원 시대」(1955)에서 김동리가 '땅끝 의식'이라 규정한 바 있는 그런 공간이었기에, 지방성과 세계성, 수도와 비수도의 경계선이란 당초 성립되기 어려웠다. 고석규 비평이란, 임시 수도 항도 부산의 문학적 현상을 대표하는 것이지만, 동시에 그것은 폐허를 전제로 한 이 나라 전후 문학의 중심부였다고 볼 것이다. 스스로가 놓여 있던 그 시절을 두고 고석규가 '청동시대'라 부른 것도 이런 사정을 말해준다. 로댕에서 차용된 그 원초적인 인간 창조란, 전후문학의 원점이 제로 지점(폐허)이었음을 알게 모르게 전제로 한 것이었다.

한편 이 청동스런 감각은 고석규의 개인사적인 처지에서도 설명될 수 있다. 게릴라 부대에 끼어 월남한 의사인 부친의 뒤를 따라, 중학생인 고석규가 단신으로 38선을 넘었으며, 6·25가 터졌을 때, 군 복무에 나아갔고, 전선에서 군의관인 아버지와 극적으로 만난 사실, 그리고 군복을 벗은 부자가 임시 수도 항도 부산에서 삶의 터전을 구축하기란 무엇인가. 폐허에다 겨우 판잣집을 세운 형국이지만 그것이 자라 거대한 성곽이 되라고 두 손 모으지 않았을까. 이 점에서 보면 임시 수도 항도 부산이란 단연 6·25스런, 또한 '요한시집'스런 곳이라 할 만했다.

고석규의 부산이 지방성일 수 없는 이유가 이러하다면, 나머지 다른 한 이유는 무엇인가. 문학청년 기질이라 부르면 안 될까. 고석규 비평문학상의 정관엔 수상 대상은 '등단 5년 이내의 평론가'로 제한되어 있거니와, 데뷔 5년이라는 대상 규정이야말로 고석규 비평의 겉으로 드러난 특징이라 할 것이다.

고석규의 비평 활동이 약 5년 정도에 지나지 않았음도 지적될 수 있지만, 무엇보다도 전시 대학 국문과를 다니던 21세의 청년이, 대학을 거쳐 대학원을 마칠 때까지의 기간이라는 사실만큼 확실한 것은 달리 없다. 만 26세로 그가 삶을 마감했기 때문이다. 그가 부러워한 「날개」의 작가 이상의 각혈에서 온 죽음과는 달리 그의 죽음은 돌연스러움으로 표현되는 심장마비였다. 이 사실은 무엇을 새삼 말해주는 것일까. 데뷔 5년의 시점이되, 20세 중반의 젊음을 가리킴인 것.
조급성, 순발력, 그리고 열정으로 상황 돌파하기가 아니었겠는가.

3. 드러난 텍스트 ─ 해바라기의 정신병

지금 우리 앞에는 두 가지의 고석규 텍스트가 있다고 볼 것이다.
『초극』에 실린 「여백의 존재성」(1954)을 비롯, 연재평론 「시인의 역설」(1957)에 걸치는 기발표 작품군이 그 하나.
다른 하나는 미발표 원고로 된 텍스트.
기발표된 텍스트란 무엇인가. 발표를 전제로 한 그러니까 공적인 글쓰기란 최소한의 객관성을 갖추어야 하는 것이라면 그는 무엇으로 이 객관성을 확보하고자 했을까. 이 물음이 중요한데, 왜냐면 전후문학이 제로 지점(폐허)에서 비롯된다는 사실과, 또한 청년기에 그가 놓여 있었다는 사실 때문이다. 아무것도 가진 것 없는 사람이 아무것도 없는 폐허에서 출발할 수 있었겠는가.
그에게 객관성을 부여한 것은 그의 독서 체험에서 왔다. 닥치는 대로 그는 책을 읽었고, 그 책으로 쌓은 성 속에서 밤낮을 보내었다. 그를 꼼짝 못 하게 옭아맨 것은 그 책들이 지닌 특수성에서 왔다. 나는 그것을 문학의 철학화, 또는 철학의 문학화로 규정한 바 있다. 당시의 유행하던 말로 바꾸면 그것은 '실존주의'스런 것이었다. 하이데거, 야스퍼스와 엘리엇, 릴케는 물론 다자이 오사무(太宰治), 오오카 소헤이(大岡昇平), 미시마 유키오(三島由紀夫) 등이 아무런 구별 없이 서로 뒤엉켜 있는 그의 독서 체험이란, 일종의 카오스라고밖에 볼 수 없지만 이 속에서 그는 그 자신의 기댈 곳을 직관적으로 찾아내고 있었다. 저러한 책들이란 실상, 인간의 삶의 허망함이랄까. 세계의 무의미스러움 앞에 마주한 인간이 어떻게 삶의 의미를 찾아내는가에 관련되고 있었던 것. 이를 내성(內省)이라 부를 것이다. 삶이란 무엇이며 세계란 나에게 과연 무엇인가. 이런 물음에 관련된 책이기만 하면 영락없이 그는 매료되었고, 또 영락없이 그에겐 실존주의적인 것이었다. 샤르트르, 카뮈, 하이데거, 릴케, 엘리엇, 랭보, 보들레르 등 서구의 기라성 같은 문인, 사상가들의 저술이 한결같이 허무에 맞서 그 허무를 이겨내는 기념비였다면, 이것이야말로 마음 가난한 청년 고석규의 글쓰기의 기원이었다. 이를 그는 '해바라기의 정신병'이라 불러 반 고흐의 절체절명의 죽음에 닿은 예술에 대치시켰다.

객관성으로 이보다 확실한 것이 달리 없었으니까. 미국 유학에서 귀국하는 군인 친구에게까지 부탁하여 그는 이 객관성 확보에 매달리고 있었다.(유병근,「고석규씨와의 인연」) 비록 독학으로 공부하는 것이었고, 또 일어로 된 독서 행위(그의 일어 독해력을 알기 어려우나 우리말 표현에 둔감했던 것 같다. 장 콕토의 '사기꾼 또마'를 '山師또마'라고 일기에 적어놓고 있었다)였지만 그야 아무래도 상관없는 일. 중요한 것은 이들을 통한 객관성 확보에 있었다.

그리고 그 객관성 확보가 불투명할수록 뚜렷해진다는 점에 있었다. 서구의 어떤 사상가나 문인의 생각이나 계보의 정확성이랄까 깊이 있는 이해란, 이 경우 불가능할 뿐 아니라 필요하지도 않으며 오히려 방해거리일 수조차 있었다. 중요한 것은 그들 사상가, 문인들의 몸부림(표현)이란, 세계와 삶의 허무에 대처하는 응답이라는 사실. 이 점만은 어떤 계파라든가 학설과는 관계없이 공통되고 있었던 것이다. 이것만큼 그에게 객관성을 보장해주는 것이 달리 있었겠는가.

이 객관성이 밖에서 구한 것이라면 안에서 구한 객관성은 무엇이었던가. 『화사집』 『귀촉도』와 윤동주와 「날개」의 작가 이상이 이 물음에 대응된다. '해바라기의 정신병'이랄까 실존주의적 그 무엇으로 말해지는 전쟁 체험에서 온 이 폐허(제로 지점)의식이 윤동주와 『화사집』과 이상에서 또하나의 객관성을 보장해주는 것이었다. 윤동주, 『화사집』, 이상이 선 자리란, 전쟁을 체험한 21세의 청년 고석규에겐 '해바라기의 정신병'을 앓고 있는 고흐의 〈까마귀 나는 보리밭〉, 또는 랭보의 육체병의 더도 덜도 아니었다.

　(1) 나의 늙은 의사는 젊은이의 병을 모른다. 나한테는 병이 없다고 한다. 이 지나친 시련, 이 지나친 피로.(윤동주, 「병원」)
　(2) 서녘에서 불어오는 바람 속에는/ 한바다의 정신병과 징역 시간과(서정주, 「서풍부」)
　(3) 꽃나무는 제가 생각하는 꽃나무에게 갈 수 없소. 나는 막달아났소.(이상, 「꽃나무」)

여기에 공통되는 것은 정신병이다. 정신병이되, 해바라기로 표상되는 정신병이기에 근원에의 소급이랄까 원시성의 지형성으로 요약된다. 정신병이란, 육체를 가진 유한한 인간이 무한성을 꿈꿈에서 왔다. 이 금지된 지혜의 열매를 인간이 범했음에 대한 신의 형벌이었다. 불을 훔친 프로메테우스에 대한 제우스의 형벌도 이것이었다. 무한성에의 그리움, 무한성의 추구, 그것이 '해바라기의 정신병'이었다. 반 고흐와 랭보가 그러하였고 윤동주와 이상과 서정주가 그러하였다. 이들을 묶는 연결고리의 발견을 고석규는 대담하게 정의해 마지않았다.

　정신은 건강과 질병의 피안에 있다.(키에르 케골)

피안에 있어야 할 정신이 시방 건강과 질병과 함께 이쪽 언덕에서 나란히 놓여 있는 그러한 형국이 이른바 '해바라기의 정신병'이었다. 이러한 장면이 연출되는 계절이 6·25였고 폐허였고, 제로 지점이었다. 말의 순수한 의미에서 그는 이 제로 지점을 로댕의 〈청동시대〉에

의탁하여 '청동의 계절'이라 규정지었다. 이 점을 그에게 가르쳐준 것이 릴케였다. '해바라기의 정신병'이란, 그러니까 제로 지점에 서 있는 청년 고석규에게 부여한 객관성에 다름아니었다. 무한성을 추구하고자 하는 인간의 의식이 육체의 숙명으로 말미암아 좌절되거나 절망에 떨어지지 않을 수 없는 상태, 이 점에서 보면 그것은 갈데없는 인간의 '역설'이리라. 청동시대의 인간, 그가 '시인'이기에 인간의 역설이 바로 시인의 역설일 수밖에 없었다.

인간이 무한성(의식)을 그리워하고 추구하는 한, 이 추구는 역설로 표현될 수밖에 없다.

여기까지 이르면 누가 보아도 철학과 예술이 미분화 상태임을 쉽사리 지적할 수 있겠다. 또 한 번의 객관성의 보장이 요망되었을 터이다. 인간의 무한성 추구가 에로스(진, 선, 미)로 요약되는 것이라면, 이중 '미'를 분리해내는 작업이 그것이다. 이러한 분리를 그에게 가르친 자는 시인 릴케였다. 그 가르침을 그는 소리 높여 복창하여 마지않았다. '여백의 존재성!'이라고. 아무도 미를 창조할 수 없다는 것. 다만 할 수 있는 일은, 그 미가 찾아오게끔, 미가 머물 수 있는 자리를 만들어볼 수 있을 따름이라는 것. 에로스의 추구란, 그러니까 미가 걸어들어올 수 없는 '어떤 조건의 존재'를 추구함이라는 것. 그러다 보면 어느새 미가 창조되어 있을 것이라는 것.

그 미가 조각, 음악, 미술, 문학이었음은 새삼 말할 것도 없다. 고석규, 그는 문학 쪽에 한 발을 딛고 있었다. 왜? 제일 가까이 있었으니까. 곧 말로 된 예술이고, 또 문자의 예술이었으니까. 문학이 시, 소설, 희곡, 수필 등이었는데도 그는 어째서 시 쪽에 첫발을 내딛고 있었을까.

이러한 물음들은 사후적 판단에 지나지 않는다. 실상 고석규의 그다운 면모는 '청동의 계절'로 요약되고 있었으니까. 에로스(무한성)의 상태에서 크게 벗어나지 않음에 그의 의미가 있었다. 철학과 문학의 미분화 상태, 시와 소설의 미분화 상태, 그것이 청동시대이며, 또

한 '여백의 존재성'이다.

인류사의 청동시대를 6·25의 제로 지점 의식과 결부시킨 것은 6·25를 객관화하는 방식의 일종이며, 이 점에서 고석규 문학은 이 나라 전후문학에 객관성을 부여했다고 볼 것이다. 이 객관성 획득을 위한 나름대로의 노력이 한편으로는 서양의 실존철학이었고 다른 한편으로는 『화사집』과 윤동주와 이상의 문학이었다. 그러나 잘 따져보면 이러한 실존철학이나 『화사집』, 윤동주 등은 고석규에 있어서는 철학도 문학도 아닌 그 중간지점에 지나지 않았다. (실존)철학과 문학의 미분화 상태에 머물러 있었던 것. 내가 '객관성이 확보되었다'고 한 것은 어디까지나 이 미분화 단계를 가리킴에 지나지 않는다. 나는 여기에서 이 나라 전후문학에서의 고석규 문학의 의의를 발견한다.

만일 그가 철학과 문학의 분리에로 향하고, 이번엔 문학 쪽에서만 객관성을 확보하기에로 나아간다면 어떻게 될까. 나는 이 물음을 더 이상 추구할 수 없다. 고석규 문학이 철학, 문학의 분화 직전에서 중단되었기 때문이다. 「시인의 역설」이 그것이다. 이 장문의 평론은, 철학과 문학이 미분화 상태에서 빛을 뿜어내는 한 유형이었다. 죽음과 삶의 모순, 곧 해바라기의 정신병의 궤적을 추구한 것이었다. 그의 문학은 여기서 중단되고 만 것이었다. 이 중단의 의미 속에 고석규 문학의 진가가 있다고 나는 생각한다. 철학과 문학의 분화가 시작되자 이 나라 전후문학은 끝나게 되었기 때문이다.

내가 고석규 문학을 깨진 레코드판이 아니라고 보는 이유가 여기 있다. 그의 문학은 중단인 채 완성이었기 때문이다. 한 편을 빼면 모두 '여백의 존재성'에 국한된 것이다. '해바라기의 정신병'으로도 요약되는 것.

겉으로 드러난 고석규의 텍스트와 미발표 상태로 방치된 시집 『청동의 관』 『청동일기』는 스스로 구별되어 있는 만큼 이를 동일선상에 논의함엔 한계가 있다.

### 4. 감추어진 텍스트 — '청동시대'의 인간상

지금까지 논의해온 것은 겉으로 드러난 텍스트인 『여백의 존재성』(1990, 유고집)을 대상으로 한 내 나름의 문학사적 평가였다. 「고석규의 정신적 소묘」(1991), 「1950년대 한국문예비평 3가지 양상」(1991), 「전후문학의 원점」(1992), 「'청동의 계절'에서 '청동의 관'까지」(1992), 「전후문학과 실존주의」(1993) 등 모두 5편의 글을 내가 썼거니와 고석규 문학의 탐구라는 측면에서 보면 두 가지 텍스트가 함께 긴밀히 연결되어 중복될 수 있지만 50년대 정신사적 탐구라는 측면에서 보면 미발표 텍스트는 빛을 잃게 마련이다.

미발표 시집 『청동의 관』(1992)이 유고집 발간 위원회에 의해 간행되었을 때 나는 매우 당황하였다. 이미 발표된 몇 편의 시와 『청동의 관』에 수록된 작품들이 너무 가깝기도 하고 동시에 낯설었기 때문이었다. 이러한 친밀감과 이질감은 『청동일기』(1993)가 간행되었을 때 더욱 크게 느껴졌다. 고석규 문학 연구를 위해서는 이들 『청동의 관』이나 『청동일기』는 보조선 몫을 할 수가 있을 것이다. 고석규론에서라면 이 보조선이 큰 의미를 띨 수도 있을 것이다. 그렇다면 기하학에서 말하는 그 보조선이란 무엇인가. 『청동일기』엔 무엇보다 일관성이 없었다. 시기도 중간중간이 빠져 있어, 의식의 성장사를 짚어내기엔 무리였다. 내가 이들로써 고석규 문학에 보조선을 몇 개 쳐보고 만 것도 이와 관련이 있다.

그럼에도 나는 늘 이 보조선 치기에 대한 아쉬움이랄까 불안감을 떨치기 어려웠다. 보조선 치기에 더이상 나아가지 못하게끔 나를 밀어내는 어떤 힘이 작동하고 있지 않았을까. 그 어떤 보이지 않는 힘이란 무엇이었을까.

『초극』을 함께 한 시인 김재섭씨의 커다란 그림자 때문이 아니었을까.

『소월시초』나 『귀촉도』 그리고 『청록집』, 그것은 네가 나에게 보내온 시의 고향이었다. 나는 이런 책들을 읽을 때마다 너를, 시를, 알려고 애쓰고 있다. 이것이 내가 나를 아는 하나의 길이 된다면 너는 영원하라. 나의 뮤즈여.(나의 공간)

2인 동인지 『초극』에 실린 김재섭의 「형상 1」의 한 대목이거니와, 그를 사로잡은 것은 뮤즈였음이 판명된다. 뮤즈를 통해, 김재섭은 전쟁이 만들어낸 제로 지점의 젊음의 아득함을 초극하고자 하였다. 질서와 동경과 의지의 대영야(大領野)가 죽고 그 위에서 돋아난 것이 시였던 것. 정확히는 '적인 것'이었다. 그 뮤즈가 김재섭에게 보내온 것이 『소월시초』이고 『귀촉도』이고 『청록집』이었다. 이들 뮤즈 속에서 김재섭은 '자기'를 찾고자 헤매였다. 결코 『화사집』(문둥이거나 벙어리)이 아니었다. 문둥이나 벙어리에서가 아닌 『귀촉도』의 아득한 저승 쪽의 울림에서 김재섭은 자신의 객관성을 찾고자 하였다. 이 점에서 보면 고석규 쪽은 이중적이었는데, 실존철학과 문둥이(벙어리)의 양쪽이 그것. 두 사람의 변별성의 근거가 여기 있지 않았을까.

김재섭의 안정감과 고석규의 불안정성이 이로써도 설명된다. 그만큼 고석규의 내면이 좀더 빈곤했고 좀더 아득했던 증거로 볼 것이다. 그 결여항(缺如項)을 메우기 위한 충동의 강도가 실존철학과 『화사집』의 육체, 윤동주의 어둠에로 치닫게 하지 않았을까.

이에 비할 때 김재섭은 어떠했던가. 경남 토호의 종갓집 종손인 김재섭에겐 6·25도 폐허도 다만 관념으로만 존재하지 않았을까. 그는 엄살을 부려도 될 처지에 있지 않았을까. '청동시대'를 의식하기에 앞서 그 자신이 정작 '청동시대'의 적자가 아니었을까. 뮤즈란 그러므로 그와 더불어 당초부터 있었던 것이 아니었을까. '초극'이란 그러니까 두 가지 형태로 존재하고 있지 않았겠는가. 뿌리 없는 자의 뿌리찾기(객관성 확보)의 몸부림과 뿌리 있는 자의 뿌리찾기(객관성 확보)의 몸부림이 그것. 전자가 그만큼 필사적이었다면 후자는 상대적으로 여유로울 수 있었으리라. 이 여유로움이 후자로 하여금 뮤즈에서 멀어지게 한 요인이 아니었을까. 곧, 후자로 하여금 '뿌리의 뿌리'에로 향하게 한 것이 아니었을까. 오히려 관념의 '청동시대'에서 역사의 '청동시대'로 향하게 한 것이 아니었을까.

이러한 내 의문을 뚫고 정작 김재섭씨가 내 앞에서 모습을 드러낸 것은「석규 단장 3제」(『오늘의 문예비평』 1993년 가을호)에서였다. 고석규 문학 특집으로 마련된 이 글은 (1)「석규에의 몽유(夢遊)」 (2)「명진(明辰, 고석규의 딸―필자)의 이름에 붙여」 (3)「남은 말」로 구성되어 있거니와, 이 글에서 김재섭씨의 진면목이 드러난 곳은 단연 (2)에서였다.

첫 줄에서 씨는 이렇게 썼다.

반만 년의 역사가 있다고 자부하고 있으면서 반만 년 동안 자기 이름도 제대로 모르는 이 팔푼이들에게 '문둥이 훈장'을 탄 나는 석규란 사내가 걸어놓은 '청동의 관'을 쓰고 결국 청동기시대의 발굴 작업에 뒤늦게 걸음을 재촉하고 있다.

여기 나오는 '팔푼이들' 중의 하나가 바로 나임은 의심의 여지가 없거니와 또다른 하나는 시인 김춘수씨다. 씨는 또 이렇게도 말해놓고 있어 인상적이다. "이제 나는 그 문둥이 앓는 소리 같은 시들을 쓸 시간도 없지만 문둥이관을 윤식(允植)군의 서재에 되돌려보낸다"라고. 『초극』의 세계가 『화사집』과도 연결되어 있다고 본 내 글을 비판한 대목이었으리라. 어째서 씨는 계속 시를 쓸 수 없었던가. 시보다 더 시급하고도 중요한 일이 따로 있었기 때문인데 곧, 역사학이 그것. 역사학이되 진짜 역사학이 그것. 씨는 '고조선'에서 그 한국학의 시원을 찾고자 한다. 가짜 신앙, 가짜 이념의 조건들을 역사 속에서 바로잡기 위해 "오래 내렸던 청동의 관은 다시 주워 쓰지 않으면 안 되게 되었다"는 것이다. 이 '고조선' 연구에서 시작되는 진짜 우리의 전통에 의거하지 않는 문학이나 사상은 모두 가짜라는 것이 씨의 지론. 이 '고조선'을 모르는 나 같은 인간이야말로 '팔푼이들'이라는 것.

매우 딱하게도 이 팔푼이의 관심은 씨가 일곱 개의 그림으로까지 제시하면서 보여주는 장대한 '고조선학(古朝鮮學)' 보다도 씨가 그 동안 보관해온 고석규의 유고(원고)에 기울어져 있었다. 팔푼이에게는 팔푼이의 길이 있기 때문.

「고석규의 일기 발굴」이라는 표제로 『오늘의 문예비평』(14호~19호)에 연재된 이 원고야말로 김재섭씨가 이 많은 팔푼이들에게 베푼 호의가 아니겠는가. 씨가 그토록 자부하는 '고조선학'에 못지않게 이 원고도 제법 그럴 법하다는 증거로 이를 보면 안 될까. 혹은 '팔푼이 것은 팔푼이들에게'라는 심사였을까.

이 대목은 여기에 그대로 일단 접어두기로 하자. 중요한 것은 이 원고가 팔푼이들에게 던지는 의미에 있겠기 때문이다. 곧 김재섭의 '초극'과 고석규의 '초극'의 변별성을 드러내는 어떤 실마리라도 이 유고 속에 들어 있을지도 모르기 때문이다. 내가 이 유고를 정독한 것도 이와 아주 무관한 것은 아니다.

### 5. 『귀촉도』의 시인과 『날개』의 작가

매우 유감스럽게도 이 팔푼이의 눈에는 김재섭의 '초극'과 고석규의 '초극'의 변별성이랄까 어떤 차이성이 쉽사리 눈에 띄지 않았다. 그러한 변별성은 '초극' 자체 속에 들어 있었던 만큼『청동일기』에서 찾기로 한 것 자체가 팔푼이스런 발상이 아니었겠는가. 변별성이란, 『화사집』이냐『귀촉도』냐에 있지 않았던 것. 철학과 문학의 미분화(산문)냐, 시 자체냐에 있었던 것. 김재섭의 '초극'이 시의 형태를 가졌다면 고석규의 '초극'은 산문 형태였을 뿐, 둘은 몸이 한데 붙은 삼쌍

둥이였던 것. 팔푼이의 눈에는 여전히 이 모양이었다. 그 유고 속에서 내가 다음 두 가지를 발견한 것도 이러한 문맥에서이다.

(가)『화사집』의 시인과 고석규의 만남이 그 하나. '문둥이·벙어리'의 시인과 고석규는 왜, 언제, 어디서 만났을까.

나는 시인 서정주와 역사적 대면을 하였다. 나는 이만큼 고통한 인간과 스승을 맞이한 적이 있었던지 싶지 않다.(1954. 4. 22. 고석규 일기 5)

"봄은 나의 귀를 막는다"고 외치며, 부산대학 국문과 졸업을 앞둔 고석규가 서울에 머물다 부산으로 온 것이 1954년 1월 27일이었고, 다시 상경한 것은 그해 2월 13일이었다. 서울에서 그는 무엇을 하였을까. 2월 17일(음력 정월 보름) 그는 연희고지를 산책, 윤동주의 옥사를 생각했고(윤동주의 옥사는 이날이 아니고 2월 16일임) 그의 유작을 카피하기도 했다. 부산에 있는 김재섭, 송영택에게 편지질을 했다. 그들은 『신작품』 동인으로 동인지 편집에 함께 종사하고 있었다. 서울 체류기에서 몇 대목을 인용해보면 아래와 같다.

(1) 반 고흐의 〈편지〉를 손에 넣다.
(2) 시 두 편을 완결했다.
(3) 서정주와 고흐와 또 다자이 오사무(자살한『사양』의 작가) 같은 나를 기르고 있는 것 같다.
(4) 윤동주의 얼굴(사진)을 처음 보다.(이상 2월 17일)
(5) 『귀촉도』는 읽을수록 새삼스러워지는 으뜸가는 시집이다. 나는「밤이 깊으면」에 있어서의 "결국 너의 자살 위에서……"라는 대목을 울지 않고는 읽을 수 없다.(2월 20일)
(6) 부산에서 전보 오다. 동인지『신작품』7집의 제본 완료

(7) 모나리자에서 용호씨와 박지원씨를 만나다.(2월 24일)
　(8) 내일 전봉건씨를 초면케 된다.(3월 7일)

　이로 미루어보면 서울 체류의 목적이 『신작품』 편집과 관련된, 문단 분위기 파악이랄까 원고 청탁 문제와 관련되었음이 드러난다. 그의 눈에 비친 서울은 어떠했던가. '소란한 밀창(密娼)'이라 서슴없이 적었다. '지쳐버린 매소부'들이 득시글거리는 곳, 거기가 서울이었다. 그가 이 매소부의 도시를 떠난 것은 4월 22일 이전이었다. 정부가 환도한 지(1953. 8. 15) 겨우 반 년 된 서울의 어수선함이 『귀촉도』나 윤동주로 머릿속이 가득 찬 젊은 문학도에겐 도무지 이해되기 어려웠던 모양이었다. 그러나, 그의 상경에서 제일 큰 수확이랄까 정신적 충족감은 서정주와의 대면이었다. 부산에 돌아와 서울 체류중의 체험을 회고하는 일기(4월 22일)에서 그는 이렇게 적어놓고 있었다.

　　그는 인간의 최대 노력을 경험하고 있는 일종의 종관(宗官)이었다. 나는 그의 뜨락과 누추한 집세간과 그의 불건강한 건강을 무엇이라고 표현할 것인가. 나는 세상에서 울음의 가장 중대한 실례와 그 방법을 배운 것 같았다. 사실 정주는 자기를 우는 것이 아니었다. 그만큼 비극은 그의 것이 아니라 세상의 소유였다.

　이로 보면 공덕동으로 찾아갔음이 판명되거니와, 『신작품』의 서정주 특집호 때문이었을 터이다.(이 특집은 무산된 듯한데 김춘수도 끝내 서정주론을 쓰지 못했음을 『신작품』 8호에서 적었다.) 여기서 고석규는 이 시인의 발표된 「상리과원」과 미발표의 「기도」를 보았다. 고석규가 본 서정주는 단순한 시인 이상이었다. "정신 최고의 가치를 남기려고 무척 고행을 계속하는" 그러한 고행자의 모습이었다. 고석규는 이렇게 결론짓고 있었다. "사실 서정주는 방목(放牧)의 피를 생각지 않는 날이 거의 없고 만약 그러한 순간이 개재할 수 있다면 그는 영원의 불치병에 이미 도살되고 말았을 것이 거의 분명하다"라고. 이어서 그는 또 덧붙였다. "지금은 4월의 마지막! 내 정신병원(病原)에는 더 많은 꽃들이 피라고 나는 빈다. 더 많은 정신병원의 문패를 생각하며……"

이로 보면 고석규의 정신적 소묘는 정신병원 찾기 또는 기르기로 요약될 것이다. 반 고흐와 서정주와 다자이 오사무가 함께 앓았던 정신병, 이를 고석규는 『초극』에서 이미 요약한 바 있었다. '해바라기의 정신병'이 그것.

이번 공개된 『고석규 일기』의 의의는 여기에서 멈추지 않는다. 그가 이상의 「날개」를 빙자하여 스스로의 「날개」를 쓰고자 했다는 사실이 그것. 1953년 8월 중에 그는 심하게 앓았던 모양.

(1) 나는 과거 30년대 이상(李箱)과 같이 수선이 ***난 비할 수 없는 심리를 간주하련다.
(2) 나는 악몽에서 깨어나는 행복만은 잃지 않겠다.
(3) 앓는 새가 그 맑은 음성으로 울어볼 수 없게 되었다. 노래라고 일컬을 수 없는 울음을 나는 언제 잃어버린 것이 되었다.
(4) 무서운 생의 디레머! 그것이 꽃피는 듯이 스다스런 날개를 펼치고 나에게 이르렀다. 이를 목격하고 나는 넋이 간데온데없게 되었다.
(5) 잔등에서 돋혀날 푸르른 날개를 사상하고 나의 우결한 핏덩이를 어루만졌다.(이상 8월 22일)

각혈한 청년이 혹은 심하게 열병을 앓은 육체가 서서히 회복되어가는 내면 풍경으로 위의 장면들을 읽을 수 없을까.

『청동일기』를 읽으면서 내가 궁금해 한 것 중의 하나는 자주 등장하는 영(羚)이라 부르는 여자였다. 청년 고석규에 있어 여인이란 무엇인가. 만일 그의 일기가 나름대로 진실하다면 이 영의 대목도 그러할 것이다. 북쪽에 두고 온 연인을 두고 그는 그렇게 불렀다. 16세의 중학생 고석규보다 한참 아래의 소녀가 영이었다. 혹은 소년다운 공상의 산물이었는지도 모른다. 혹은 두고 온 어머니, 문숙과 계숙이라 부르는 두 누이와 석진과 석수라 부르는 두 아우에 대한 그리움의 명칭이 '영'이었는지도 모를 일이다. 요컨대 이들은 그에겐 근원이자 고향에 다름아니었다. 이들 없는 부산 바다이란, 윤동주가 여름방학에 찾아간 또다른 고향 그것에 다름아니었다. 아비란 이 경우 고향과는 전혀 무연한 존재일 뿐.

문득 이 장면에서 나는 상상해본다. 서구 형이상학의 서적으로 쌓은 성채 속에 웅크리고 앉은 이 청년의 내면은 백골과 함께 또다른 고향에 간 윤동주의 그것이 아니었을까. 개는 짖고, 어둠은 우주로 통하는 곳. 그는 '나'와 백골 몰래 도망치고 싶지 않았을까. 그러나 출구는 아무 데도 없었다. 이러한 절망 속에 그의 몸과 정신은 함께 앓고 있지 않았을까. 이 순간 가까스로 찾아낸 출구의 하나가 이상의 「날개」가 아니었을까. 조심스럽게 날짜는 물론 시간까지 밝혀 그는 이렇게 적어놓았다. "1953. 8. 26. 오후 6시 20분." 절실함의 증거라 볼 수 없을까.

(1) 「날개」의 작자 이상은 스물셋 되는 해 초 3월에 처음으로 각혈을 하였다. 그리고 그는 ×××정양원에서 한 여인과 알게 되어 결혼을 맺었다. 그리고 두 사람 다 「날개」의 주인공들이 되었다.

(2) 나(沿幸)는 스물한 살 되는 해 8월에 처음으로 각혈하였다. 그리고 나는 아무 곳에도 가지 않았고 아무런 여인의 그림자도 얻어보지 못하였다.

(3) 나는 「날개」와 비슷한 작품을 마음에 그리고 있는지는 몰라도 세상에 내어놓은 적이 없을 뿐만 아니라 나 혼자만이라도 하여 그런 작품의 주인공이 될 수 없었다.

(4) 연행은 슬프고 연행은 먼 옛날에 잃었던 여인을 대신하여 찾아 헤매었다. 어디 갔는지 알 수 없는 여인의 종적은 연행에게 「날개」 이

상의 세계를 지워줄 수는 있었다 하여도 연행은 30번지 회실에 막혀 있을 대신에 십자가의 그림자를 바라보고 있었다.

　(5) 그러나 「날개」의 주인처럼 세상에서 한 사람의 여인을 생각하고 다시 미워하는 일만큼 괴롭고 지나친 슬픔은 있지 않다.

　(6) 연행은 그들(「날개」의 여인들인 연심, 금홍—인용자)과 대신하여, 영(羚)이라는 소녀의 이야기를 한다. 아니 지금 무렵은 소녀 아닐지도 모르는 여인의 나어린 얼굴에 아직 침을 뱉지 못하고 있다.

북에 두고 온 소녀, 어머니와 형제들에 대한 그리움이 이상의 「날개」를 통해 비로소 객관화(정착)되는 장면으로 위의 대목을 읽을 수 있다. 그를 구해준 것은 『화사집』 『귀촉도』였고 윤동주의 「또다른 고향」이었고 이상의 「날개」였다.


### 6. 동백꽃으로 빛나는 금고기떼들

유고집 『여백의 존재성』이 간행되었을 때, 매우 부주의하게도 나는 『초극』의 두 정신에게 '문둥이관'을 씌운 바 있었다. 그중의 한 분인 김재섭씨가 내 어리석음을 일깨워주며 그 '문둥이관'을 내 머리에 씌워주었다.

나는 이 조숙했던 『초극』의 뮤즈를 뜻밖에도 인덕관 제1회 고석규 비평문학상 시상식장에서 대면할 수 있었다. '자기 이름도 제대로 모르는' 팔푼이가 본 김재섭씨는 과연 비범하였다. 그는 이 팔푼이에게 팔푼이스런 이유를 거침없이 가르쳐주는 것이었다. '고조선' 속에 그 정답이 있다고. 최근 중국의 모 석학을 만나 다시 확인한 바 있다고. '고조선'의 장대한 시나리오의 세계에 대한 고담준론을 들으며 나는 문득 옛 대학 은사 이탁(李鐸) 교수를 떠올렸다. 청산리 전투 참전용사였던 이탁 교수는 내가 대학에 들었을 때 부교수였고, 내가 졸업할 때도 정년이 다 된 선생은 역시 부교수였다. 이 교수의 향가 특강을 세 명의 학생이 들었는데, 그중의 하나가 나였다. 이 교수의 학설은 매우 독특했는데, 고조선 문명이 중국으로 건너갔다는 주장이 그것. 이 교수는 그 증거로 한자와 그 기원, 특히 음운을 내세우는 것이었다. 만일 이 학설이 성립된다면 '빛은 동방으로부터' 일 터.

이번 제1회 고석규 비평문학상 시상식에서 '고석규에 대한 회고'라는 표제로 김재섭씨의 목소리를 듣는 일이 내겐 제일 즐거웠다. 부산 좌천동에 고석규의 서재가 있었다는 것, 책으로 가득 쌓여 있었다는 것. 고향이 그립다고 자주 말했다는 것. 북의 고향 대신 김재섭의 고향 소남(召南)에 함께 갔고, 김재섭씨의 조모의 품에 안겨 울더라는 것, 하룻밤을 자고 떠날 때 조모께서 '줌치'에서 꺼내주시는 노잣돈에 또 한 번 울더라는 것. 고석규의 그러한 면모를 보는 일이 어째서 내게 즐거웠던가. 김재섭씨가 고석규에게 육체를 부여해주고 있었기 때문이다.

"어느 날 석규가 반지를 가져와 모 다방으로 가자고 했지. 다방 레지에게 주겠다는 거야. 왜? 두고 온 누이를 닮았으니까."

김재섭씨가 담담히 회고하는 이 대목에서 나는 '영아!' 라고 무수히 외치며 『청동일기』를 적고 있는 젊은 고석규를 보고 있었다. 이상의 「날개」를 흉내내고 있는 그를 보고 있었다. 타계한 지 38년 만에 그의 육체가 잠깐 모습을 드러낸 순간이었다.

시상식장을 나오니 햇빛이 눈부시게 쏟아져내렸다. 간소한 다과회에서 목을 축인 나를 범어사로 향하게 한 것은 또 누구였을까. 눈부시게 쏟아지는 햇빛 속에 드러난 신록의 유혹이었을까. '고조선'의 장대한 역사의 혼이었을까. 고석규의 육체였을까. 범어사에 가기만 하면 모든 해답이 한꺼번에 주어질 것만 같았다.

벚꽃 어지러이 흩날리는 길. 왼편에 금정산 범어사(金井山 梵魚寺), 오른편에 선찰대본산(禪刹大本山)이라 쓴 거대한 일주문이 있었다. 해사 김성근(1835~1918)의 78세 적의 글씨. 3문으로 된 일주문. 뚱뚱하고도 투박한 돌기둥 넷에 짧은 나무기둥을 잇고 그 위에 팔각지붕을 세운 일주문을 들고 천왕문을 지나고, 불이문(不二門)도 지나면, 보제추. 그 오른쪽에 종추가 있었다. 종추를 지나 왼쪽으로 가면 오른쪽 벽을 등지고 미륵불이 앉아 계셨다. 그 서쪽에 비존전. 비존나자불이 앉아 계셨다. 그 다음이 관음전. 그 남쪽에 대웅전이 있었다. 그러나 아무 데도 금우물은 없었다. 금우물이 없기에 어찌 금빛 고기가 있겠는가. 그렇지만 나는 금빛 물고기에 대한 희망을 버릴 수 없었다.

발길이 머문 곳이 대웅전 남쪽의 명부전. 나는 신발을 벗고 조심스럽게 안으로 들어가 합장했다. 나는 입 속으로 나직이 여쭈어보았다.

"금빛 고기가 혹시 여기 있습니까?"

지장왕께서는 아무 말 없이 다만 앉아 계셨다.

이 물음 때문에 서쪽 언덕의 팔상전, 독성전, 나한전이 내 안중에 들어오지 않았다.

아무런 대답도 못 들은 채 밖으로 나오니 어느새 날이 저물고 있었다. 전각 아래 있는 거대한 바위가 나를 막아서는 것이었다. 부질없는 인간들이 부질없이 새겨놓은 글자들이 요괴스러웠다. 금빛 고기들, 그 때문에 산꼭대기로 옮겨간 것일까. 바위가 새삼 미워지기 시작했다. 바위의 글자를 없애야 했다. 눈을 가늘게 뜨며 뒷걸음질하는 순간, 나는 마침내 보았다. 금빛 물고기. 순금빛으로 번쩍이는 물고기. 대웅전 너머 붉게 타오르는 거대한 동백나무숲. 한순간 나는 숨조차 쉴 수 없었다.

석양에 노출된 동백꽃. 그 검붉은 빛은 간 곳 없고 온통 순금빛으로 빛나고 있었다. 영원처럼 그렇게 빛나고 있었다.

# 노벨 도서관을 찾아서
— AKSE · 노벨 문학상 · 입양 고아

## 1. 스톡홀름을 향하여

　에어프랑스로 김포를 출발한 것은 1997년 4월 16일 낮 열두시였고, 파리 드골 공항에 닿자 같은 날 오후 다섯시 반. 약 두 시간 후에 이곳을 떠나 동화 『닐스의 모험』(1906∼1907)으로 알려진 스웨덴의 수도 스톡홀름을 향해서 다른 에어프랑스에 몸을 실었고, 두 시간 반 만에야 알란다(Arlanda) 공항에 닿았다. 한밤중임에도 공항은 환하게 붐볐다. 런던, 파리, 프랑크푸르트 등에서 오는 비행기들이 한꺼번에 밀려오는 시간이 밤중이었던 까닭. 공항마다 그 특징이 있는 법. 한밤중에 붐비는 공항으로는 단연 호치민 시의 탄소나트 공항을 칠 수 없을까. 출발도 도착도 한밤중을 택하는 탄소나트 공항은 그만한 이유가 있었을 터. 이곳 알란다 공항도 그럴 만한 곡절이 있지 않았을까. 스톡홀름에 가기 위해 여행사에 문의를 했을 때, 여행사측 반응은 대뜸 항공료가 비싸다는 것이었다. 파리까지의 싸구려 값과는 다르다는 것. 요컨대 북구행이란, 일종의 오지랄까 유럽과는 별개의 지역으로 인식된다는 것이었다. 유럽의 변경, 다시 말해 유럽의 지붕으로 일종의 '한데' 같은 곳이었다. 사람 사는 마을인 파리, 런던, 프라하, 베를린 등지에서 일을 본 바이킹 후손들의 귀향 시간이 한밤중인 것은 그럴 법한 일이다. 마로니에꽃 흐드러지게 핀 파리와는 달리 이곳엔 꽃은커녕 눈보라가 치고 있지 않겠는가. 나뭇잎은 아직 싹조차 보이지 않았다.

입국 절차(한국인은 삼 개월 동안 무비자 체류 가능)를 밟고, 짐을 찾고, 환전소에 들렀다 밖으로 나오자, 택시들이 즐비해 있었다. 시내까지 40km. 요금은 꽤 비싼 편. 미리 택시값을 정해야 한다는 지시사항도 있었다. 정해진 호텔 포레스트(Forest)에 닿은 것은 자정 무렵이었다.

유명한 밀레스 조각 공원과 바다를 한꺼번에 껴안고 있는 이 절경의 호텔은 구식이며 또한 각종 회의장으로 이름난 데였다. 제18차 AKSE(The Association for Korean Studies in Europe, 유럽 한국학회) 대회가 4월 17일에서 21일까지 이곳에서 열리게 되어 있었다.

2. AKSE의 매력

한국학이 뿌리를 내려 바야흐로 세력을 뻗쳐나가고 있는 제일지역이 유럽이다. 이들 학자군의 단체가 AKSE(1977년 창립)이다. 파리 7대학의 이옥, 부셰, 런던 대학의 스킬렌드, 라이든 대학의 포스, 발라벤, 찰스 대학(프라하)의 부체크 등이 중심이 되어 창립한 이 학술단체에 내가 참가하기 시작한 것은 제12차 대회(라이든, 1988)에서부터였고, 그로부터 오늘에 이르기까지 한 번도 나는 이 대회에 빠진 적이 없었다. 회고컨대 그 매력은 다음 두 가지.

외국인으로서 한국문학에 매료된 사람들이 지닌 매력에 매료당했음이 그 하나. 『구운몽』 연구에 필생을 바친 듯한 부셰 교수, 무가(巫歌) 연구에 몰두한 발라벤(라이든대) 교수, 신소설 연구가 부체크 교수, 심청전 연구가 스킬렌드 교수, 이기영 연구가 오가레트 최(바르샤바대) 교수, 30년대 한국 희곡 연구가 클로슬로바(체코 사회과학원) 여사, 『박씨부인전』에 몰두한 렌트너(홈볼트대) 교수, 한국어를 모르면서도 소월 시집을 비롯, 16권의 시집을 러시아어로 번역한 조브티스(알마아타 사범대) 교수 등의 모습을 보는 것만으로도 나는 가슴이 두근거렸다. 그들과 친구가 되어 서로의 머리 위에 흰 서리가 내린 지금에 있어서도 사정은 마찬가지. 어째서 그들은 하필 문학을, 그것도 한국문학을 택했을까. 이런저런 곡절이 있었을 터이나 친구가 된 이후에 나는 한 번도 이 점에 대해 물어본 적이 없었고, 그들도 내게 고백한 바 없었다.

  다른 하나는, 세속적인 이유. 북한 학자들이 오직 AKSE에만 지속적으로 참가했음이 그것이다. 북한 학자 참가는 제13차 대회(런던, 1989) 때부터였다. 그때만 하더라도 5명의 북한 학자의 참가는 내외의 관심거리였다. 특히 거물급으로 구성되었던 까닭에 강렬한 인상으로 다가왔다. 사회과학원 역사연구소장 정영률의 통일신라 부정론을 비롯, 김하명(사회과학원 주체문학연구소장)의 민중서사시인 「방주의 노래」(김려)론, 정홍교(주체문학연구실장)의 춘향전론 등은 북한문학의 수준을 가늠할 수 있게끔 하는 것이었다. 제14회 대회(바르샤바, 1990)에서는 정홍교의 조수삼론(민중시론 소개)과 류만(사회과학원 주체문학연구소 실장)의 「20년대 조선 시문학에 형성된 조국애」를 대할 수 있었고, 제15회 대회(듀르당, 1991)에서는 역사학자들만 왔고, 제16차 대회(베를린, 1993, 이때부터 AKSE 대회가 격년으로 바뀜)에는 불행히도 북한측은 불참했고, 제17차 대회(프라하, 1995)에는 4명의 북한 학자들이 참가했는데, 거물급이었다. 정순기(사회과학원 언어학연구소 소장)의 「조선어의 통일적 발전을 위한 몇 가지 리론 문제」, 정성무

(사회과학원 문학연구소 소장)의 「최근 조선민주주의 인민공화국에서의 문학예술의 혁신적 발전」 등은 북한 언어학과 문학 연구의 최고 책임자의 견해라는 점에서 주목되는 것이었다. 더욱 인상적인 것은, 프라하라는 특수 지역성도 작용했겠지만, 그들의 유연한 태도에 있었다.(졸저, 『북한문학사론』, 새미, 1996 참조)

이번 제18차 대회는 어떠했을까. 불행히도 북한 학자들의 참가는 없었다. 회장 발라벤 교수의 해명에 따르면, 초청했으나 한 달 전에 불참 통고를 받았다는 것. 그렇지만 한국문학 및 문화에 매료당한 옛 친구들은 여전히 대할 수 있었고, 새로 가입한 젊은 학자들이 불어나 100명을 넘는 학자군이 어김없이 대회장을 가득 메우는 것이었다. 조금 달라진 분위기가 있었다면 발표문은 '가급적' 영어로 하라는 주최측의 권장 사항이 그것. 초등학교부터 영어교육을 실시하는 한국이고 보면, 이 권장 사항 속엔 현재성 및 미래성조차 포함되었다고 할 만했다.

### 3. 스웨덴의 자존심으로서의 노벨상

스웨덴(그들은 스베리예 Sverige라고 불렀다)은 북구 3국의 하나. 면적 45만 평방킬로미터로 유럽에서 네번째로 큰 땅이며, 인구는 844만 명. 서울시 인구에 훨씬 못 미치는 소국. NATO에도 가입하지 않은 무장 중립국. 양차 대전에도 털끝 하나 다치지 않은 나라. 인종학 전문가가 아니기에 그들이 바이킹 후손이라는 사실도 내겐 별 흥미를 끌지 못했다. 바이킹 시절의 배 바사 호를 인양해서 만든 바사 박물관도 관심거리가 못 되었고, 동화 전문가가 아니기에 『닐스에 모험』에 대해서도 오에 겐자부로(大江健三郎)모양 감격(노벨상 수상 연설문) 할 자신이 내겐 없었다. 자동차 수집가가 아니기에, 대낮에도 라이트를 켜고 다니는 견고하다고 소문난 스웨덴제 볼보(Volvo)나 사브(Saab)도 내 흥미를 끌지는 못했고, 잉그리드 버그만을 닮은 거구의 여인들도, 함마슐드(50년대 UN 사무총장)를 닮은 신사들도 부럽고 그럴싸했지만 매력적으로 보이지 않았다.

그렇다면 무엇이 스톡홀름 하늘에 보석처럼 반짝이고 있었을까. 노벨상의 휘황함이 그 정답이다. 노벨상이되 노벨 문학상이야말로 내겐 세속적인 매력의 원점이었다. 내가 공부해온 문학과 무관한 것이 아니고 보면 제법 그럴 법한 매력이 아닐 수 없다. 매년 12월 10일이면 온 세계의 시선이 이곳으로 집중되게 되어 있다. 구

노벨상 수상 만찬회장인 시청

스타프 국왕의 입회 아래 노벨상이 이곳 콘서트홀에서 거창하게 거행되기 때문이다. 이날은 노벨의 기일. 스웨덴에서는 이날을 '노벨의 날'이라 하고, 한 주간이 축제 기간으로 설정된다. 물리학상, 화학상, 생리학·의학상, 문학상, 경제학상(1976년 창설) 등 5개 상의 시상식이 이 콘서트홀에서 거행되거니와(평화상은 노르웨이에서 시상함), 그 절차와 과정의 화려함, 부드러움 및 그 기품스러움은 세계가 인정하는 사항으로 되어 있다. 북국의 작은 나라가 이룩한 이 대단한 세레모니의 비밀은 어디 있을까. 다음 두 가지 점을 손쉽게 지적할 수 있다.

첫째, 지방성을 뛰어넘었다는 점. 지구촌 전체를 대상으로 한 점을 제일 상징적으로 보여주는 것이 평화상이라 할 것이다. 1901년 당초부터 평화상이 설정되었음은 결코 우연일 수 없다.

둘째, 이 점이 중요하거니와, 인간의 지적 발전에 대한 점검과 그것

에 대한 찬미라는 사실. 첫째와 둘째를 아우르기란 무엇인가. 일목요연한 해답이 주어진다. 인간이 가장 완벽하고 또 완미한 단계에로 나아갈 수 있고, 또 나아가야 될 지적 세계에 대해 매년 실시하는 총체적 점검이라는 사실. 이 성스러운 임무를 수행하는 것이 노벨상 제도라는 것. 더구나 스스로 자처해서 이를 수행해왔다는 것. 이 성스러운 인류사의 과제를 자처해서 시행하고, 가꾸고, 발전시켜 오늘에 이르렀다는 것. 국력을 기울여 20세기 전 과정 속에서 지속적으로 노력했다는 것. 이 남다른 노력으로 말미암아 20세기가 저물어가는 오늘날 노벨상이 일종의 보편 언어로 인식되기에 이르렀다는 것. 노벨상은 이를테면, 인류의 위엄에 어울리는 보편성에 해당된다는 것.

그 위엄에 어울리는 절차는 어떠할까. 스톡홀름을 방문한 관광객이라면 시내 중심가에 위치한 시청 건물을 제일 먼저 찾게 되어 있다. 나도 예외가 아니었는데, 노벨상 시상식 만찬회가 여기서 밤새도록 진행되기 때문이다. 중앙역에서 오 분 거리에 있는 시청은 누가 보아도 시청 건물이기보다는 궁전이었다. 1923년에 완성되었다는 이 건물은 또 성곽처럼 내겐 느껴졌다. 106 미터의 탑이 있는가 하면 고딕식의 창문, 비잔틴 스타일의 금박 모자이크로 장식된 황금의 방 등도 있었다. 시의원들이 사용하는 회의장도 실로 기묘했다. 높은 천장과 긴 등받이의 의자로 구성되어 있어 회의장이라기보다는 중세 궁중의 무슨 음악당처럼 느껴졌다. 이중에서 내게 제일 인상적이었던 장소는 다음 두 곳. 만찬회가 벌어지는 곳이자, 1천9백만 개의 금박으로 장식된 벽을 가진 이른바 '푸른 홀'. 다른 하나는 이른바 '황금의 홀'로 불리는 무도회장. 안내자인 이곳 직원의 설명에서도 금방 느껴지듯 이 건물 자체의 기능이란, 시청 업무이기에 앞서 노벨상을 위해 존재하는 것이었다.

대체 노벨상 시상식은 어떻게 진행되는가. 시상식과 만찬회로 크게 나누어진다. 시상식은 시내 한복판에 있는 콘서트홀에서 12월 10일 오후 네시 정각 국왕 내외와 왕족 두 사람의 입장으로 시작되거니와,

그 장면을 참석자의 기록을 통해 보이면 이러하다.

단상에는 구스타프 스웨덴 국왕과 가족, 노벨상 위원, 역대 수상자, 재단 이사 등 2백여 명이 자리를 하고 있었고, 1층과 2층에는 노벨 가족, 스웨덴 수상 등 각계 인사와 주 스웨덴 대사 및 해외 초청 인사 7백여 명이, 또 3층과 4층에는 학생, 기자 등 약 4백여 명이 자리하고 있었다.(김수연, 「백년의 전통 지닌 웅장하고 자연스런 축하의 장」, 『문화와 나』, 1996년 1~2호)

국왕이 수상자들에게 상을 수여하는 순간 트럼펫의 팡파르가 울리고, 수상자를 위해 전원 기립. 시상이 끝나면 스웨덴 국가가 연주되고, 국왕이 퇴장하면 시상식은 끝난다. 소요시간은 한 시간 반.
시상식장에서 만찬회장인 시청까지 자동차로 약 십 분 거리. 시상식에 참가했던 1700여 명 중 약 1500여 명이 만찬회에 나아가게 되어 있다. 대학생 250명이 참가하니까 실제로는 1300여 명이 되는 셈. 노벨 재단측 초청자 외의 참가자는 유료. '푸른 홀'에서 만찬이 끝나는 것은 밤 열시경이며, '황금의 홀'로 옮겨 밤늦도록 무도회가 이어진다.
노벨 주간은 어떠한가. 수상자 도착이 12월 5일~6일이니까 이로부터 시상식(10일), 수상자 연설(12일) 및 수상자를 둘러싼 각종 행사들이 이어지는 만큼, 꼭 한 주일만을 가리킴은 아니다. 수상자들이 노벨 재단에 출두하는 것은 11일인데, 여기서 수상증에 서명하면 상금을 받게 된다. 그렇다면 그 상금은 얼마일까. 이런 물음은 적절치 않은데, 매년 유동적인 까닭. 노벨 재단의 활동을 뒷받침하는 기금은 (1) 주된 기금, (2) 수상 단체 기금, (3) 노벨 재단 기금으로 되어 있다. 노벨 재단은 국내외를 불문, 정부 및 공공기관에서의 자금 원조를 받지 않음이 원칙. 그러나 사실은 6, 7건의 예외도 있다. 그중 두 건은 일본에서 받은 것(일본과 노벨 재단 사이의 파이프 역을 한다는 사람의 지적. 야노 토오루, 『노벨상』, 주오코롱신서, 1988, 70쪽)

4. 노벨 문학상의 매력

노벨상이란 무엇인가. 내게 있어 그 매력이 노벨 문학상에 관련되었음은 새삼 말할 것도 없다. 어째서 노벨 음악상, 미술상, 조각상, 영화상 따위는 없고 유독 문학상만이 있단 말인가. 그야 노벨의 유언에 따른 것이니까라고 말해버릴 수도 있음직하나 이것으로 충분한 설명이 되는 것은 아니다. 경제상이 1976년에 창설되었음을 볼 수 있기 때문이다. 만들면 되는 것이 아니겠는가. 문학만을 고집한다는 것은 그렇다고 치자. 세계적으로 뛰어난 문인에게 주는 것이 문학상이라면, 더구나 '이상주의적인 경향'의 문인에게 주는 상이라면 어째서 톨스토이나 입센에겐 주지 않았을까. 뿐만 아니라 왜 발레리, 릴케에게도 주지 않았으며, 정치가 처칠, 철학자 베르그송, 사학자 몸젠에게 문학상을 준단 말인가.

1901년에서 지금까지 거의 한 세기에 걸친 역사 속에 그 곡절이 숨어 있는 만큼 간단히 그 까닭이 이해될 수는 없을 것이다. 이 점에 대해서 노벨 문학상을 담당한 아카데미측에서는 어떤 해명도 공식적으로 내놓은 바 없으나, 워낙 이 상의 영향력이 큰 만큼, 이에 대한 썩 그럴듯한 분석들이 나와 있음도 사실이다. 이를 정리해보면 대략 다음과 같다.

노벨이 당초에 남겼던 문학상에 대한 견해는 단 두 가지. (1) '이상주의적 경향(idealisk rigtning)이 제일 뛰어난 작품을 창작한 인물에게 줄 것'과 (2) '문학상은 스톡홀름의 아카데미에 의해 수여되지 않으면 안 됨'이 그것. '이상적'과 '이상주의적'은 물론 다른 의미일 터. 과연 노벨 자신은 '이상주의적'을 어떻게 해석했을까. 이 문제를 둘러싸고 한동안 심사위원측에서 많은 고민을 했으리라는 것은 쉽사리 짐작된다. 특히 초창기엔 이것이 커다란 걸림돌이었던 것이다.

알려진 바에 따르면, 제1회(1901) 심사 과정에서 이 문제가 크게 부상, 격론이 벌어졌다는 것이다. 기록에 따르면 제1회에 추천된 대상자는 146명. 그중 노벨위원회측이 작성한 명단의 첫번째가 에밀 졸라였다. 졸라가 유물주의자로 알려졌다는 사실과 생전의 노벨이 졸라를 좋아하지 않았다는 점이 작용되어 졸라가 탈락되고 그 대신 프랑스의 시인 세리 프리덤에 이 상이 주어졌다. 스웨덴의 작가 및 배우들 42명이 톨스토이에게 주지 않았다고 항의소동을 일으켰으며, 이듬해에도 톨스토이가 거론되었으나, 어떤 이유에서인지 끝내 거부되었다. 노벨위원회의 어떤 고집(여론에 굴하지 않음) 때문이거나, 또다른 숨은 이유가 있었는지 모를 일이긴 하다. 제1회 수상자를 강력히 추천한 기관은 프랑스 아카데미로 알려져 있다. 스웨덴 아카데미가 이 점에 귀를 기울였으리라는 풍문도 있는데, 신빙성이 높아 보인다. 오늘날 구스타프 국왕이 살고 있는 왕궁을 구경해본 사람이라면 이 점에 공감하지 않을까. 북국의 소국 스웨덴 왕궁이 베르사이유 왕궁의 축소판임을 감안한다면 그들의 프랑스 지향성이 어떠한가를 엿볼 수 있기 때문이다.

걸림돌은 이뿐만이 아니었다. 몸젠, 베르그송, 처칠 등이 수상한 것도 그러한 사례. 문학이란 무엇인가. 순문학, 철학, 역사 등이 모두 포함되는 것일까. 노벨 재단 규약 제2조엔 이 점이 어느 수준에서 규정되어 있긴 하다. "문학이란 말은, 순문학(belltsletters)뿐 아니라 그 형식과 스타일 면에서 문학적 가치를 지닌 다른 저작도 포함된다"라고. 이 역시 애매모호하기는 마찬가지라 할 것이다. 점점 순문학으로 기운 것이 이 사실을 증명하고 있다. '이상주의적'이라는 것이 제1회 때부터 걸림돌로 작용했음이 이로써 조금 짐작되거니와, 이 걸림돌이 이런저런 곡절을 겪어 희석되기 시작한 것은 1920년대에 접어들어서이다. 아일랜드의 시인 예이츠의 수상(1923)이 이를 말해주고 있다. 그렇다고 이 문제가 깡그리 무시된 것은 아닌데, 미국 작가 S. 루이스와 T. 드라이저의 대결에서 전자 쪽으로 수상이 결정된 것이 그 증거이다.

노벨 문학상이 제일 안정되고 권위 있어 보였던 시대를 1940년대부터 60년대까지로 보는 것이 보통이다. 40년대엔 헤세(1946), 지드(1947), 엘리엇(1948), 포크너(1949) 등이며, 50년대엔 모리악(1952), 헤밍웨이(1954), 카뮈(1957) 등이며, 60년대엔 스타인벡(1962), 솔로호프(1965), 베케트(1969) 등등. 누가 보아도 기라성이라 할 것이다. 황금시대라 부르는 것은 이 때문이다. 인류사에서 문학이 가장 화려하게 꽃피었던 시기라고나 할까. 그만큼 심사위원측도 어려움이 한결 덜했으리라 짐작된다.

70년대에 들어서면 양상이 크게 달라진다. 솔제니친(1970)에게 주어졌던 까닭. 정치적 영향력을 노벨 문학상에다 실어보고자 한 의도라고 이 사정을 설명할 수도 있다. 파스테르나크(1968)가 수상을 거부했던 것이 소련 당국의 압력과 무관하지 않았음을 감안한다면, 솔제니친의 경우는 그 의의가 뚜렷하다. 소련 당국이 솔제니친을 추방하기에 이를 만큼 이 문제는 결과적으로 정치적이었다. 잇달아 중남미의 네루다(1971)를 비롯, 빈센테 알렉산돌(1977), 아이작 싱거(1978), 오데세아스 에리데스(1979) 등 무명의 문인들에게 수여되기 시작했다. 마르케스(1982)의 경우도 사정은 비슷하다. 노벨위원회가 앞장서서 수상자를 발굴한 형국이었다.

발굴형이란 무엇인가. 정치적 영향력이라 할 경우, 그것이 의도적이었을까. 가령 소련의 망명 시인 프로츠키(1987)가 특히 그러한 사례라고 볼 수 없을까. 혹은 문학 황금시대가 이미 쇠퇴된 마당이기에, 무명의 작가를 발굴하지 않으면 안 될 상황에 이른 때문이었을까. 이와 더불어 또하나의 물음을 떨치기 어려움도 사실이다. 곧 중남미나 기타 소외된 지역의 무명 문인의 발굴이 노벨상 심사위원들의 관심이랄까 시야가 비서구적인 쪽으로 넓어진 결과라고 볼 수 있을까의 여부. 이에 대해서는 아직도 뭐라 하기 어렵다.

모두가 아는 바와 같이, 아시아에 이 상이 주어진 것은 뱅골의 시인

노벨 도서관이 있는 스웨덴 아카데미 건물

타고르(1913)가 처음이다. 그러나 타고르를 과연 아시아적이라 할 수 있을까. 인도 유럽 계보에 속하는 타고르이고 보면, 유럽인이 스스로의 재능을 평가한 것으로 볼 수도 있기 때문이다. 이 문제는 일본의 가와바타 야스나리(1968)에 와서야 조금 윤곽이 드러났다고 볼 것이다. 가와바타의 수상이 비서구 문학 혹은 제3세계 문학의 대표적인 것으로 수상되었는가에 대해서는 간단히 말하기는 어렵다. 이에 관한 여러 논의가 있었음도 사실이나, 분명한 것은 가와바타의 경우 일본어의 '아름다운 문장 예술'이 평가된 것으로 알려져 있다. 이 경우 주목되는 것은, "전 인류에 적용 가능한 아랍적 문장 표현의 예술"이라는 평가로 아랍권에서 최초로 수상된 나기브 마프퍼즈(1988)보다 무려 이십 년이나 가와바타 쪽이 앞섰다는 사실이다. 또한 오에 겐자부로(1994)가 선정된 오늘에 이르기까지 13억 인구의 중국조차 수상하지 못하고 있다는 사실이다.

그렇다면 그들이 발굴하는 작가란 어떤 유형일까. 도대체 노벨 문학상의 심사 과정, 심사 규정 및 심사위원의 의식 구조란 어떠한 상태에 있는 것일까. 아무리 비공개로 심사가 진행되며 그 내막이 공개되지 않는다 할지라도 엿볼 수 있는 실마리는 있지 않을까. 영국 작가 골딩(1983)이 수상되었을 때 심사위원 중의 한 사람이 노골적으로 불평을 털어놓았음도 잘 알려진 사실. 노벨 문학상의 심사 절차 및 과정을 조금 엿본다면 이런 의문이 조금 풀릴 수도 있을 법하다.

### 5. 노벨 문학상의 심사 절차

앞에서 이미 말했듯 노벨의 유언에 따라 문학상의 주관처는 스웨덴 아카데미로 되어 있다. 모든 선고의 권한을 위임받았기에 그들은 임무 수행을 위해 그들의 총명함과 함께 많은 준비와 노력을 기울였음에 틀림없다. 그렇지 않았다면 노벨 문학상이 지닌 저 막강한 영향력을 설명할 수 없지 않겠는가.

1786년에 창설된 스웨덴 아카데미의 사업 목적은 '스웨덴어의 순수성, 활력성 및 기품을 위해 노력함'에 있다. 그들의 모토가 '재능과 감식안(snille och smak)'으로 되어 있음은 이 때문이다. 이 모토에 이르기 위해 그들이 하는 일은 스웨덴어의 문법 정비 및 사전 편찬이었다. 한편, 이 모토를 달성하기 위한 방편으로, 매년 그들은 웅변대회와 시 경연대회를 열고 있다. 국왕이 금메달과 상금을 수여하는 이 경연대회의 역사는 길다. 지금도 대상(각종 예술상)의 심사를 맡아하고 있으며, 국왕이 직접 대상 수여식(12월 20일)에 참가하고 있다. 스웨덴어와 문학을 유럽 수준으로 이끌어 올리고자 한 국왕의 이런 의욕이 때로는 잘 되었고 때로는 그렇지 못해 비판의 대상이 되기도 했다고 역사는 기록하고 있다. 이 아카데미가 주목을 받기 시작한 것은 노벨 문학상을 대행하면서부터였다.

아카데미 회원은 모두 18명. 종신제. 당초엔 이중 작가는 소수이며,

기타 정부 인사로 되어 있었으나, 근자에 있어서는 작가 쪽이 반수를 차지하고 있다. 나머지 반은 언어학자, 문학자, 사학자, 교수 등이다. 1996년 1월 현재의 명단을 보면, 제1번이 S. 루돌흠, 제18번이 K. 프로스텐손이거니와, 이들은 각 분과 위원으로 묶이는데, 노벨위원회도 그중의 하나. 이중 연구직 사무국장이 컴퓨터 전문가인 S. 알렌 교수이다. 노벨위원회는 18명의 호선으로 5명이 선출된다. 임기는 3년. 위원회는 매년 가을 600~800통의 추천의뢰서를 전 세계에 발송, 익년 1월 말까지 추천을 받는다. 그중 300~400통이 접수된다. 중복 및 기타를 정리하면 대략 100~150명 정도. 2월 1일부터 심사에 착수. 위원회측도 독자적으로 추천을 하게 되니까 숫자는 더 조정되어 약 80명으로 압축되고, 다시 이를 조정, 제2차 명단은 약 12~14명으로 압축된다. 제3차 명단이 만들어지는 것은 5월. 후보자 명단은 5명. 이 무렵 심사위원은 외부인사도 가해져 7명으로 확정된다. 아카데미 모임이 매주 목요일이니까 최종 확정은 10월 중순 또는 하순의 목요일이다. 후보자를 적은 용지를 사무국장으로부터 받은 위원들이 투표를 하고 다수결로 정한다. 소수파는 이에 승복, 예외도 없지 않으나, 뒷말 없기로 되어 있다.

 이렇게 보아올 때, 제일 궁금한 것은 작품 선정 기준이 아닐 수 없다. 아카데미 회원의 반수가 작가들이며, 기타 언어학자, 문학자, 교수 등으로 구성되어 있고, 이들이 스웨덴을 대표하는 최고의 문학 감식가들임에는 의심의 여지가 없겠으나, 세계문학이란 것이 워낙 다양하고 복잡한 만큼, 과연 그들이 이 모두를 올바로 평가할 수 있을까. 이 경우 주목해야 할 것은 문학이 각 개별어로 씌어지는 예술이란 사실이다. 세계문학이 스웨덴어로 씌어지지 않았다는 사실, 번역으로 접근할 수밖에 없다는 사실, 번역자는 반역자란 속어처럼 번역으로 예술성이 손상된다는 사실 등을 그들은 대체 어떤 방식으로 극복하고자 했을까. 이에 대해서 그들이 내놓은 해답 중의 하나가 노벨 도서관이다. 현대문학 장서 20만 권을 자랑하는 이 도서관 속에 모종의 실마리의 하나가 숨어 있지 않을까. 이 궁금증이 나를 AKSE 회의장에서 내몰았다.

### 6. 노벨 도서관의 한국 작품들

내가 노벨 도서관을 찾은 날은 눈보라가 치는 날씨였다. 얼음이 얼고, 나뭇잎은 아직 움틀 기미조차 보이지 않았다. 바닷바람이 세차게 불어 체감온도는 영하 몇 도로 느껴졌다.

노벨 도서관은 스웨덴 아카데미 건물 속에 있었다. 매주 월~금요일 오전 10시~오후 3시까지 개관한다는 것이었다. 스톡홀름 구시가지의 왕궁 근처. 증권사 건물이었다.(지금도 1층은 증권사로 되어 있음.) 이곳으로 옮겨온 것은 1921년. 노벨 재단과 아카데미측이 세운 이 도서관은 일종의 사설 도서관으로 분류된다. 아카데미와 노벨 위원회에 봉사하기 위함이 그 설립 목적. 그러나 점차 노벨상을 위한 기초자료 조사에 그 목적이 옮겨간 것처럼 보이는데, 현대문학 작품 중심의 운용 방식이 이 사실을 말해준다. 물론 이 도서관의 장서 수집이 노벨상을 위한 것에 '엄격히 한정되어 있지는 않다'고 그들이 제시한 취지서에 적혀 있긴 하나, 이런 토를 다는 것 자체가 거꾸로 이 사실을 말해주는 것이 아닐까. (1) 현대문학이 주종목이라는 것, (2) 스웨덴어, 영어, 불어, 독어로 된 작품이 중심이며, (3) 때로는 원어 및 번역이라 밝혀놓고 있었다. 또 그들의 안내서엔, '특별히 주목할 것'이라 하여, '보다 젊은 작가들'의 작품을 모은다는 것. 그 이유로는 언젠가 그들이 노벨상을 탈지도 모르기 때문이라 했다.(They one day be considered for the prize)

장서 수집 현황은 어떠한가. 매년 2500 종류가 증가되며 1997년 현재 20만 권에 이른다. 대부분은 직접 구입하며 특별한 경우, 가령 중유럽 및 동유럽측과는 서로 물물교환한다는 것. 특별한 경우 무상의 기증본도 임원의 요청과 규율에 의거하여 받는다는 것. 공공 도서관의 기증본도 받는다는 것. 잡지 구독은 약 180종.

노벨 도서관은 일반에게 공개되어 있었다. 특히 현대문학과 비평을 공부하는 사람들에게는 열려 있었고, 귀중본을 제하고는 대출도 해주고 있었다. 내가 찾아갔을 땐 오후였는데, 사서만 한 사람 있고 열람자는 아무도 없었다. 커다란 방명록이 있었는데, 방문자들의 이름 중엔 외국인들의 것도 꽤 보였다.

노벨 도서관 서고에서 필자

아직도 삼십대 초반으로 보이는 스웨터 차림의 사서는 내가 찾아온 까닭을 말하자 의외에도 친절하게 일일이 설명해주는 것이었다. 그가 내게 맨 먼저 보여준 것은 다음 네 권의 책. 스웨덴어로 된 한국 관계 작품은 이것이 전부였다. 사서 자신도 이것뿐인가라고 놀라는 표정이었다.

(1) M. Mihkel, 『여행기 — 한국, 베트남, 몽고, 영국, 스웨덴, 뉴질랜드』(에스토니아어로 씌어짐, 1990)

(2) 조병화, 『꿈』(시집, 1993)

(3) 김소월, 『사랑의 기쁨과 슬픔』(시집, 악보, Martin Strinlund 번역, 총 64쪽, 1987)

(4) 강숙자, 『아침이슬』(Akersberga 출판사, 1996)

(5) 김지하, 『오적』(영역에서 다시 번역함, Marianne Eyre 번역, FIB)

이중 (1)을 빼면, 김소월(악보), 조병화, 김지하(강숙자는 미상) 세 작품이 스웨덴어로 알려진 셈.

사서가 보여주는 또다른 부분은 우리에게도 잘 알려진 영역, 불역된 한국작품들이었다. 많은 사람들이 십여 년에 걸쳐 공들인 번역물들이었다. 그 일부를 보이면 다음과 같다.

   (1) 윤후명, 『돈황의 사랑』(불역, 1993)

   (2) 이청준, 『당신들의 천국』(불역, 1993)

   (3) 오정희, 『순례자의 노래』(불역, 1992)

   (4) 한말숙, 『아름다운 영가』(불역, 1995)

   (5) 김동리, 『사반의 십자가』(영역, 1983)

   (6) 최인훈, 『소설가 구보씨의 일일』(영역, 1985)

   (7) 서정주, 『초기 서정시집』(영역, 1993)

   (8) 강용흘, 『서유기』(영역, 1965)

   (9) 한말숙, 『행복』(영역)

   (10) 최인훈, 『회색인』(영역, 1988)

   (11) 강용흘, 『초당』(영역, 1966)

   (12) 이문열, 『황제를 위하여』(영역, 1986)

   (13) 정한숙, 『이어도』(영역, 1986)

   (14) 김성동, 『만다라』(불역, 1992)

   (15) 윤흥길, 『에미』(불역, 1993)

   (16) 황순원, 『움직이는 성』(영역, 1985)

   (17) 박완서, 『엄마의 말뚝』(불역, 1993)

   (18) 이문열, 『시인』(불역, 1992)

   (19) 박경리, 『토지』(불역, 1994)

   (20) 최인훈, 『3희곡집』(영역, 1992)

   (21) 김동리, 『을화』(영역, 1979)

   (22) 서정주, 『그 못 잊을 것들』(영역, 1986)

(23) 김원일, 『바람과 강』(불역, 1993)
(24) 구상, 『황무지의 불』(영역, 1990)
(25) 강신재, 『파도』(영역, 1989)

이상의 대부분은 진흥원 원조로 악트 쉬드 사, 필립 피키에 사 등에서 출판된 것이다. 이 외에도 몇 개의 앤솔러지, 단편집 등이 보였다.

한국의 작품들은 물론 비서구 문학으로 분류되어, 일본, 우크라이나, 인도네시아 등과 더불어 구석진 곳에 별도로 보관되게 마련. 도서관 내부의 첫번째 방이 이른바 참고 열람실. 문학 사전 및 문학 관계 목록 사전들이 즐비해 있었는데, 대부분이 영어, 불어, 독어로 된 것이었다. 그중 일본 현대문학 목록집이 크게 내 눈에 들어왔다. JAPANSK라는 분류항까지 되어 있었다. 독어판 『일본문학사』(1990), 『현대 일본 소설가 사전』(1993), 그리고 『1945~1990까지 번역된 일본문학 목록 사전』(영역판, 일본도서출판협회, 1990) 등이 그것.


## 7. 어떤 부끄러움과 어떤 슬픔

노벨상을 기품 있게 가꿈으로써 스스로 기품 있는 국민이라 자부하는 스웨덴을 내가 떠난 것은 4월 21일 새벽 다섯시. 어둠을 뚫고 공항에 닿자 다섯시 반. 파리행 비행기에 탑승한 것은 일곱시 반이었다. 어느덧 한 주일이 지나갔던 것이다.

그 한 주일 동안 대체 나는 무엇을 하고 있었던가. 물론 AKSE 대회에서 논문을 발표하는 것이 그 목적이었다. 「1930년대 한국문학에 있어서의 루카치의 수용에 대해서」가 그것이라면, 어쩌면 이 과제는 달성되었는지도 모른다. 「북한의 주체문학론의 변천 과정」을 발표한 부체크 교수가 내 발표문에 대해 이런저런 논평을 가해주었고, 기타 몇몇 분이 관심을 가져주었다면, 이로써 내 몫은 다한 셈 아니겠는가.

 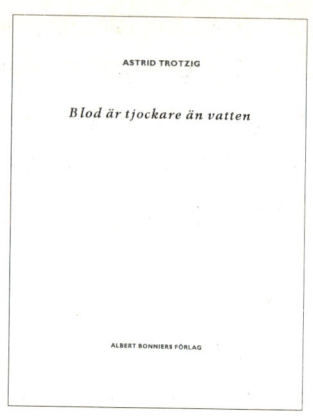

『피는 물보다 진하다』 표지 　　　　　『피는 물보다 진하다』 속표지

따지고 보면 내가 루카치의 수용사를 제목으로 택한 것은 AKSE에 대한 나름대로의 비판적 의도가 내 무의식 속에 잠복해 있었기 때문이 아니었을까. 외국인이 한국을 연구할 경우 한동안은 한국적인 것(토속적인 것)에 흥미를 갖기가 십상이었다. 나는 이것이 못마땅했다. 나는 그런 경향을 향해 이렇게 외치고 싶었던 적이 있다. 한국문학을 자세히 보라고. 얼마나 한국인들은 세계인이 되고자 몸부림쳤는가를. 세계를 배우기 위해 얼마나 애썼는가를. 엘리엇을, 톨스토이를, 헤밍웨이를 배우고자 얼마나 노력했던가. 마르크스와 헤겔, 프로이트와 라캉을 배우고자 얼마나 노력했는가를. 요컨대 세계 시민이 되고자 노력했던 것. 잘 모르면서도 루카치조차 배우고자 했던 것.

만일 이러한 내 무의식적 의도가 전달되기만 했다면 북한 학자들의 불참으로 그쪽 동향을 알아보는 기회가 사라졌을지라도, 나는 만족해야 마땅하리라. 이 점을 점검할 방도가 없다 해도 어느 점에서는 만족할 만하다고 볼 수도 있으리라. 한국문학 전공의 젊은 학자도 여러 명 있었으니까 그런 추측은 가능하다. 그렇다면 노벨 도서관행은 어떻게 설명하면 적당할까. 지금 이 점에 대해 나는 잘 설명할 수 없다.

한국문학도 노벨상을 탈 수 있을까. 이런 물음은, 매년 10월 중순이면 한국의 모든 저널리즘이 한 번씩 크게 떠들게 되어 있다. 그럴 적마다 이 나라 작가들은 죄의식에 시달리지 않았을까. '우리는 왜 노벨상을 못 타는가'라는 강한 불만이 모든 저널리즘의 보도 속에 알게 모르게 깔려 있지 않았던가. 그럴 적마다 이런저런 변명이 자의적으로 주어졌다. 노벨상이란 서구인들끼리의 잔치라든가, 우리 문학의 수준은 높으나 문제는 번역에 있다든가, 혹은 국력에 비례한다든가, 심지어 로비에 달렸다는 주장도 머리를 들곤 한다. 모두 일리가 있는 지적들이리라. 나도 다른 사람들처럼 무슨 묘수가 있으리라고는 생각하지 않는다. 노벨상과 관계없이 다만 자신을 위해, 자기가 속한 공동체를 위해 최선을 다하는 작가만 있으면 그만 아니겠는가. 대부분의 노벨상은 그런 작가에게 주어지지 않았던가. 그럼에도 문득 이 장면에서 내 머리를 스치는 것은 무엇이었던가.

"우리나라도 이제 살 만하니, 고아 수출만은 안 할 수 없을까요?" 현지에서 만난 교포 모씨가 조금은 안타까운 듯 내게 조심스럽게 한 말이었다. 해외 입양아란 무엇인가. 덴마크에 1만여 명, 스웨덴에 8천 명, 네덜란드에 4천 명, 유럽 전체에 3만여 명이 있다는 것이다. 이미 어른이 된 사람들도 많으며, AKSE 대회에 참가한 사람도 그 속에 있었다. 모씨가 내게 보여준 것은 스웨덴에서 한때 베스트셀러였다는 책. 『피는 물보다 진하다』라는 제목의 이 책은 한국인 입양고아(1970년 부산 태생)의 자전기였다. 그 첫 줄이 이렇게 시작된다. "항상 내 곁에 맴돈다. 대답 없는 질문들이. 나는 누구인가?"라고. "이 책을 보는 것은 그 대답을 얻기 위해서가 아니다"라고. 그렇다면 무엇일까. 입양되었다(버림받았다)는 사실과 사랑받고 자랐다는 사실이 '상반관계'에 있지 않다는 사실을 적었다는 것. 피보다 진한 것도 있다는 것.

모씨가 무심코 던진 이 말이 내 머리에서 떠나지 않았다. 노벨 도서관을 찾기에 앞서 나는 그 책을 쓴 입양고아부터 찾아보아야 하지 않았을까. 그 다음에 노벨 도서관을 찾아가도 되지 않았을까. 적어도 순서는 그래야 옳지 않았을까. 나를 부끄럽게 한 것은 이것이었다.
　공항에 닿자 마중나온 G군이 젊은 작가 K군의 부음을 전하는 것이었다. 이번엔 그것이 나를 슬프게 했다.

# 태평양 연안 지역 한국문학 연구 현황
— PACKS 제4차 대회 참가기

## 1. IMF 속의 밴쿠버행

1998년 5월 9일(토). 싱가폴 항공의 밴쿠버행을 탔다. 오후 다섯시. 토요일이어서 그랬는지, 으레 그런지는 알기 어려우나, 좌우간 초만원이었다. 싱가폴에서 출발, 서울 경유의 이 노선이 이만하면 가히 황금노선이라 할 수 없을까. B747보다는 조금 작은 비행기(양측 2석, 중앙 6석)였다. 세계 항공사 중 최신형 기종을 가장 많이 보유하고 있다는 이 항공사의 안전도는 문외한이라도 조금 짐작할 수 있으나, 기내의 서비스나 기타는 수수한 편. 조금 별난 것은 좌석마다 각자 조종할 수 있는 화면 장치가 장착되어 있다는 점이라고나 할까. 매우 작은 화면이지만 7개의 영화를 선택할 수도 있을 만큼 복잡했고, 그런 대로 쓸 만한 장치여서 태평양 상공 10여 시간을 자주 잊기에 별로 모자람이 없었다. 또 하나, 전에 경험하지 못한 것으로서는, 특별식 제도. 채식주의자라든가 자국 고유음식을 고집하는 승객을 위한 이 제도(좌석 위에 스티커 붙이기로 표시)는 두 가지 맹점이 있어 보였다. 일반 승객보다 먼저 배식한다는 점이 그 하나. 다른 하나는, 이 점이 중요한데, 공복의 다른 승객들의 비위를 크게 상하게 한다는 사실. 칼레라든가 기타 별난 향신료로 된 이 특별식이 옆 좌석의 승객에겐 견디기 어려웠다. 홍콩계, 인도계, 말레이시아계 등등이 많았다. 어째서 밴쿠버행 승객이 이처럼 동양계 중심으로 되어 있을까. 이는 밴쿠버 이민사에다 물어볼 문제이겠지만, 홍콩 반환 문제와 맞물려 '홍쿠버'라는 말이 나돌았다는 풍문조차 들렸던 만큼, 이민사의 또다른 장이 펼쳐졌는지도 모를 일이긴 하다.

어째서 나는 밴쿠버행인가. 내겐 관광으로 무슨 매력을 가진 곳일 수도 없었고, 그렇다고 친지가 사는 곳도 아니었다. 더구나 이민자일 수도 없지 않는가. 그렇다면 사업관계인가. 그렇기는 하나 조금 별난 사업이다. 한국학 관계 학술회의가 5월 10일에서 12일까지 이 도시에서 열리기 때문이다.

한국학 관계 학술대회란 무엇인가. 여기에는 제법 긴 설명이 없을 수 없다. 정확히 말해 인문·사회학 중심의 한국학 관계를 가리킴이다. 또 하나, 한국 정부의 정식 지원하에서 진행된다는 사실. 이러한 대회의 첫번째 조직으로는 AKSE(The Association for Korean Studies in Europe)가 그 머리에 온다. 런던 대학(스킬렌드), 파리 7대학(이옥), 프랑스 학술진흥재단(CNRS, 부셰, 오랑주, 기유모즈), 라이든 대학(발라벤), 찰스 대학(부체크) 등이 중심이 되어 1976년 런던에서 창립된 AKSE는 정회원 백여 명을 가진 유럽에서의 한국학의 중심 조직으로 성장, 오늘에 이르고 있다. 내가 AKSE에 참가한 것은 제12차 대회(라이든 대학, 1988) 때부터이다. 그로부터 제13차(런던, 1989), 제14차(바르샤바, 1990), 제15차(프랑스 뒤르당, 1991), 제16차(베를린, 1993, 이때부터 격년제로 바뀜), 제17차(프라하, 1995), 제18차(스톡홀름, 1997) 등에 이르기까지 빠짐없이 나는 이 발표대회에 참가했다. 부셰 박사의 수준 높은 『구운몽』 연구, 무가에 대한 발라벤 교수의 논문, 스킬렌드 교수의 『심청전』 연구 등을 접할 수 있었을 뿐 아니라, 1989년 북한 학자 김하명(사회과학연구원 문학연구소장), 정흥교(사회과학원 문학연구실장), 류만(사회과학원 문학연구실장), 정성무(사회과학원 문학연구소장) 등을 만날 수 있었던 것도 AKSE가 지닌 매력의 하나였다. 김려의 민중서사시 「방주의 노래」, 조수삼의 민중서정시, 이상화, 한용운, 정지용 등의 조국애의 노래, 그리고 가극의 개척으로 세계 예술사에 기여했다는 『꽃 파는 처녀』 『피바다』 등에 대한 예술사적 의의 등이 여기서 발표되기도 했다. 남북한의 예술에 대한 견해차의 뚜렷함이 모종의 긴장감조차 유발하는 것이었다. AKSE의 매력은 물론 여기에 그치지 않았다. 매 대회 때마다 신진 학자들의 눈부신 등장도 빼놓을 수 없는 장면이 아니면 안 된다. 프라하 대회(1995) 때, 파리 고등사범 출신의 신예 학자가 「80년대 서울 '공간(空間)' 사랑에 대한 연구」를 발표했던 것은 그러한 사례의 하나이다.

AKSE가 이처럼 유럽 중심의 한국학 연구 조직체로 전통을 쌓아가는 동안, 이번엔 태평양 연안 중심의 또다른 한국학 연구체가 모색되기에 이른 바 있었다. 이른바 PACKS(The Pacific and Asia Conference on Korean Studies)가 그것. 1992년 하와이에서 첫번째 대회를 연 이래 격년제로 시작된 제2회는 도쿄(東京, 1994), 제3회는 시드니(1996)에서였다. 내가 PACKS에 참가한 것은 도쿄 대회 이후부터이다. 제4차 PACKS 대회가 바야흐로 밴쿠버에서 열리게 되어 있었고, 나는 지금 거기로 향해 달려가고 있지 않겠는가. 저마다의 고유한 색깔이 있고 명암이 있듯, 대체 PACKS가 지닌 매력은 무엇인가. 그것은 어떻게 형성되는 것일까.

2. 도쿄 대회 점묘

　도쿄 대회의 조직자는 간노 히루미(菅野裕臣) 교수(도쿄 외대 조선어문학과)였다. 아직 전통도 없고 틀도 만들어진 바 없기에 조직자 간노 교수가 서울을 방문, 이 대회의 조직 및 운영에 관해 이런저런 상의를 한 바 있었다. 명색이 한국학인지라 거기에는 응당 한국문학이 인문과학으로서는 역사학과 어학 다음으로 놓이게 마련이었다. 이 문학 분야에서 중간 조직자 몫을 한 학자에 사에쿠사 도시카즈(三枝壽勝, 도쿄 외대) 교수가 있다. 70년대 경희대학교에서 석사과정을 마친 사에쿠사 교수의 한국 근대문학에 대한 남다른 시각과 열정을 옆에서 조금 지켜본 나로서는 씨가 PACKS 도쿄 대회의 문학 분야 조직을 어떤 '특정 분야에 집중화시킴'으로 나왔다는 것은 놀랄 일이 아니었다. 씨는 그 구상을 내게 알려왔는데, '이광수론'이 그것이었다.
　이광수 문학이란 무엇인가. 사에쿠사 교수의 시선에서 보면 그것은 현해탄을 사이에 둔 한·일 양국에 걸린 하나의 시금석이 아니었을까. 이쪽에서 보아도 그러하지만, 저쪽에서 보아도 그러한 존재, 부정적이든 긍정적이든 하나의 시금석으로 놓인 존재이기에, 한·일 양쪽에서 논의될 수 있는 최적의 존재라는 것. 적어도 공통된 논의점을 이룰 수 있는 대상이어야 한다는 사에쿠사 교수의 이러한 제안(제1부)에 내가 선뜻 동의한 것은 웬 까닭이었을까. 한·일 양국의 공통 토의과제란 따지고 보면 한둘이 아니다. 김동인도, 염상섭도 있고, 더욱이 KAPF와 NAPF에 이르면 그 밀도가 헤아리기 어려울 만큼 높지 않겠는가. 뿐만 아니라 저 악명 높은 대동아공영권을 둘러싼 교토 학파(京都學派)와의 관련 및 동양사론과 동양 고전(자국 고전에 대한 미학적 지향성)에 대한 열기를 문제삼는다면 훨씬 그 논의의 심도가 보장될 수 있는 일. 그럼에도 '이광수론'에 주목한 것은, PACKS가 이제 겨우 걸음마를 뗀 사실로써 대체로 해명된다. 걸음마 단계의 한·일 양국의 공통과제란, 범속한 이광수 문학 및 그 인간이어야 한다는 것.

그래야 논의의 공통점이 있다는 것. 각자의 개별적 주제의 발표는 별개로 설정(제2부)하여 거기서 소화하면 된다는 것이었다.

여기에는 사에쿠사 교수의 개인적 체험도 포함되었음이 지적될 수 있다. 이광수 탄생 백주년(1992) 기념 심포지움이 서울에서 열렸을 때, 외국인 논문 발표자로 참가한 학자가 사에쿠사 교수였다. 씨는 이미 「『무정』에 있어서의 유형적 요소에 대하여」(『조선학보』 117집), 「이광수와 불교」(『조선학보』 137집) 등을 쓴 바 있기에 씨가 '시대 상황과 이광수'라는 제목의 발표를 한 것은 별로 놀랄 것이 못 되었다. 그만큼 씨의 학자적 엄밀성과 비판정신의 특출함을 이미 증명해 보였기 때문이다. 이 발표엔 또다른 의의가 있었는데, 다름아닌 일본인의 시각이라는 점. "필자가 한국어를 배우기 시작했을 때부터 가장 궁금한 존재가 이광수였다"라고 시작되는 발표문에서 보듯, 사에쿠사 교수에 있어 이광수는 단순한 문인이기보다는 '대표적인 한국인'이었다. 씨를 중심으로 한 연구 모임에서 하타노 세츠코(波田野節子) 씨의 「이광수의 민족주의 사상과 진화론」 같은 논문도 나온 바 있었다. PACKS 도쿄 대회 문학 분야는 '이광수론'을 주제로 함이 어떻겠느냐는 사에쿠사 교수의 제안은 이런 문맥에 놓이는 것이었다.

1994년 7월 26~28일 도쿄도(東京都) 지요다구(千代田區) 간다(神田)에 있는 간다 외국어 학원에서 열린 이광수론 발표 대회는 서경석(대구대) 교수의 「이광수의 초기 소설」, 평론가 서영채씨의 「이광수의 사상에 대한 한 고찰」, 하타노 씨의 「『무정』에 있어서의 등장인물의 심리묘사에 대하여」, 그리고 나의 「동학에 관한 이광수의 기억에 대하여」 등이었다. 사회자는 사에쿠사 교수.

'이광수 전집에 대한 몇 개의 주석'이라 부제를 단 이 글에서 내가 밝히고자 한 것은 아주 사소한 문제에 지나지 않았다. 마침 동학혁명 백주년을 맞아 동학 재평가의 열기가 고조된 시점이기도 했다. 이광수와 동학의 관계란 각별한 것이었다. 『이광수와 그의 시대』를 집필하면서 내가 느낀 실감이기도 했기에 이번 기회에 『무정』 속에 나타난 동학에 관한 이광수의 태도를 살펴보고자 했다. 11세에 고아가 되어 동가식 서가숙하던 이광수를 거두고, 사람 대접(人乃天)을 해주며 가르치기도 했던 은인이 동학의 접주 박찬명 대령이었다. 동학과의 인연으로 말미암아 그는 동학이 주선한 일본 유학에 나아갈 수 있었을 뿐만 아니라, 자기 고백대로 개인의 이익보다 더 큰 것이 있다는 점(민족주의)을 배울 수가 있었다. 그런데 그의 대표작이자 이 나라 근대 소설의 머리에 놓이는 『무정』(1917)에는 쉽사리 이해되기 어려운 동학에 대한 장면이 들어 있어, 이광수와 동학의 관계를 겉으로만 조금 아는 독자들을 당황하게 하기에 모자람이 없다. 곧 박 진사의 고명딸인 13세의 영채를 겁탈하려 달려든 자가 다름아닌 동학패였다는 점이 그것. 『무정』에서 직접 다음 두 가지를 인용해보기로 한다.

    (가) 박 진사는 즉시 머리를 깎고 검은 옷을 입고 아들들도 그렇게 시켰다. 머리 깎고 검은 옷 입은 것이 그때치고는 대대적 대용단이다. 이는 사천여 년 내려오던 굳은 습관을 다 깨뜨려버리고 온전히 새것을 취하여 나아간다는 표다.(『이광수 전집』제1권, 우신사 판, 21쪽)

'머리를 깎고 검은 옷 입기'란 무엇인가. 이는 박 진사가 동학도임을 막바로 가리킴이다. 체일중의 동학 최고지도자 손병희가 일본에서 지령한 진보회 회원의 표상(진보회 강령 제9항)이었기 때문이다. 박진사가 단순히 자각한 유생이 아님을 이로써 알 수 있다. 고도의 정치적 감각을 지닌 손병희는 이용구로 하여금 동학은 전력을 다해 러·일전쟁시 일본군을 도우라는 지령을 내렸음은 물론이다. 진보회가 마침내 일진회와 합류, 동학의 파탄에 이르게 된 것, 이용구의 배신에 직면한 손병희가 동학을 포기, 천도교로 명칭을 바꾸지 않으면 안 되었다(1905. 12. 1)는 것 등은 역사적 사실이다. 『무정』에 나오는, 어린 영채를 겁탈하려 달려든 동학 폐거리란 이 혼란 속에서 일어난 사건이다.

(나) 그러나 갑진년에 동학의 세력이 창궐하여 무식한 농사꾼들도 머리를 깎고 탕건을 쓰면 호랑이같이 무섭던 원님도 감히 건드리지 못하였다. 이 악한(영채를 겁탈하고자 덤빈 자— 인용자)도 그 세력이 부러워 곧 동학에 입도하고 여간 전래의 논밭을 다 팔아 동학에 바치고 그만 의식이 말유한 가난한 사람이 되고 말았다.(『이광수 전집』제1권, 30쪽)

일본군의 압력으로 정부의 동학 탄압이 중지되자 40년간 지하조직으로 지낸 '단발흑의(斷髮黑衣)'의 동학도가 햇빛을 받게 되어, 무려 20만(1904. 10. 15)에 육박했으며, 그들의 행패가 이렇게 보도되어 있을 정도였다.

13도의 모든 군에서 동학당이라고도 하고 혹은 진보회라고도 하면서 도처에서 봉기하며 그 지방을 둘러싸고 모여 있으니 아 슬프도다. 이들은 어떠한 무리들이기에 우리나라가 문득 막혀서 백성들의 생명이 위태롭게 살해되는 것이냐.(황성신문, 1904. 10. 15)

이 자리에는 '조선문학의 모임'의 대표격인 오무라(大村益夫) 교수도 참석, 소감을 피력한 바 있었다.
문학 부분의 일반논문 발표(제2부)는 내가 사회자로 지명되어 진행되었는데, 조동일(서울대)의「한국문학사, 동아시아문학사, 세계문학사의 상관관계」, 이선영(연세대)의「1930년대 한국소설과 근대성 문제」, 조남현(서울대)의「유진오와 이효석 비교」, 정호웅(영남대)의「한국 역사소설의 인물 성격의 특성」, 최동호(고려대)의「한산시와 한국현대시」등이었다.
이 자리에서 벌어진 사에쿠사 교수의 세계문학에 대한 견해와 질의가 퍽 인상적이었다.

### 3. 시드니 대회 점묘

PACKS 제3차 대회는 1996년 7월 1일부터 4일까지 시드니 대학에서 열렸다. 규모면에서나 내용면에서나, 도쿄 대회에 못지않았고, 대회 운용면에서도 그러하였다. 대회 조직자는 이상억(서울대) 교수. 교환교수로 삼 년째 시드니 대학에 머물고 있는 이상억 교수의 개회사가 돋보였다.

　신사 숙녀 여러분! 이곳 호주에 오신 것을 환영합니다. 호주에는 다음 세 가지 보호받아야 될 K자를 가진 사항이 있습니다. Kangaroos (캥거루), Koalas(코알라), Korean Studies(한국학)가 그것들입니다.

영국 본바닥 옥스퍼드나 캠브리지 대학의 캠퍼스를 모방하여 지은 시드니 대학 석조 건물 이층 본관 맥로린 홀(Mclaurin Hall)을 울리는 이 교수의 목소리에 힘이 실릴 수 있었던 것은, 생각건대 한국이 호주의 교역 상대국 중 제2위에 놓인다는 사실에서 말미암지 않았을까.

　문득 이 장면에서 내 머리를 스치는 것은 1989년 11월 캔버라에서 만난 현지 한국 대사의 목소리였다. 한·호 포럼 제1차 회의(1989년 11월 20~22일)에 참석차 캔버라에 머물고 있을 때였다. 일행을 맞은 대사 왈, 이곳 대사관의 주된 임무가 통상관계라는 것. 대사 자신이 상공부 출신이라는 것. 호주엔 통상부가 따로 없고 외무·통상부라는 것.

　한·호 포럼에서 내가 발표한 논문은, 한국의 문화정책 방향에 대한 것이었다. 내가 그런 대단한 의견을 가졌던 것이 아니라, 이 나라가 그 동안 주로 해온 문학관계의 해외 선양 방향에 지나지 않았다. 호주 수상의 방한과 노태우 대통령의 호주 방문에서 체결된 작은 기구로 한·호 포럼이 이루어진 바 있었다. 한·호 포럼의 첫번째 회의가 시드니에서, 그 다음은 서울로 되어 있었다. 자원을 수출하는 호주와, 일본 다음의 자원 수입국인 한국이기에 문화 쪽의 교류도 추진하기로 한 것이 한·호 포럼의 설립 취지였다. 문학인 내 상대역으로는 C. 맥그리거(Mcgreger) 교수였다. 시드니 기술 대학 디자인학과 과장이자 소설가이기도 한 씨의 발표문은 내 것과는 너무도 달라 당황하지 않을 수 없었다. "당신의 발표문은 너무 아카데믹하여 답답하다"는 것이 내게 던진 첫마디였다. 한편 그의 발표문은 어떠했던가. 색깔, 소리, 디자인, 그리고 포크 댄스 등 실로 얼룩덜룩한 무늬로 짜여진 것이었다. 이러한 현상은 어디서 말미암았을까. 일목요연한 해답이 주어진다. 우리에겐 긴 전통문화가 있음에 비해 호주엔 캥거루와 코알라만 있다는 것으로 이 사정이 요약된다. 이제 캥거루, 코알라와 동급에 한국학이 놓인 셈이라고나 할까.

내게 말해보라면, 시드니 대회는 문학 분야가 매우 빈약했다. 어학 부분이 지나치게 비대했음과 너무나 대조적이었는데, 그럴 만한 이유가 따로 있었다. 그 무렵 호주에서는 언어학 대회가 따로 열릴 예정이어서, 양쪽 대회 참석자를 고려한 주최측의 배려에서 말미암은 것이었다.

빈약한 문학 분야라 했으나, 그것은 단지 양적인 문제. 질적으로는 어느 대회에 못지않았다. A. 페도토프(소피아 대학 출신, 정신문화원 연구생)의 「한국 민화 속의 수목 신앙」, Chan E. 박(오하이오 대학) 교수의 「판소리의 서창조(敍唱調)에 관하여」 등이 이색적이었다. 특히 후자는 즉석에서 판소리를 연출함으로써 그 음악성의 어떠함을 보여주었고, 그 실천적 통찰에 묘한 매력을 풍기는 것이었다.

이성일(연세대) 교수의 「윤동주 시에 있어서의 죽음의식」은 독창적 평론일 뿐 아니라, 영어로 씌어진 윤동주론의 백미라 할 만했다. '어째서 윤동주 시에서 죽음의식이 지배적인 요소로 작동하고 있는가'와 '윤동주 시의 중심점이 죽음의식에 있다'가 별개의 것이긴 해도, 이 둘은 서로 빛을 던지지 않는다면 별 의미가 없는 법. 이 교수의 강점은 후자의 천착에 있었다.

조동일(서울대) 교수의 「이웃 지역과 비교해본 한국문학사 속의 서사무가」는, 조 교수가 개척하고 있는 큰 주제에 포함되는 것. 『한국문학통사』(전5권)를 끝낸 조 교수의 관심이 동북아문학사에로 향한 것은 그 논리 발전상 자연스런 일이라 할 것이다. 이런 논리로 나아간다면 세계문학사 모색에 닿을 것으로 예상되어, 조 교수의 착상의 패기를 엿보게 한다.

중국 쪽에서는 웨이 쉬성(韋旭昇, 베이징대 교수)의 「조수삼의 시에 대하여」였다. 조수삼(趙秀三, 1762~1849)은 서자 출신의 한시(「北行百絶」)를 주로 쓴 향토 시인. 북한문학사에서는, 이 조수삼의 시를 발굴의 형식으로 크게 내세운 바 있다. '서민의 서정시' 라는 것이 그 이유였다. 웨이 쉬성 교수는 이를 소재 수준에서 논의하는 인상을 주었다. 한편 임명덕(林明德, 대만 문화대학) 교수의 「한·중 양국의 신화 속에 나타나는 황제맞이 방식에 대하여」는 어떠했던가. 임 교수는 나와도 면식이 있었다. 서울대학교에서 임 교수가 공부를 했기 때문이다.(그는 서울대학교에서 외국인으로는 고전문학 분야에서 처음으로 학위를 받은 학자이다.)

내가 발표한 것은 「1930년대 한국 역사소설의 네 유형」이었다. (1)『임꺽정』형, (2)『무영탑』형, (3)『금삼의 피』형, (4)『젊은 그들』형 등을 정리한 것. 역사와 문학의 관련성에 대한 해명과 아울러 30년대의 시대성을 부각고자 한 데 그 목적이 있었다.

앞에서도 잠깐 엿보았지만 캥거루와 코알라만 있는 나라, 거기 한국학이 끼어 있는 형국으로 PACKS 제3차 대회를 기술할 수 있었다. 여기에다 힘을 보태어준 것은 현지 시인 윤필영(동아일보 호주지국 논설위원)씨의 조언이었다. 씨는 〈세계는 지금〉(KBS) 촬영팀을 안내하여 원주민 소개에 참가하는 한편 호주의 문학 안내도 겸하고 있었다. 씨의 안내로 호주가 얼마나 문화(문학)에 목말라하는가를 보여주는

PACKS 제3회 시드니, 1996. 7.

현장을 답파할 수 있었음은 지금 생각해보아도 내겐 다행이었다. 그것은 다음 두 가지로 요약된다. 하나는 캥거루만 있는 이 땅에 처음으로 그림을 그린 화가, 방랑하는 시인들을 기리기 위해 곳곳에 세운 동상과 박물관의 그림들이 그것. 기껏해야 백 년도 못 되는 이주민 백인 화가 및 방랑시인들의 글이나 행적이란, 당시로 보면 영락없는 기인이자 거지들이지만, 이곳 문화의 뿌리란 그것밖에 없기에 오늘의 처지에서 보면 성스러운 존재가 아닐 수 없다는 것. 조개껍질형 음악당이 바라보이는 이쪽 공원에서 제일 눈에 잘 띄는 곳에 방랑시인 M. 로손(Lawson, 1867~1922)의 동상이 거창하게 세워져 있음이 이를 잘 말해준다.

다른 하나는, 이 점이 내게는 썩 인상적이거니와, 노벨 문학상 수상자 페트릭 화이트(P. White)에 관한 것. 1973년도 노벨 문학상이 호주에 주어진 것은 이것이 처음이다. 70년대에 접어들어 노벨상이 변화되었음은 모두가 아는 일. 이른바 전위문학으로 그 취향이 기울어진 것이다. 화이트의 수상은 두 가지 점에서 특이했는데, 하나는 낯선 문학이라는 점. 다른 하나는 소외된 지역 호주 출신이라는 점. 이어서 마르케스, 옥타비오 파스 등이 수상을 했다.

　호주에서 첫 수상자가 된 화이트의 대표작은 『태풍의 눈』으로 알려져 있다. 양친의 여행 도중 런던에서 태어난 그는 캠브리지 대학에서 수학, 제2차 대전 때는 영국 공군에서도 활약했고, 귀국하여 시드니에 안주한 것은 1948년이다. 변경의식에 사로잡힌 호주문학의 전통에서 벗어나 개인의 문제를 다룸으로써 새로운 작가로 부상한 그의 면목이 드러난 것은 이른바 동성애에 관한 것. 그가 죽었을 때(1993) 호주 전 언론이 침묵을 지킨 것도 이와 관련이 있었다. 세계가 아는 바와 같이, 시드니는 세계 동성애자의 중심지. 시내 곳곳에 동성애 깃발이 꽂힌 주점이 즐비해 있는 곳. 이 동성애자의 최고지도자의 하나가 바로 작가 화이트였다. KBS〈세계는 지금〉팀과 화이트의 집을 찾아간 것도 이와 관련이 있다. 세계 3대 미항으로 소문난 시드니 시내 동부에 위치한 호수 공원 언덕 위 고급 주택지에 그가 살았던 저택이 있었다. 현지인 설명에 따른다면 지금은 미망인(희랍인 동성애자)이 살고 있다는 것. 주인 허락 없이는 접근이 금지되어 있었다. 매년 이 도시에서 열리는 세계 동성애자들의 축제 기간엔 이 집이 성소 공간으로 변할 만한 것이었다. 대체 동성애란 무엇인가. 그것 자체에 대해서 나는 아는 바가 별로 없다. 다만 그것이 '인간이란 무엇인가' 라는 물음에서 도출되었음을 짐작할 수 있을 따름이다. 문학이 이에 관여됨은 자연스런 일이 아닐까. 이른바 '타자' 개념의 소멸 장소가 그것. 헤겔주의에 대한 도전이라고나 할까. '타자' 가 마모되어 '자기' 와 거의 무한히 접근된 상태에 이르기야말로 '나' 의 영원한 염원이 아니겠는가. 이런 시선에 선다면, 동성애 주제야말로 문학적 매력의 대상이 아닐까. 심도 있게 '자기' 와 마주칠 수 있는 장소로서의 의미가 그것. KBS팀과 더불어 호주의 일등 관광지 '블루 마운틴' 계곡에 있는 호주 작가촌까지 찾아간 것은 웬 까닭이었을까. 캥거루도 코알라도 보호되어 마땅한 땅이지만 화이트도 동성애도 보호받아야 될 그러한 땅으로 블루 마운틴이 있었고, 손님들에게 손수 만든 딸기 잼을 선물로 주는 길가 찻집도 있었다. 그 옆으로 한국문학이 잠시 머물다 지나갔다.

### 4. U. B. C.의 한국학 연구소

 제4차 PACKS의 주관처는 브리티시 콜럼비아 대학(UBC)의 아시아 연구소 소속 한국학 연구소였다. 학부생 2만 7천2백 명, 대학원생 6천백 명 규모의 거대한 캠퍼스로 되어 있는 UBC(두번째로 이곳에 온 김우창 교수는 많이 다녀보지는 못했으나 이처럼 크고 아름다운 캠퍼스는 처음 보았다 했다)는 그 남쪽 끝에 이른바 아시아 광장이 있고 거기 아시아 연구소가 있었다. 도서관, 니토베(新渡戶稻造, 일본의 인류학자) 정원(일본식), 그리고 새로 만든 C. K. 채(蔡) 빌딩(1996)이 있었다. 중국계 채씨가 기증한 이 건물 입구에는 공자의 가르침을 새긴 제법 큰 돌비석 넷이 서 있어 인상적이었다.

仁：立身行道 愛己愛人 儒門至本 大孝尊親
義：毋偏毋頗 處事得宜 尊賢容衆 正直無私
智：見於未萌 能周萬物 辨別是非 有文有賢
信：五德齊備 信居中央 守之弗失 福澤攸長
禮：禮儀三百 威儀三千 規規矩矩 可以自立

 5천 파운드에 이르는 돌에 새긴 이 한자가 압도하는 힘이 아시아 연구소를 에워싸고 있었다. 그 아래 깨알같이 번역해놓은 미미한 영어 문장이란 새삼 무엇이겠는가. 마츠자키(松崎), 라이트 건축소의 설계로 만들어진 이 입구의 상징물은, 니토베 정원 및 도서관 입구의 두보(杜甫)의 시와 더불어 아시아의 중심부가 중국과 일본임을 새삼

UBC의 아시아연구센터 입구의 돌

증거하고 있는 형국이었다. 그 옆에 한국학 연구소가 어깨를 나란히 하고 서 있었다.

  한국학 연구소가 만들어진 것은 1993년 삼미그룹, 포항제철, 밴쿠버 한인회 등의 원조에 의해 가능했다. 물론 UBC에서의 환태평양 연구에서 한국학이 빠지지는 않았으나 한국학 연구가 제법 본격적으로 그 자리를 굳힌 것은 한국학술진흥재단의 원조(1982)에 의해서이다. 본국에서 교수를 파견하기도 하고 재정적 지원도 했기에 한국학 연구가 나름대로 체제를 갖추어 지금은 소장 장윤식(張允植) 교수를 비롯, R. 킹, D. 베이커, 이성수, 허남린 등 15명의 교수 요원이 확보되어 있다. 이 연구소가 대학원 과정을 운용하고 있음도 교수 요원 규모로 능히 짐작할 수 있다. 대회를 치를 만한 곳이었다. 이번 대회의 조직 책임자는 장윤식(인류·사회학) 교수이며 사무국장은 로스 킹(한국학) 조교수. 내겐 모두 구면이었다. 시드니 대회에서 나는 장 교수를 보았고 AKSE 스톡홀름 대회(제18차, 1997)에서도 씨를 만났다. AKSE 대회에서는 그 아우격인 PACKS의 대표자(다음 대회 조직자)를 초청하게 되어 있었다.(PACKS도 같은 방식으로 AKSE 대표를 초청하기 마련이었다. AKSE 회장 발라벤 교수 대신, 프로바인(Provine, 영국 드럼 대학)

교수가 이번 대회에 왔었다.) AKSE 대회가 부활절 휴가 기간으로 고정되어 있음에 비해, PACKS는 3회까지는 7월중에 열렸으나 이번 대회만은 5월 초순에 치러졌다. 장 교수 고충이 따로 있었는데, 그것은 밴쿠버가 관광지라는 사실에서 왔다. 성수기의 이곳은 항공편은 물론 숙박시설 또한 난감하기 짝이 없다는 것. 그러나 정작 난감한 것은 우리 국내 사정에서 왔다. IMF 한파가 그것. PACKS 대회를 하느냐 마느냐의 고비에 직면했고, 겨우 하는 쪽으로 기울어진 것은 1월도 거의 지난 무렵이었다. 주최측의 고민이 어떠했는가도 이로써 짐작할 수 있었다.

## 5. 문학 분야 (1) — 한국전쟁과 소설

이번 대회에는 어학 분야가 대폭 축소된 반면 문학 분야가 확대되었다.

문학 분야 (1)은 내가 사회자로 된 「한국문학과 한국전쟁」. 첫번째 논문이 서경석(대구대) 교수의 「『전선』과 『태백산맥』의 비교론」이었다. 6·25를 다룬 북한의 작품으로 이장후의 장편 『전선』, 남한의 그것으로 조정래의 『태백산맥』을 들고, 이 둘을 비교 검토함으로써 남북한 문학의 동질성과 이질성을 이끌어내고자 한 것. 새로운 시도라 할 만했다.

정호웅(홍익대) 교수의 「한국전쟁에 대한 소설사적 접근」. 종래의 전쟁문학이 (1) 이념적 이분법, (2) 소박한 휴머니즘, (3) 배경으로서의 6·25로 시종했음을 비판하고, 이를 넘어서기 위해 새로운 시선이 요망된다는 것이 이 논문의 요지였다. 정 교수의 주장에 따른다면 80년대 이후의 전쟁문학은 (1) 사회사적 시선이라는 것, (2) 일상사 속의 사건으로 취급되었다는 것, (3) 6·25가 인간의 극한 상황으로 묘사되었다는 것, (4) 극단적 폭력 일반성으로 그려진다는 것. 요컨대

6·25란, 아직도 여전히 이 나라 문학자의 도전장으로 놓여 있다는 것이다.

서영채(한신대) 교수의 발표문은 「6·25와 임철우 광주 문제―임철우의 『봄날』에 대하여」였다. 제목이 말해주듯 광주 문제가 큰 사건으로 육박해온 80년대 이후의 이 나라 소설적 상황을 문제삼은 이 발표문에서 서 교수가 강조한 것은 장편『봄날』(전5권)이 지닌 소설적 형상화에 있었다. 『봄날』(1997)이 최신작임을 염두에 둔다면 이 발표문의 참신성이 돋보일 수밖에 없지 않았을까.

내 발표문은「남북한 현대문학사 기술 방향에 대한 한 시도」였다. 해방 이후 각각 다른 방향으로 뻗어나간 양쪽 문학사를 (1) 어떻게 이해할 것인가, (2) 이를 통합 기술할 수 있는 방도는 없는 것인가를 모색한 것이 이 발표문이 겨냥한 바였다. 이러한 겨냥이 가능하기 위해서는 무엇보다 북쪽 문학 50년사의 파악이 불가피한 법. 내가 파악하기로는 북한문학 50년사는 (가) 1945~1967년에 걸치는 20여 년과, (나) 그 이후의 오늘날까지로 양분된다. 전자의 문학사적 의의가 구 카프계(한설야)의 주도로 진행되었다는 점에서 파악되어야 한다면 후자의 그것은 이른바 주체문학론으로 파악될 성질의 것. 그러나 이 두 사상사적 흐름은 그 자체 내에서 하나의 합일점이랄까 교차점을 내포하고 있었는데, 김정일이 쓴「주체문학론」(1992)이 바로 그것. 김일성 사망 두 해 전에 나온 이 책이 지닌 의의는 매우 선명하여 인상적이었다. 시선에 따라서는 주체문학론 등장으로 숙청되거나 밑으로 깔린 카프문학의 전통을 이 책에서는 다시 살려야 한다는 논조로 보이기까지 했다. 주체문학론의 한계를 김정일 자신이 분명히 한 것으로 이 장면을 해석할 수 있다. 숙청된 한설야계의 복권을 의미하는 이러한 논지에서 주목되는 것은, 문학사의 연속성에 대한 나름대로의 재조정으로 볼 수 있다는 점.

이에 발맞춤이라도 한 듯, 최고기관인 사회과학원 문학연구소에서는 현대문학사를 시기별로 재집필하고 있었다. 내게 제일 궁금한 것

PACKS 제4회 밴쿠버, 1998. 7. 정호웅, 필자, 서경석, 서영채 교수(왼쪽부터)

은 이 재집필해가는 시리즈 중 카프문학 부분이 아닐 수 없었다. 집필자는 류만(사회과학원 문학연구실장)씨였다. 나는 씨가 부박사 시절(지금은 박사) 바르샤바(1990년 AKSE 대회)에서 만난 적이 있다. 그러나 어쩐 일인지 제9권째로 계획된 이 책이 제11권(1994. 3)이 나온 시점에서도 간행되지 않고 있었다. 오정애 집필의 『조선문학사(10)』(1994. 2), 정명옥, 이근실, 김선려 집필의 제11권이 나왔음에도 아직 제9권이 안 나온 이유는 무엇인가. 평소 카프에 큰 관심을 갖고 있던 나로서는 조금 초조해지지 않을 수 없었다. 모종의 어려움 때문이었을까. 류만씨가 쓴 제9권(1995. 6)이 드디어 간행되었을 때 내가 다소 흥분했음도 사실이다. 앞에서 쓴 김정일의 「주체문학론」의 논지를 충실히 이행했음이 한눈에 들어오지 않겠는가.

프롤레타리아 문학은 민족문학의 고유한 특성을 살리어 우리 인민의 민족적 감정과 지향에 맞는 우수한 형식을 창조하였으며, 우리나라의 선행한 사실주의 문학의 제한성에서 벗어나 생활을 역사적 구체성 속

에서 진실하게 그림으로써 사상예술적으로 높은 수준에 이르렀다.(과학백과사전 종합출판사, 28쪽)

주체문학론이 쇠약해질수록 카프문학이 부상해 올라온 것임은 이로써 짐작할 수 있다. 주체문학론→카프문학론→애국계몽주의→실학사상(비판적 사실주의) 등의 문학사적 맥락이 이 시점에서 성립되고 있지 않았을까. 물론 카프문학의 제약점도 짚어내지 않을 수 없다고 류만씨는 주장한다. '위대한 당의 영도를 받지 못했다'는 것이 그것.

만일 당이 무너진다면, 또는 당의 지도력이 쇠약해진다면 어떻게 될까. 내가 제기하고자 한 문제점은 바로 이 부근에 있었다. 통일 문제가 바로 그것. 통일의 장면에서 단일 문학사의 구상은 어떠할까. 두 개의 계기를 문제삼을 것이다.

하나는 해방공간에서 요란하게 울렸던 '민족·계급 모순' 논쟁에 관한 것. 임화(남로당)도 안함광(북로당)도 이 과제에 골몰, 겨우 찾아낸 길이 '민족해방 없이는 계급해방 없다'는 명제였다. 그러나 오늘의 시점에서 보면 어떠할까. 노동계급독재(국가 사회주의)가 무너진 마당에 이 명제가 지닌 의의란 무엇이겠는가.

다른 하나는 카프문학에 관한 것. 남북한문학이 카프문학에로 후퇴하여 그 시점에서 위로는 개화기, 아래로는 해방공간으로 나아가기에 관한 것.

통일문학사의 구상은 어떻게 가능한가. 이 화두에 매달린다면 위의 두 가지 명제에서 쉽사리 벗어날 수 없을 것이다. 조금 구체적으로 말하면, 남북학자의 공통된 시발점을 카프문학에다 둘 경우 논의의 유연성이 획득되지 않겠는가. 내가 이 발표문에서 암시하고 싶은 것이 이 점에 있었다.(1997년도 안동 대학교의 통일 문제 심포지움에서도 나는 이런 논지를 편 바 있었다.)

## 6. 문학 분야 (2)(3) — 한국 근대소설의 문제점들

문학 분야 (2)는 김우창(고려대) 교수의 사회로 진행된 '식민지 기간 한국 근대소설의 근대성 문제'였다.

첫번째 발표자는 이승희(워싱턴대) 교수의 「김남천의 전향 문학」. 이 나라 근대문학의 터전을 놓은 이광수의 손녀인 이 교수(하버드대 출신)는 일찍이 서울대에서 한 학기 동안 내 강의를 청강한 바도 있거니와, 이번 발표는 다소 대담한 것으로 내겐 느껴졌다. 대체로 한국 근대문학 전공의 외국인들의 접근 방법은 한국적(토속주의)인 소재에 기울거나 여성적 문제성에 편향되는 경향임에 비해 이씨의 이 논문은 과감히 한국 근대문학의 핵심에 정면으로 도전해온 것이었다. 말을 바꾸면 이승희 교수는 본국 대학원 국문과의 자리에 서 있는 형국이라 할까.

임화, 한설야, 이기영과 더불어 김남천은 단연 문제적 작가가 아닐 수 없다. 안막, 한식과 더불어 카프의 소장파(동경지부 출신) 출신인 김남천이 카프문학에 두각을 드러낸 것은 '물 논쟁'(1933)부터이다. 재건공산당 사건(1931)에 연루된 카프 문인 17명 중 김남천만이 기소되어(평양 고무공장 파업 사건 관련) 일 년 반의 옥고를 치렀고, 이 옥중 체험을 작품화한 것이 단편 「물!」(1933)이었다. 이념보다 생리적인 것이 앞선다는 이 작품에 카프 서기장 임화의 비판이 가해졌고, 이에 대한 김남천의 반론이 나왔으나, 운동권의 논리에 따른다면 김남천의 패배가 아니면 안 되었다. 그러나 이 물 논쟁이 일으킨 의의는 뚜렷한데, '이론과 실천'의 해석에 관한 한 가지 시금석 몫을 던졌음에서이다. 또하나 김남천이 던진 문제점은 루카치의 소설론을 처음으로 어느 수준에서 소화했다는 사실에서 찾을 것이다. 평론 「소설의 운명」(1940)은 장편 『대하』(1939)와 더불어 문제적이었다.

이러한 것들이 카프의 내부와 관련된 문제계라면, 김남천이 제기한 전향론은 실로 전 문단적인 문제계에 속한 것이었다. 카프문학의 전향이란, 카프문학 내부의 과제에서 벗어나 이 나라 문학사 전체에 걸리는 것이었다. 이론과 창작(실천)에 민감히 반응하던 김남천의 행보가 주목되었음은 이런 문맥에서이다. 그의 단편 「등불」(1941), 일본어로 쓴 소설 「어떤 아침」(1943) 등에서 그는 카프문학에서 벗어나 친일문학으로 전향하지 않을 수 없는 최소한의 타협점을 모색한 문인이었다. 이승희 교수가 김남천의 전향을 문제삼은 것은 이러한 국내 연구진의 것과는 달리, '전향문학'이란 범주 설정에서 출발한 것이었다. 전향문학이란 무엇인가. 이 교수의 전제에는 일본문학에서 말하는 '전향문학' 개념이 전제되어 있었다. 서슴없이 이 교수는 '덴코(轉向)'라는 일본식 표기로 나왔다. 일본의 전향문학과 비교할 때 김남천의 그것은 어떠한가. 이 논의에서 이 교수의 논점 제시의 비중이 일본의 전향사상 배경에 기울어졌음에 주목할 것이다. 물론 이 교수의 결론은 온당한 것이었다. 김남천의 전향문학은 일제의 이념이기보다는 한국 민족주의의 표현(Kim Namchŏn wrote tenko literature that expressed korean nationalism rather than Japanese imperial ideology)이라는 것. 이 교수의 이러한 연구 주제를 두고 착상의 당당함이라 부를 수도 있다는 느낌을 내가 물리치기 어려웠던 것은 웬 까닭일까.

두번째 발표자는 '누구를 위한 한국문학사인가'라는 당돌한 제목, 발표자는 서 캐롤라인(칼레몬트 멕켄나 대학, 미국) 씨. 한국명 서경린. 한국 근대문학(1910~1945)을 통틀어 그 문학의 주체가 남성 일변도라는 것. 이를 여성 쪽에서 재조정할 수는 없는가. 이러한 문제 제기엔 참신성이 깃들고 있음에 틀림없다. 그렇지만 그 방법론은 무엇인가. 이 점에 있어서는 발표자도 분명한 모델을 제시하지는 못하였다. 금후 연구과제로 보였다.

세번째의 것은 김영희(하와이대) 교수의 「일제 강점기의 '신여성'에 관하여」. 김 교수와의 첫 대면은 지난해 스톡홀름(AKSE 18차 대회)에서였다. 「이광수의 여성관」에 관한 것으로 발표를 했기에 내겐 친근한 것이었는데, 이번 발표 역시 여성주의에 관한 것이어서 씨의 관심의 방향을 짐작케 했다. 이번 발표에는 두 가지가 주목되었다. 하나는 많은 사진 자료의 활용. 신여성에 관한 자료의 광범한 수집과 이에 대한 해석이 여성 풍속사의 일환으로 전개되었다는 점. 다른 하나는, 이 점이 중요하거니와, 신여성의 실체 파악의 중심부가 예술가에 한정되었다는 점. 김명순, 나혜석, 김원주(일엽) 등으로 신여성을 대표시켰다는 것은 무엇을 뜻하는 것일까. '신여성'이란 물론 당시 저널리즘에서 사용된 용어로 이른바 '모보'(모던 보이)에 대한 '모거'(모던 걸)를 가리킴이다. 새로운 서양식 근대교육을 외국(일본)이나 국내에서 받고, 그것에 상응하는 위상과 몸짓 및 언어를 사용하며, 그들의 이념의 하나인 '자유 연애'를 실천하는 신여성의 대표적 존재가 예술가였다 함은 무엇을 의미하는 것일까. 평소 내게 궁금한 것은 이 점에 있었다. 이구열 씨의 역저 『에미는 선각자였네라』(동화출판공사, 1974)를 대했을 때도 이 물음이 내 주변을 맴돌았다.

  김 교수의 발표문의 중심부도 선각자로 자처한 에미였던 나혜석에 있었다. 시 「노라」를 쓰고 『폐허』파의 동인으로 활약했고, 이 나라 최초의 여류 화가였으며, 도쿄 유학생 출신이라는 사실만으로도 저널리즘의 조명 아래 놓일 수 있었는데, 게다가 교토제대 출신이자 동아일보 창간 멤버이며, 일본국 외교관(만주 영사)인 김우영(『청구회고록』, 신생공론사, 1953)과 결혼한 것은 과연 사건일 수조차 있었다.(염상섭은 이를 소재로 소설 「신혼기」를 썼고, 그녀가 죽었을 때 또한 단편 「추도」를 쓴 바 있어 그녀와의 친분관계의 각별함을 드러내었다.) 그러나 나혜석이 3·1운동 총지휘자격이자 천도교의 최고지도자의 한 사람인 최린과 유럽 체류중에 벌어진 스캔들은 조선사회를 흔들기에 모자람이 없는 사건의 하나였다. 어째서 이런 사건이 일어날 수 있었느냐를 밝히는 일은 경험과학이 능히 감당할 몫이 못 될지 모른다. 그렇지만 사건의 결말 및 그것이 미친 영향에 관한 정리(해석)는 어느 수준에서 가능하다. 김원주는 청춘을 불사르고 난 다음 중이 되었고, 김명순도 불우한 삶을 마쳤고(전영택, 「김탄실과 그의 아픔」 참조), 나혜석도 그러하였다. 김우영으로부터 이혼당한 나혜석은 가족과 단절, 문자 그대로 고립무원 속에서 생을 마감했던 것이다. 가부장적 사회제도 탓이었을까. 식민지적 조건 탓이었을까. 예술가였던 탓이었을까. 인간 자체의 결함 때문이었을까. 신여성이라는 존재가 그들 시대에서 안 맞을 뿐 아니라, 시대를 상징하는 사건이기도 하다는 김 교수의 결론을 들으면서 내 머리를 오고간 생각은 이런 것에 있었다.

끝으로 김우창 교수의 「일제 강점기에 있어 소설에 나타난 모랄, 윤리성 및 정치성」. 일제 강점기의 한국문학의 출발점이 욕망, 정서 및 감각의 해방에 있다고 볼 때, 그 중심점은 정치적 해방이 아닐 수 없다는 것이 김 교수의 논의의 출발점이었다. 일제의 강압과 이에 응전하는 작가의 자세가 저항민족주의로 귀결되는 것은 당연한 것. 작가가 택한 주제가 이 민족적 요청(정치성)과 예술적 자유 사이의 갈등으로 이루어지는 것도 당연한 일이 아닐 수 없다. 김 교수가 여기서 날카롭게 문제제기에 나선 것은 이 갈등의 정밀화이다. '정치적 자유 대 예술적 자유' '정치성과 모랄' '윤리성과 모랄' 등이 그것. 이 세 쌍의 갈등 중 전자의 둘에 대해서는 논자들에 의해 제법 논의되었으나 끝의 갈등 곧 '윤리성과 모랄'의 갈등에 대한 논의가 아직도 거의 이루어지지 않았다는 것. '윤리성과 모랄'의 갈등이 변증법적으로 전개되지 못했음이 한국 근대소설의 가장 큰 취약점이라는 것. 염상섭의 『삼대』를 예로 들 수 있다는 것.

김 교수의 발표문에서 특히 크게 들린 울림은, 그러니까 논의의 표준은 헤겔에 놓여 있었다. 변증법이 문제되는 한 당연한 귀결이겠으나, 공동체, 집단의 윤리성(ethics)과 모랄(morality)의 변증법이 어째서 이 나라 소설에서는 그렇게 둔감했던가의 문제는 일제 강점기에 그치지 않는다. 내게 인상적인 것은 헤겔의 고차적 이론보다도 김 교수가 지나가는 말로 지적한 다음 대목. 『상록수』(심훈, 1935)의 주인공의 지도자적 자세와 『객지』(황석영, 1973)의 그것이 너무도 흡사하다는 것. 그만큼 이 계몽주의적 과제의 둔감성이 한국소설 속에 병집으로 놓여 있다는 것.

 문학 분야 (3)의 표제는 '한국문학의 연속성과 변화성'. 강금숙(UBC) 박사의 사회로 진행된 이 발표회의 첫번째 발표자는 김경수(서강대) 교수의 「현대 한국 역사소설」. 여기서 역사소설이라 함에는 설명이 없을 수 없다. 박경리의 『토지』, 박완서의 『미망』에 관한 논의이기 때문이다. 뿐만 아니라 이 두 작품은 구한말에서 일제 강점기에 걸쳐 전통적인 가문의 부침을 다루되, 여성 주인공이 중심으로 되어 있기 때문이다. 김 교수가 여성 역사소설(female historical novel)이란 표현을 사용한 것도 이와 무관하지 않다. 여기에 최명희의 『혼불』까지 연결시킨다면 어떠할까.

 두번째 발표는 김현실(한신대) 교수의 「현모양처형 모티프의 현대적 변형론」.

 세번째 발표는 현 테레사(요크 대학, 캐나다) 교수의 「19세기에서 20세기에 있어 여성적 글쓰기와 번역」. 이 발표문의 참제목이 '여성적 이념을 해체하기'로 되어 있는 만큼 매우 야심차고 또한 시선의 참신성이 돋보였다. 1910년대의 한국 독서계에 번역된 『애국부인전』, 『라란부인전』, 그리고 이광수 소설에도 크게 언급된 엘렌 케이(여성 교육자) 등이 미친 영향 분석은 단순한 여성주의 연구에서 끝나는 과제가 아닐 것이다.

 마지막 발표는 R. 포우저(구마모토 학원 대학, 일본) 교수의 「한·일 문학언어의 대화성」. 제목에서 보듯 바흐친의 대화성론을 주축으로 하고, 일본 평론가 가라타니 고진(柄谷行人)의 이론을 원용한 야심적인 논문이었다. 뿐만 아니라 씨는 북한 학자 김영환의 18세기 속어론도 언급하고 있었다. 또 씨는 나와 조동일 교수의 한국 근대문학관에 대해서도 언급하고 있었다. 북쪽도 남쪽도 근대문학이 넓은 뜻에서 서구적인 것의 변종으로 파악함에 대한 나름대로의 비판의식을 안고 출발한 이 발표문에서 씨의 논점은 무엇이었던가. '18세기의 가능성'이라고 씨는 주장한다. 18세기에 이르러 한국문학사가 중대한 고비를 맞게 되었다는 것. 그것은 이른바 언어 혁명에 다름아니라는 것. 새로운 언어의 출현으로 묘사되는 18세기의 상황이란, 한문학, 구비문학 및 다양한 구어들이 이른바 '문학적 언어의 대화체'를 이룩했다는 것. 씨의 주장에 따른다면 이러한 바흐친적인 문학언어 대화의 광장은 18세기 일본문학에도 그대로 나타났다는 것. 이러한 18세기 황금기간론에서 씨의 야심은 좀더 비약하고 있었음도 인상적이었다. 70년대에서 80년대에 걸친 한국의 이른바 '민족문학론'이란, 그러니까 18세기 언어에로의 연결이지 미국제국의 세계화에 대한 반론은 아니라는 것. 뿐만 아니라 이 18세기 문학언어의 대화성이 일본식 서구주의자들의 노출을 잠복케 했다는 것. 설사 고증이 결여되어 있어 설득력이 모자란다 할지라도 이러한 대담한 가설이 지닌 패기는 기릴 만하지 않을까.


### 7. PACKS의 몫과 나의 몫

PACKS 제4차 대회에서 발표된 논문은 역사, 사회, 문학, 언어, 종교, 정치 등 모두 91편. 그야말로 다양하고도 대단한 발표회라 할 만했다. 우메다(梅田博之, 도쿄 외대 명예교수) 교수를 비롯 일본 학자들의 참석도 조금 이색적이라 할 만했다. AKSE의 대표격으로 온 프로바인 교수가 환영회 석상에서 한 말도 재미있었다. AKSE란 PACKS의 '형님격'이라는 대목이 그것.

이번 발표 대회에서 느낀 전체적 인상 몇 가지를 적음으로써 이 엉성한 보고서를 나는 접고 싶다.

첫째 주최측이 지닌 자연스러움. 대회마다 그 나름의 품격이 있는 것이라면 이번 대회의 그것은 자연스러움 혹은 티를 내지 않음이라 할 것이다. 자기들의 수고스러움이나 공적 따위를 내세우는 권위주의적 태도를 수없이 보아온 나로서는 이 점이 유독 눈에 띄어 즐거웠다.

조직 책임자인 장 교수가 평소의 방식대로 가방을 멘 채, 학생식당에서 일행과 꼭 같이 젓가락으로 혹은 손으로 빵과 반찬을 퍼담는 모습에서도 이 점이 감지되었다. 둘째는, 해외 한국학 연구자의 성적 분포도의 일방적 비대 현상이 표나게 드러난 점. 문학 분야에서 보았듯 현지 연구자 대부분이 여성이었다. 페미니즘의 시선에서 한국문학을 바라보고 있음은 따라서 필연적이 아닐 수 없다. 모르긴 해도 이러한 경향은 상당 기간 지속될 것이며 그 나름의 성과를 기대해도 좋으리라는 생각이 들었다. 연구자의 의욕에 비례하여 성과가 이룩되기에 특히 그러하다. 셋째 이 점이 중요하거니와, 한국문학 연구의 경우 그 연구 대상이 여전히 일제 강점기에 집중되어 있다는 점. 연구자의 신분이 대학과 관련되어 있음과 이 사실은 분리되지 않는다. 어느 정도 역사적 대상으로 되어 있지 않은 해방 이후의 문학에 대한 연구에는, 어떤 평가의 준거가 아직도 형성되어 있지 않은 만큼, 연구해봤자 객관적 평가를 얻기 어렵다고 그들이 판단했기 때문이다. 이러한 점은 상당한 기간 지속될 것으로 예상된다. 이른바 아카데미시즘이 지닌 속성이라 할 것이다. 그것은 평론과 구별되는 아르바이트의 일종이 아닐 수 없다.

  이상의 모든 것은 오로지 '한국 근대문학'에 관련되고 해당되고 속한 것이 아니겠는가. 그렇다면 나 아무개 개인의 몫은 아예 없는 것일까. 그런 것이 있어서는 안 되는 것일까. 어떤 이유에서인지는 알기 어려우나, 소설가 박상륭씨가 장기간 머물면서 "갓 잠 깬 단풍나무 숲의 공주"(『길』, 1997. 7. 8)라 부른 이곳 밴쿠버의 공주스런 모습을 내가 조금 엿본다 해서 그게 큰 잘못일까. 사면이 바다로 둘러싸인 숲의 도시, 많은 동성애꾼들이 활개를 친다는 이른바 '문화적 자연'이 숨쉬는 잉글리시 베이도, 나체주의자의 성소인 렉 비치도 나는 엿보고 싶었다. 겨우 백 년의 역사밖에 못 가진 이 도시가 지닌 헤이스팅 가의 창녀와 환쟁이의 모습도, 씨암탉만큼이나 큰 갈매기떼도 나비처럼 모여들어 리치몬드(Rich만으로도 부족해서 Diamond까지 겸한

UBC 박물관의 토템 폴
정진홍(왼쪽) 교수와 필자

명칭) 마을을 이룬 홍콩인의 표정도 나는 보고 싶었다. 그리하여 사슴 갈비와 염소젖 치즈 프리터도 붉은 포도주와 함께 먹고 싶기도 했다. 스탠리 공원의 거대한 토템 폴(Totem Pole)도, UBC 박물관에 가득 찬 토템 폴도, 인디언들의 생활상에 대한 상세한 유물들도 빠짐없이 구경해보고 싶었다.

어찌 여기에 멈추겠는가. 관광명소로 알려진 빅토리아 섬 쿠르즈(한 시간 반짜리)도 해보고 싶었다. "자연의 빛과 색이 모두 모인 꽃의 나라"(『길』, 1995. 3. 4)라고 유재천 교수가 감탄한 빅토리아 섬 중간에 있는 명소인 '부차트 가든(The Butchart Gardens)'도 보고 싶었다. 거기 일본식 정원 앞에서 독사진도 한 장쯤 박고 싶었다. 뿐만 아니라 백 년이 넘었다는 이 정원의 명물인, 사 분마다 형상을 바꾼다는 '로스 분수' 앞 의자에 앉아 아이스크림을 혀로 핥아먹고도 싶었다. 그래도 시간이 남는다면 내친 김에 브리티시 콜럼비아의 수도인 빅토리아로 가서 그곳 시청사도, 수족관도, 그리고 납 인형관도 보고 싶었고, 항구에 망아지처럼 밧줄에 매어 있는 수상 비행기도 타보고 싶었다. 부둣가 잔디밭에 앉아 구두도 벗고 맨발로 잔디도 밟아보고 싶었다. 또한 올 때의 항구 스와츠 베이 쪽과는 달리 나나이모 쪽의 베이에서 밴쿠버 시내로 돌아가고 싶었다.

　이만하면 나도 이제 혹시 박상륭 소설가를 만나더라도 씨의 『죽음의 한 연구』(1975)를 비켜가면서 공주 얘기를 할 수도 있을 것 같다. 또 잘만 하면 우리 마을에 살고 있는 유재천 교수를 지하철역에서 만나더라도 옹색한 대화에서 조금 벗어날 수 있지 않겠는가. 뿐만 아니라 이제 나는 종교학자 정진홍(서울대) 교수와 만나도 겁이 나지 않을 것 같다. 무수한 토템 폴 앞에 나도 제법 오래 서 있어보았으니까.

문학동네 평론집
# 농경사회 상상력과 유랑민의 상상력
ⓒ 김윤식 1999

| | |
|---|---|
| 초판인쇄 | 1999년 1월 29일 |
| 초판발행 | 1999년 2월 5일 |

| | |
|---|---|
| 지은이 | 김윤식 |
| 펴낸이 | 강병선 |
| 펴낸곳 | (주)문학동네 |
| 출판등록 | 1993년 10월 22일 제22-188호 |

| | |
|---|---|
| 주 소 | 110-521 서울시 종로구 명륜동 1가 31-9 |
| 하이텔 | podo1 |
| 천리안 | greenpen |
| 인터넷 | www.munhak.com |
| 전화번호 | 765-6510~2, 743-2036, 743-9324~5 |
| 팩 스 | 743-2037 |

ISBN 89-8281-157-5 03810

* 잘못된 책은 바꿔드립니다.